Libro del maestro de niños principiantes (6-8 años de edad).

MAESTRO
Año 1

David Hayse
Gerente General

Mario Zani
Editor General

Ana M. Zani
Editora de Publicaciones para Niños

Joel Guerra
Traducción y adaptación

Florencia Himitian
Luis Manoukian
Redactores

Corresponde al Año 1 del Ciclo de tres años de Principiantes.

Publicado por

Casa Nazarena de Publicaciones
Buenos Aires, Argentina

Fecha de catalogación:

Primera edición - 2005
Segunda edición revisada - 2007

Estas lecciones se tradujeron y adaptaron del material publicado originalmente en inglés por WordAction Publication

CNP
Av. Pte. Perón 3251 - 1635 Derqui - Pilar
Prov. Buenos Aires - Argentina

www.cnplibros.com
cnp@cnplibros.com

Diseño de portada: CN SAM

Impreso en USA
Printed in USA

Contenido

RECURSOS DIDÁCTICOS

Estimado maestro:

Hemos preparado esta serie de recursos didácticos que le ayudarán a enriquecer la dinámica de su clase.

En algunas lecciones, en la sección de actividades, se recomienda el uso de estos materiales para estimular al niño a ejercitar sus habilidades motrices y encaminarlos hacia un aprendizaje más significativo.

Prepare actividades y manualidades extras para los niños que visiten su clase.

CONOZCAMOS AL PRINCIPIANTE

- ✘ Es muy activo y la coordinación de sus músculos se está afirmando.
- ✘ Su habilidad para contar, pintar, pegar, recortar y doblar mejora progresivamente.
- ✘ Su razonamiento se basa en experiencias previas o en objetos concretos.
- ✘ Aprende mejor cuando hace algo que cuando se limita a observar.
- ✘ Busca la aprobación de los adultos y de sus compañeros.
- ✘ Valora la justicia y no comprende cuando las reglas cambian.
- ✘ Tiene habilidades básicas (leer, escribir, organizar, clasificar) lo suficiente desarrolladas como para lograr objetivos.
- ✘ Comprende mejor los conceptos de tiempo, espacio y distancia.
- ✘ El compromiso es muy importante. En esta edad le importa más ser aceptado por sus compañeros que por los adultos.
- ✘ Aprende a conocer la perspectiva de otras personas y a reconocer que un problema puede tener varias soluciones.

Al considerar las características de esta etapa de desarrollo de sus alumnos, incluimos algunos consejos para mejorar la dinámica de su clase:

- ✘ Use ayudas visuales, ilustraciones y ejemplos variados para ayudarlos a entender las ideas abstractas.
- ✘ Establezca normas firmes.
- ✘ Guíe las discusiones con preguntas para ayudarlos a comprender los conceptos y use ejemplos para ilustrarlos.
- ✘ Planee actividades en pequeños grupos.
- ✘ Pida a los alumnos que expongan sus ideas para planear proyectos de ayuda a otros en la iglesia y la comunidad. Permita que ellos participen. Enfatice el trabajo misionero.
- ✘ Dé oportunidades para que discutan y piensen acerca de temas morales.
- ✘ Presente historias sin final para que ellos las terminen y tomen decisiones.

RECETAS DE PLASTILINA O MASA PARA MODELAR

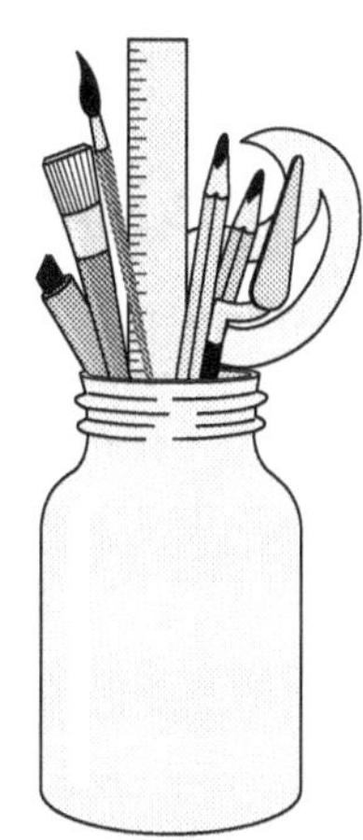

MASA DE HARINA Y SAL

Ingredientes:

2 ó 3 tazas de harina común
3/4 taza de sal fina
1/2 taza de agua tibia
Colorante vegetal

Instrucciones:

Mezcle la harina con la sal e incorpore poco a poco el agua tibia mientras revuelve. Si desea añadirle color, agregue unas gotas de colorante vegetal mientras amasa. La consistencia de la masa dependerá de la cantidad de agua que agregue. Guarde la masa terminada en un recipiente cerrado dentro del refrigerador.

MASA COCIDA

Ingredientes:
2 tazas de harina
1 taza de sal
1 cucharada de aceite vegetal
2 cucharaditas de crémor tártaro
Colorante vegetal

Instrucciones:
Mezcle los ingredientes secos; después agregue el agua y el aceite vegetal. Ponga la mezcla a fuego mínimo hasta que la preparación espese, revolviendo constantemente. Retírela del fuego y déjela enfriar. Para lograr el color deseado, agregue unas gotas de colorante vegetal mientras amasa la mezcla. Se conserva más de un mes si se guarda en un recipiente cerrado.

MASA DE BARRO

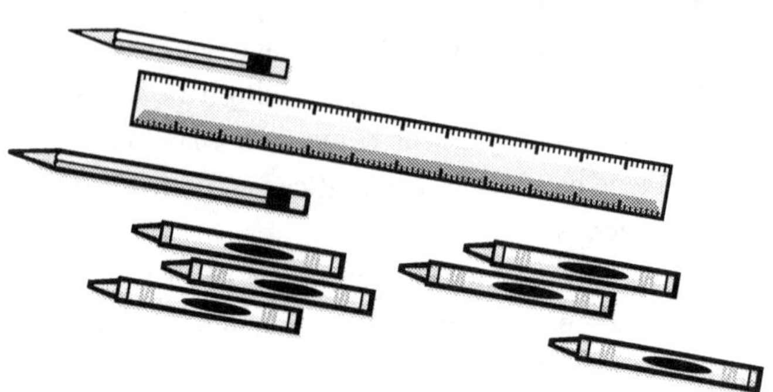

Ingredientes:
2 tazas de tierra
2 tazas de arena
1/2 taza de sal
Agua

Instrucciones:
Mezcle la tierra, la arena y la sal; después agregue el agua poco a poco hasta obtener la consistencia deseada para modelar.

PINTURAS DACTILARES (DACTILOGRÁFICAS O DACTÍLICAS)

Ingredientes:
11/4 de taza de almidón 1/2 taza de jabón en polvo
3 tazas de agua hirviendo
1 cucharada de glicerina
Colorantes vegetales o témpera

Instrucciones:
Disuelva el almidón en agua fría; después vacíelo lentamente en el agua hirviendo mientras revuelve en forma constante para evitar que se formen grumos. Agregue el jabón y por último añada la glicerina. Para darle color, agregue colorantes vegetales o témpera. Se obtiene una preparación gelatinosa que no es tóxica. Si envasa esta pintura en frascos de plástico, se conservará por varios días.

PEGAMENTO BLANCO

Ingredientes:
4 tazas de agua
1 taza de harina de trigo
1/2 taza de azúcar
1/2 taza de vinagre

Instrucciones:
Hierva tres tazas de agua. Mientras tanto, en un recipiente mezcle una taza de agua, la harina, el azúcar y el vinagre. Cuando el agua esté hirviendo, agregue la mezcla y revuelva lentamente sobre el fuego hasta que suelte el primer hervor. Si quedan grumos, puede licuar la mezcla. Si está muy espeso, agréguele agua; si queda aguado, hiérvalo más tiempo. Guarde el pegamento en un frasco con tapa.

PAPEL PARA TARJETAS Y MANUALIDADES

1. Remoje en agua caliente 6 hojas de papel o de revistas cortadas en pedacitos.
2. Muela en la licuadora el papel con media taza de avena, o de flores, o bagazo de frutas o verduras como zanahoria, apio, etc.
3. Cuele la mezcla y agregue 4 cucharadas de glicerina y 6 cucharadas de pegamento blanco.
6. Con el papel puede hacer tarjetas, separadores de libros, cartas, etc.
4. Extienda la pasta sobre un plástico con un rodillo o palo de amasar hasta que quede delgada y pareja.
5. Déjela secar al sol durante dos días.

LA IMPORTANCIA DE LA PROMOCIÓN DE ALUMNOS EN LA ESCUELA DOMINICAL

Querido líder y maestro de escuela dominical:

Al igual que en la escuela primaria, a los niños de la iglesia se les debe facilitar la promoción al "grado/clase superior". Como maestro de su clase, será muy importante que usted esté preparado para promover a sus alumnos al final del año eclesiástico o, lo que sería más fácil, al final del año escolar. Para ello hable con el superintendente de escuela dominical de su congregación o con su pastor.

Puede preparar de antemano una "ceremonia" de promoción, y entregarle un certificado a cada niño que pasa a la clase siguiente. La ceremonia se puede realizar en el templo para que toda la congregación participe. Invite a los padres y familiares de los niños. Este será un buen momento para conocerlos, que asistan al resto del servicio y escuchen la palabra de Dios.

Como participantes especiales, deben estar presente las/los maestros de las clases a las que los niños serán promovidos. Será un momento significativo para todos cuando usted despida a ese niño con un abrazo y el otro maestro lo reciba de igual modo con un abrazo de bienvenida a su clase. En la ceremonia, usted puede entregar una cartulina decorada con fotos de los niños, que se hayan tomado durante el año que estuvo en su clase. Será llamativo que exponga, de forma amena, algunos recuerdos de la vida del niño mientras estuvo en su clase: oraciones especiales que él hizo, la fecha en que se convirtió, testimonios que haya contado, preguntas que haya realizado, y momentos de alegría o de tristeza que haya experimentado en su clase. Prepare de antemano al niño, anticipándole estos detalles, para que no se sorprenda delante de toda la congregación.

Hable con el superintendente de Ministerios de Escuela Dominical para que en esa ceremonia se entregue a los niños el nuevo libro de estudio para el siguiente año. Para eso, anime a las familias de la iglesia a regalar un libro a cada niño (como si fueran los padrinos), en especial a los niños cuyos padres no asisten a la iglesia o a los de escasos recursos económicos. En cada congregación hay familias cuyos hijos son adultos, quienes con mucho gusto regalarían un libro de escuela dominical a los niños de la iglesia.

Se sobreentiende que, en muchas circunstancias, la falta de maestros, de aulas o de niños de determinada edad no hace factible la posibilidad de tener clases para todas las edades. Pero ese es un buen motivo para invitar y traer más niños a la iglesia, y también para preparar y capacitar a nuevos maestros. En cada congregación siempre hay adolescentes deseosos de aprender cómo enseñar en una clase. ¡No pierda esa oportunidad!

Le deseamos las más ricas bendiciones en los desafíos que el ministerio de la enseñanza representa para usted y su congregación.

En Cristo y su ministerio,

Ana M. Zani

Certificado de promoción

____

(Nombre del Niño)

promovido a la clase superior

(Iglesia   )

Fecha

"Hijo mío, está atento a mis palabras..." Proverbios 4:20ª

____

Líder Escuela Dominical

____

Maestra

SUGERENCIAS PARA USAR EN LA MEMORIZACIÓN BÍBLICA

1. ¿QUÉ DICE EL VERSÍCULO?

Que sus alumnos lo perciban y lo expresen con sus sentidos.

La vista

En la Biblia.
En tarjetas, cartulinas, láminas, ayudas visuales, en el pizarrón.

El oído

Léalo en voz alta.
Grábelo en un casete.

La voz

Repítalo después de escucharlo.
Léalo acompañado e individualmente.
Lectura coral o en grupo.
Cántelo.

Las manos

Escriba el versículo.
Llene los espacios en blanco.
Resuelva crucigramas.

2. ¿QUÉ SIGNIFICA?

Explore las definiciones
Que los niños expresen lo que entienden acerca del versículo bíblico.
Explique las palabras que no son conocidas.
Comente el contexto
Usted puede ayudarse revisando comentarios bíblicos, diccionarios, entre otros.
Investigue los antecedentes del versículo bíblico.
¿Quién habla y a quién o a quiénes le/s habla?
Comente los hechos o factores en que se desarrollaron.
Ilustre
Muestre dibujos, caricaturas.
Elabore dibujos.
Utilice el lenguaje con señas o mímicas

3. ¿CÓMO LO APLICO A MI VIDA?

Comente lo siguiente:
La aplicación que tiene el versículo bíblico en la vida diaria.
En qué circunstancias lo ayudará y cuáles serán los efectos en su vida y en la de otros.
Recuerde un versículo
Cuando sea tentado.
Cuando esté en problemas.
Cuando anime a otros.

EL NIÑO, SU CONDUCTA Y EL MAESTRO

1. Entienda a sus alumnos y permítales una conducta normal.

Los niños son activos y curiosos.

No se trata de adultos en miniatura: siempre debemos diferenciar entre mal comportamiento e inmadurez.

2. Propicie una atmósfera en la clase que lleve a la buena conducta.

Deje que los niños sepan que usted los quiere y los aprecia. Demuestre interés en lo que les pasa a ellos fuera de la clase.

Sea organizado en lo que hace y en el modo de manejar a sus alumnos.

Provea una guía clara y consistente, que haga que los niños sepan lo que usted espera de ellos.

No demuestre favoritismos.

3. Reconozca su posición como maestro.

Esté a cargo de la clase.

Sea una figura de autoridad que sus alumnos puedan respetar.

Conviértase en un amigo para sus alumnos.

Mencione un buen ejemplo de lo que espera de ellos.

4. Use métodos que incluyan a los niños y capten su interés.

Esté preparado y llegue al salón antes de que cualquier niño.

Provea una variedad de actividades que sean apropiadas para la edad del pequeño.

Use actividades que capten el interés y habilidad del alumno.

Permita que los niños hagan algunas elecciones de las actividades.

5. Concéntrese en un comportamiento positivo.

Limite el número de reglas.

Cuando le corrija a un niño, coméntelo con sus padres, tutor o encargado..

¿QUÉ HACER CUANDO UN NIÑO SE PORTA MAL?

1. Busque la causa del problema.

¿Tiene el niño problemas de aprendizaje o médicos que impiden su participación en clase?

¿Trata de controlar él solo la clase?

¿Tiene talentos académicos y está aburrido de la clase?

Cuando sepa la causa del problema, quizá pueda corregirlo tras conversar con los padres del muchacho.

2. Tome control de la situación.

Ignore el comportamiento que no interrumpe la clase.

Incluya al niño en las actividades de aprendizaje.

Hágale ver que usted está observando su mala conducta.

Acérquese al niño.

Dígale, en silencio, lo que quiere que él haga.

Enseñe al alumno las consecuencias de su continua mala conducta.

3. Hable con los padres o con las personas encargadas del niño.

Si usted le anticipa que hablará con sus padres o encargados, llévelo a cabo.

Empiece diciéndoles a los padres lo que aprecia del niño.

Exponga el problema y pregunte por la respectiva solución.

Año 1 Unidad I

LOS PLANES DE DIOS PARA SU PUEBLO

Base bíblica: Éxodo 2:1-15; 4:23; 13:17; 16:1-17; 19:1-20
Texto de la unidad: *Enséñame a hacer tu voluntad, porque tú eres mi Dios…* (Salmos 143:10 – RV 1995).

PROPÓSITOS DE LA UNIDAD

Esta unidad ayudará a los principiantes a:

- ✘ Buscar la dirección de Dios.
- ✘ Sentir reverencia ante el poder de Dios.
- ✘ Conocer acerca del cuidado y la paciencia que les tiene el Señor.
- ✘ Aprender a obedecer a Dios en todo para vivir correctamente.

LECCIONES DE LA UNIDAD

Lección 1: El plan de Dios para un líder
Lección 2: Dios le da a Moisés un trabajo
Lección 3: Dios rescata a su pueblo
Lección 4: Dios provee para su pueblo
Lección 5: Las leyes de Dios para vivir correctamente

POR QUÉ LOS PRINCIPIANTES NECESITAN LA ENSEÑANZA DE ESTA UNIDAD:

A esta edad los principiantes recién se están desenvolviendo en situaciones desconocidas para ellos; en ocasiones tendrán que enfrentar algún problema difícil y sentirán que Dios no está obrando en sus vidas. Creen que por ser aún pequeños no pueden hacer nada.

A través de las lecciones de esta unidad aprenderán que todos somos valiosos ante los ojos de Dios, sin importar la edad que tengamos. También se darán cuenta de que el Señor los está preparando "ahora", que pueden aprender de su Palabra aunque sean pequeños.

Aprenderán que para servir a Dios se necesitan la "obediencia" y la "disponibilidad"; y que Dios les da gracia y sabiduría para que puedan obedecer y estar siempre dispuestos.

La disponibilidad es el deseo que se tiene de servir a Dios. Moisés es un ejemplo de un hombre que se sintió inadecuado para la tarea a la cual Dios lo llamaba. Al principio no quería obedecer la orden que el Señor le estaba dando, de presentarse ante el Faraón e interceder por la libertad de su pueblo.

Sin embargo, Dios no se rindió. Al poco tiempo, Moisés se convirtió en un gran líder que confiaba plenamente en él, y por ser obediente alcanzó la verdadera grandeza. El Señor lo usó a pesar de su falta de confianza y su debilidad.

Asimismo, Dios puede usar a los principiantes; nadie es ineficiente en sus manos, y los niños no son la excepción; ellos sentirán que forman parte importante dentro de los planes de Dios, y que pueden depender de su ayuda mientras lo siguen.

Sabrán también que cuando se encuentren en situaciones peligrosas pueden acudir a Dios con confianza, sabiendo que él siempre estará dispuesto a ayudarlos.

LECCIÓN 1

EL PLAN DE DIOS PARA UN LÍDER

ASPECTOS GENERALES

Base bíblica: Éxodo 2:1-15
Texto para memorizar: *Enséñame a hacer tu voluntad, porque tú eres mi Dios...* (Salmos 143:10 - RV 1995).
Objetivo de la lección: Ayudar a los principiantes a reconocer que Dios siempre se manifiesta en la vida de su pueblo.

PREPARACIÓN DEL MAESTRO

El pueblo hebreo se encontraba esclavizado por los egipcios, debido a que, después de muchos años de gozar de su protección y compartir la tierra, había llegado un nuevo Faraón al trono. Este hombre arrogante y aguerrido no conocía a José, quien había sido un alto funcionario del gobierno y salvó de morir de hambre al pueblo egipcio.

Los hermanos de José y su padre Jacob habían llegado a vivir a las tierras de Gozén, donde se establecieron y multiplicaron hasta llegar a ser más de 600,000 personas. El nuevo Faraón tenía temor porque los hebreos se multiplicaban rápidamente y superaban a los egipcios, por lo que decidió convertirlos en esclavos por miedo a una rebelión.

Para eliminar esta amenaza por completo, el Faraón ordenó matar a todo niño varón que naciera de una mujer hebrea. Sin embargo, Dios tenía grandes planes para el pueblo de Israel, tal como se los había prometido a Abraham, Isaac y Jacob. Y usó a una valiente mujer llamada Jocabed y a la propia hija del Faraón para llevar a cabo sus planes.

Jocabed dio a luz un hijo varón al que escondió por tres meses, y después lo llevó al río en una canastilla para salvarlo de la muerte. La hija del Faraón, quien se encontraba a las orillas del río, recogió la canastilla con el bebé y decidió criarlo como su propio hijo. A estas personas Dios las usó para llevar a cabo sus planes, incluso usó al mismo Faraón.

A lo largo de toda esta historia podemos darnos cuenta la manera en que Dios se manifiesta, incluso en las situaciones más adversas, para cumplir su voluntad.

Presente la lección de tal manera que ellos puedan reconocer que, así como Dios cuidó de Moisés siendo un bebé, también cuida de ellos y se manifiesta en todos los aspectos de su vida cotidiana.

ADAPTACIÓN

Los principiantes están empezando a desenvolverse en situaciones desconocidas para ellos; y hasta puede que se enfrenten a circunstancias que les parezcan muy complicadas o difíciles de aceptar en las que sientan que Dios no está obrando en su vida.

Haga una breve introducción a la historia bíblica narrando a sus alumnos por qué los hebreos habitaban en tierras egipcias. Puede hacerlo de la siguiente manera:

"Abraham tenía un nieto llamado José, quien fue vendido por sus hermanos y llegó a la tierra de Egipto. Después de muchos años, la familia de José —los hebreos—, se fueron a vivir a Egipto porque en la tierra de Canaán no había alimentos.

"Los egipcios recibieron con gusto a sus nuevos vecinos, y el Faraón les dio las mejores tierras para que pudieran vivir y trabajar. Sin embargo, muchos años después hubo un nuevo Faraón egipcio que no conocía a José y no quería a los hebreos, porque pensaba que eran una amenaza para la paz de su pueblo".

Narre la historia de tal forma que sus alumnos comprendan la situación tan terrible que estaba atravesando el pueblo de Dios al estar sometido a la esclavitud y a la muerte de todos los bebés que fueran varones. Ilustre con la canastilla y el muñeco lo que hizo Jocabed para salvar a su hijo Moisés, y permita que sus alumnos participen diciendo cuáles consideran que fueron los peligros de los que Dios salvó a Moisés mientras estaba en la canastilla (ahogarse, morir asfixiado, animales salvajes, etc.).

Hable acerca del crecimiento de Moisés e imaginen cuál sería su forma de vida en el palacio real egipcio, y cómo se daría cuenta de sus raíces hebreas.

DESARROLLO DE LA LECCIÓN

Introducción

Pregunte a sus alumnos qué saben acerca de Moisés. Tal vez muchos recuerden la historia del bebé dentro de la canastilla. Dé un poco de tiempo para que les cuenten a los demás todo lo que saben. De ser posible, déles hojas blancas y lápices de colores para que hagan un dibujo de lo que recuerden sobre la historia de Moisés, lo cual les ayudará para ilustrar la historia bíblica de hoy.

Lea junto con sus alumnos Éxodo 2:1-15, y aclare todas las dudas que puedan surgir antes de iniciar el relato bíblico.

DESARROLLO DE LA HISTORIA BÍBLICA

Reúna a sus alumnos para que escuchen el relato bíblico y, prepárese con el material que considere necesario para ilustrar su clase. Puede usar una canastilla, un muñeco, los dibujos previamente realizados por los niños o láminas que ilustren el contenido de la lección. También necesitará marcadores o crayones de colores. Recuerde que mientras más dinámica y significativa sea la clase logrará un mayor impacto en la mente de sus alumnos.

La historia de Moisés es conocida por todos. Es probable que sus alumnos la hayan escuchado más de un vez. Sin embargo, recuerde que siempre podemos encontrar enseñanzas frescas en la palabra de Dios.

APLICACIÓN A LA VIDA DIARIA

Establezca relaciones entre la historia bíblica y la vida de sus alumnos. Haga énfasis en la importancia que tiene saber que Dios cuida de nosotros, porque nos ama y tiene planes especiales para nuestra vida.

Pregunte a sus niños: ¿Qué sucedería si tu familia tuviera que ser esclava de alguien? ¿Cómo te sentirías si tuvieras que huir de alguien que quiere hacerte daño? ¿Cómo te sentirías si tuvieras que vivir con una familia diferente de la tuya?

Permita que contesten y comenten sus diferentes puntos de vista.

Haga hincapié en que, a pesar de todo lo malo que le sucedió a Moisés y a su familia, Dios no se olvidó de ellos. Tal vez ellos no se daban cuenta en ese momento, pero Dios estaba llevando a cabo sus planes. Cuidó de Moisés cuando era tan solo un bebé porque sería un gran líder que libertaría al pueblo escogido.

Reflexione junto con sus alumnos acerca de que hoy en día también a las personas que creen en Dios les suceden muchas cosas malas. Permita que den algunos ejemplos (enfermedades, desastres naturales, soledad, pobreza, guerras, etc.). Sin embargo, sin importar lo que nos pueda suceder, siempre podemos confiar en que Dios está obrando en nuestra vida para llevar a cabo sus planes.

ANEXO

¡Siempre está con nosotros!

Diga a sus alumnos la siguiente adivinanza: "Tú puedes ver lo que hago, pues siempre estoy a tu lado, muevo las velas de un barco y las hojas del árbol arranco, ¿qué soy?" (el viento).

Cuando hayan dado la respuesta correcta pregúnteles: ¿Cómo podemos saber que el aire existe si no lo vemos? Dé tiempo para que sus alumnos debatan sobre este punto y lleguen a conclusiones.

Reparta a cada uno de sus alumnos tiras delgadas de papel, y pídales que salgan al aire libre, que tomen un extremo de la tira con la punta de los dedos y levanten la mano. Pregunte: ¿Qué sucede con el papel? (el viento lo mueve).

Luego vuelvan al aula, que se sienten en un círculo y explíqueles que, al igual que el viento, Dios existe y lo podemos sentir. Él creó todo lo que existe y mantiene al mundo bajo control. Usa a las personas como Moisés y como nosotros para llevar a cabo sus planes porque quiere que seamos parte de su obra.

Nosotros somos colaboradores especiales de Dios.

¿Qué sucedió después?

Pregunte a sus alumnos lo que está sucediendo en cada dibujo. Luego, que recorten los cuatro cuadros con las ilustraciones y los peguen en la secuencia correcta. Cuando hayan concluido, hagan un repaso de la historia de hoy usando su hoja de actividades.

El lápiz divertido

Pida a los niños que den vuelta la hoja y que sigan las instrucciones para encontrar el mensaje secreto. Lea usted en voz alta, así como las palabras de cada línea. Cuando todos hayan encontrado el mensaje oculto pida que todos lo lean al unísono. El mensaje es: "Dios tiene planes para ti".

MEMORIZACIÓN

Escriba cada palabra del texto en dos juegos de tarjetas y mézclelas. Divida la clase en dos grupos. Permita que cada grupo pase al frente a armar el texto bíblico y lo repita a coro. El grupo que lo haga en el menor tiempo será el ganador.

Ayúdelos a memorizar el texto y pídales que lo repasen en su casa durante la semana.

PARA TERMINAR

Haga énfasis en que la historia de hoy abarca cuarenta años de la vida de Moisés, durante los cuales se preparó en medio de los egipcios; y, sin saberlo, estaba siendo partícipe de los planes de Dios. Nosotros también debemos prepararnos para servir a Dios en lo que él quiera que hagamos (lo cual incluye ir a la escuela, cumplir con nuestras tareas y obligaciones, obedecer a nuestros padres y maestros, orar, etc).

Anime a los principiantes a confiar en Dios sin importar lo que suceda.

LECCIÓN 2

DIOS LE DA A MOISÉS UN TRABAJO

ASPECTOS GENERALES

Base bíblica: Éxodo 2:15; 4:23
Texto para memorizar: *Enséñame a hacer tu voluntad, porque tú eres mi Dios...* (Salmos 143:10 – RV 1995).
Objetivo de la lección: Que los principiantes comprendan que Dios ayuda a las personas a cumplir con las tareas que él les encomienda.

PREPARACIÓN DEL MAESTRO

Cuando un hombre hebreo le preguntó al príncipe Moisés: "¿Quién te ha dicho que eres nuestro jefe o juez y que puedes mandarnos?" (Éxodo 2:14), ¡no sabía cuán proféticas eran sus palabras! El príncipe Moisés, hijo adoptivo de la hija del Faraón egipcio, estaba listo para ser jefe y juez de su pueblo.

La tierra de Madián, lugar al que Moisés huyó, se encontraba en el sureste del monte Sinaí, en la costa oriental del mar Rojo. Se cree que los madianitas derivaron su nombre de Madián, el cuarto hijo de Abraham con Cetura. Este pueblo se dedicaba al cuidado de las ovejas y vivía en tiendas de campaña.

Moisés se casó con la hija del sacerdote de Madián, Jetro, y trabajó como pastor de las ovejas de su suegro. Este trabajo le enseñó cómo sobrevivir en el desierto donde los madianitas tenían su hogar, y era la manera en la cual Dios lo estaba preparando para el trabajo que iba a encomendarle.

Dios mismo le reveló sus planes usando un arbusto ardiente para llamar la atención de Moisés. El fuego está presente en muchas de las revelaciones de Dios. Representa su presencia santa. Para los hebreos y para muchas otras naciones del pasado el fuego era un emblema muy significativo de la deidad.

Dios quería que Moisés sacara a su pueblo de Egipto. Le dijo que sería un proceso largo, ya que el Faraón no permitiría a sus esclavos salir; pero le aseguró que siempre estaría con él, que nunca lo dejaría solo.

ADAPTACIÓN

Así como Moisés, muchas veces nosotros también sentimos que Dios nos envía tareas difíciles de realizar. Sucede lo mismo con los principiantes; se les hace difícil obedecer a sus padres cuando les ordenan terminar su tarea en lugar de irse a jugar con sus amigos; o regresar el dinero que encontraron tirado, etc.

Estas tareas que parecen tan sencillas para nosotros como adultos, pero implican mucho compromiso de parte de los niños, y ellos necesitan saber que Dios los acompaña y los ayuda en medio de todas las situaciones difíciles.

La sociedad actual se encuentra llena de pecado y nuestros niños están dentro de ella. Sin embargo, al igual que Moisés y nosotros, ellos también están llamados a salvar de la esclavitud a aquellos que no conocen a Cristo.

Es importante que durante el desarrollo de esta lección ellos comprendan que cuando Dios nos encomienda tareas difíciles de realizar también nos capacita para hacerlas y nos acompaña durante el camino.

DESARROLLO DE LA LECCIÓN

Introducción

Escriba las siguientes frases en un cartel o en el pizarrón:

(1) ¡Por favor, Dios, envía a otra persona a que haga el trabajo!

(2) ¡Por favor, Dios, envíame a mí!

Pregunte a su clase:

- ✘ ¿Ustedes conocen a alguien que no quiere hacer lo que Dios le ha pedido que haga? (permita que los niños respondan).
- ✘ ¿Qué piensan de aquellas personas que hacen lo que quieren sin tomar en cuenta la voluntad de Dios?

Reflexionen sobre las dos preguntas y dígales: cuando Dios le da un trabajo a alguien, la persona puede responder de dos maneras distintas (señale las frases escritas). ¿Qué respuesta creen que deben dar los hijos de Dios?

Anime a sus alumnos a recordar las historias de distintos personajes bíblicos que decidieron obedecer la voluntad de Dios (José, David, Josué, Abraham, Pedro, Jesús, Juan, etc.).

Después de que los niños hayan concluido su participación, pregunte de nuevo: ¿Qué creen que habría sucedido si estos personajes bíblicos le hubieran dicho a Dios: "Por favor, envía a otra persona"? (Permita que respondan).

Invítelos a estar atentos a la historia bíblica, ya que se trata de una persona a la que Dios le encomendó un trabajo muy especial.

DESARROLLO DE LA HISTORIA BÍBLICA

Si le resulta posible ilustre su lección con láminas referentes al tema de la misma; así como dibujos, libros o fotografías sobre Egipto; tenga listos marcadores y colores para pintar.

Muestre las ilustraciones sobre Egipto y permita que sus alumnos las observen; cuénteles que las pirámides son una de las siete maravillas del mundo antiguo, y que la civilización egipcia tuvo un desarrollo muy notable en la antigüedad. Muestre en un mapa la ubicación del antiguo imperio egipcio y la cercanía con la tierra de los hebreos. Haga un breve repaso de la clase anterior a manera de introducción a la historia de hoy.

Hable con sus alumnos acerca de las condiciones de vida del pueblo hebreo cuando eran esclavos, y haga énfasis en lo que Moisés hizo para defender a un israelita.

Anime a sus alumnos a imaginar cuáles fueron los sentimientos de Moisés al tener que huir del lugar en el cual había crecido y dejar atrás a su familia para ir a un lugar desconocido. Relate a sus alumnos la manera en que este se encuentra con los madianitas, y el trabajo que realizaba como pastor de las ovejas de su suegro.

Cuénteles cómo se manifestó Dios a Moisés en medio de un arbusto ardiente; y cuáles fueron los planes que tenía para liberar a su pueblo. Dé la oportunidad de que sus alumnos participen y conteste sus dudas lo mejor posible. Es importante comprender que Dios estaba preparando a Moisés desde mucho tiempo antes para liberar al pueblo escogido.

APLICACIÓN A LA VIDA DIARIA

Muy a menudo los niños de esta edad no se sienten capacitados para hacer algunas de las tareas que se les encomiendan, ya sea en la escuela o en el hogar, incluso dentro del templo. Pero deben conocer que cuando buscamos la voluntad de Dios y deseamos obedecerlo, él nos capacita para llevar a cabo lo que nos encomendó.

Moisés tenía miedo de aceptar el trabajo que Dios le había encomendado porque no se sentía preparado, pero confió en que el mismo Dios que lo estaba llamando a servirlo lo capacitaría para realizar la tarea.

ANEXO

El arbusto ardiente

Entregue a sus alumnos la hoja de actividades de esta lección y muéstreles cómo doblar el final de la hoja por la línea punteada. Déles tiempo para que iluminen el arbusto y pongan su nombre en la hoja de trabajo.

Mientras los niños iluminan el cuadro haga las siguientes preguntas:

1. ¿Cómo se sentirían si de pronto vieran un arbusto que está ardiendo pero no se consume?
2. ¿Qué le pidió Dios a Moisés que hiciera?
3. ¿Cómo respondió Moisés?
4. ¿Qué le prometió Dios a Moisés que haría por él?

Haga hincapié en que Dios nos provee la ayuda que necesitamos para hacer lo que nos pide. Él no espera que lo hagamos por nuestras propias fuerzas. Dígales: Dios le prometió a Moisés que estaría con él. Éxodo 4:12 nos habla de esta promesa cuando dijo: "Ahora, pues, ve, que yo estaré en tu boca y te enseñaré lo que has de hablar".

El lápiz divertido

Explique a los niños las instrucciones de la hoja de actividades y ayúdelos a encontrar el mensaje especial que Dios tiene para ellos.

Si desean pueden decorar la hoja y contar la historia bíblica a sus familiares y amigos.

MEMORIZACIÓN

Haga que los niños busquen en sus Biblias el texto para memorizar (Salmos 143:10) y que lo lean. Después de repetirlo varias veces (por filas, por grupos, niños y niñas e individualmente) permita que pasen al frente uno por uno a decirlo de memoria. Ayude a los que que tienen dificultad para aprenderlo y pida a los padres que lo auxilien durante la semana para repasarlo con ellos.

PARA TERMINAR

Para finalizar la clase haga preguntas para repasar las enseñanzas aprendidas. Guíe a los niños en oración y, si tienen peticiones de oración, conceda tiempo para que las transmitan al resto del grupo.

Invítelos a asistir la próxima semana para aprender más acerca de los planes de Dios para su pueblo.

Evalúe el trabajo que realizó durante esta clase: las actividades, la participación de los alumnos, los aprendizajes logrados, etc. Trate de mejorar las áreas en las que siente que existen deficiencias, y manténgase en contacto con los padres de los niños para estimularlos a repasar con sus hijos durante la semana lo que han aprendido en clase.

LECCIÓN 3

DIOS RESCATA A SU PUEBLO

ASPECTOS GENERALES

Base bíblica: Éxodo 13:17; 15
Texto para memorizar: *Enséñame a hacer tu voluntad, porque tú eres mi Dios...* (Salmos 143:10 - RV 1995).
Objetivo de la lección: Ayudar a los principiantes a reconocer y a confiar en el poder de Dios.

PREPARACIÓN DEL MAESTRO

La historia del éxodo del pueblo hebreo es una de las manifestaciones más impresionantes del poder de Dios. Salvó a Moisés de morir cuando era un bebé, y lo llamó por medio de un arbusto ardiendo para que fuera el libertador de su pueblo que estaba en esclavitud.

Hasta ese momento, el poder de Dios se había manifestado a un solo hombre, pero ahora estaba listo para demostrar su grandeza en medio de los ídolos egipcios.

Sin embargo, el pueblo hebreo tenía temor y desconfiaba del nuevo líder. Ellos no habían sido testigos de la presencia de Dios al igual que Moisés. Pero el poderoso Faraón egipcio y sus sacerdotes no sentían temor ante un pastor de ovejas.

Sin embargo, Dios demostró claramente su maravilloso poder a través de Moisés cuando, frente a toda la corte del Faraón y los sacerdotes, convirtió su vara en una serpiente. Cuando los hechiceros egipcios copiaron ese milagro, Dios envió plaga tras plaga sobre el imperio egipcio.

Cada plaga representaba un ataque directo para los ídolos egipcios, por ejemplo, la plaga de sangre en el agua confrontaba a *Hapi,* el dios del río Nilo; la plaga de tinieblas confrontaba a *Ra,* el dios egipcio del sol; la plaga que cayó sobre el ganado atacaba a *Apis,* dios en forma de toro que gobernaba sobre todo el ganado de los egipcios.

Uno por uno, el Dios verdadero puso en evidencia la falsedad de los ídolos egipcios. Mostró su poder sobrenatural para liberar a su pueblo esclavo; así como lo hizo para protegerlos a través de una nube y una columna de fuego mientras viajaban por el desierto.

La inmensa demostración del poder de Dios que abrió el mar Rojo es uno de los eventos más fuertes de la historia del pueblo hebreo. Las referencias sobre este acontecimiento son muy frecuentes en las Escrituras. Pedro, Pablo y Esteban hablaron de ello haciendo alusión a la fe del pueblo de Israel en un Dios vivo y maravilloso.

ADAPTACIÓN

En la actualidad, nuestros niños están acostumbrados a escuchar acerca de "superpoderes" y eventos fantásticos; pero es necesario hacerles entender que el único que tiene poder para hacer obras sobrenaturales es Dios, porque es el Creador y sustentador de todo lo que existe.

Ellos deben estar seguros de que confían en un Dios poderoso, capaz de librarlos de la prueba más difícil. La historia de la liberación del pueblo escogido de Dios debe ayudarlos a aumentar su confianza en el cuidado y la protección del Señor sobre su vida.

DESARROLLO DE LA LECCIÓN

Introducción

Converse con sus alumnos acerca de los personajes que ellos creen que pueden tener superpoderes o hacer algo que nadie más puede hacer. Permita que todos participen y, de ser posible, hagan una descripción del personaje al cual admiran más.

Si puede lleve a la clase recortes de revistas o dibujos de personajes que los niños consideren "fantásticos". Muéstrelos al grupo y pídales que le digan cuál es real y cuál es solo una fantasía.

Cuando hayan terminado, si usted ve que muchos de sus alumnos se han confundido en cuanto a lo real de dichos personajes, explíqueles que muchos de ellos han sido creados como producto de la imaginación de alguien y que en realidad no existen porque el único que puede hacer algo sobrenatural es Dios. Trate de hacerlo con mucho tacto y hágales ver que es importante confiar solo en los milagros que Dios puede hacer. Dígales: Hoy hablaremos sobre algo muy especial. Vamos a estudiar los milagros que Dios hizo para liberar a su pueblo de la esclavitud.

DESARROLLO DE LA HISTORIA BÍBLICA

Mientras narra la historia bíblica utilice todos los recursos didácticos que le resulte posible. Si tiene a mano algunas láminas que la ilustren puede hacer uso de ellas, incluso usted mismo puede elaborar los dibujos si el tiempo y los recursos se lo permiten. Tenga su Biblia a mano mientras relata la historia, y remarque la importancia de estudiar la palabra de Dios. También necesitará lápices de colores, tijeras y pegamento para el trabajo de los niños.

Ubique a sus alumnos en el momento histórico en el que estaba viviendo el pueblo escogido de Dios, y las dificultades que atravesaban al estar cautivos en Egipto.

Narre la manera extraordinaria en la que Dios manifestó su poder al Faraón y a sus súbditos, a través de las plagas que les mandó para castigados por su dureza de corazón. Ilustre las plagas mediante láminas o dibujos, y anime a sus alumnos a imaginar lo que sucedería si ellos fueran atacados por plagas como esas.

Enfatice el cuidado que Dios tuvo para con su pueblo al librarlo de las plagas y hacerlo libre nuevamente. Pregúnteles: ¿Cómo creen que se sentía el pueblo hebreo cuando fue libre?

Dios estaba cumpliendo su promesa de liberar a su pueblo cautivo y usó a Moisés para este propósito.

Establezca una relación con la lección anterior y remarque el hecho de que Dios había preparado a Moisés para ser el guía que sacara al pueblo de Egipto y que nunca lo dejó solo, sino que manifestó su poder y lo acompañó durante todo el viaje por el desierto.

APLICACIÓN A LA VIDA DIARIA

Pregunte a los niños qué les llamó más la atención de la historia narrada, y hábleles acerca del amor y la protección de Dios hacia su pueblo. Recuérdeles que nosotros pertenecemos a ese mismo pueblo y que, de la misma manera que lo hizo con los israelitas, también cuida de nosotros y nos guarda de las aflicciones.

Explíqueles que nuestro Dios puede hacer cosas sobrenaturales porque su poder es inmenso. Él creó todo lo que existe: las plantas, los animales, las personas, etc. Por lo tanto, como es nuestro creador debemos ser obedientes y hacer su voluntad.

ANEXO

Cruce del mar Rojo

Ayude a los alumnos a recortar las figuras de acción y explique las instrucciones que se encuentran en la misma, para que elaboren su propio recordatorio de la historia bíblica y puedan llevarlo a la casa y contárselo a sus padres.

¿Cómo es el mar?

Muestre a sus alumnos láminas, fotografías o ilustraciones del mar, y pregúnteles si alguno de ellos fue a la playa. Dirija un tiempo de participación en el cual relaten sus experiencias. Puede complementarlo con información acerca de los animales y plantas marinas. Enfatice la idea de que solo Dios tiene el poder de abrir el mar como lo hizo en la historia bíblica narrada.

MEMORIZACIÓN

Escriba el texto en el pizarrón o en una cartulina, dejando en blanco el espacio correspondiente para las vocales, de tal forma que los niños puedan completar los espacios vacíos y leer el versículo para memorizar.

Pida voluntarios que escriban las vocales que faltan en las palabras y lean el versículo completo. Después invite a toda la clase a decirlo juntos y recuérdeles que lo repasen en casa durante la semana.

PARA TERMINAR

Ayude a sus alumnos a concluir con todos los trabajos que tengan pendientes y a recoger lo que les haga falta antes de irse a casa. Anímelos a contar a sus amigos y familiares la historia bíblica de este día.

Antes de despedirlos, exprésele su alegría por tenerlos en la clase y hágales sentir su aprecio, amor e interés por cada uno de ellos y sus familias.

Invite a un voluntario para que haga la oración de despedida.

NOTAS:

LECCIÓN 4

DIOS PROVEE PARA SU PUEBLO

ASPECTOS GENERALES

Base bíblica: Éxodo 16:1-17
Texto para memorizar: *Enséñame a hacer tu voluntad, porque tú eres mi Dios...* (Salmos 143:10 – RV 1995).
Objetivo de la lección: Ayudar a los alumnos a que puedan sentir el cuidado y la paciencia que tiene Dios hacia ellos.

PREPARACIÓN DEL MAESTRO

El pueblo de Israel era como un niño pequeño al que Dios necesitaba enseñarle un nuevo estilo de vida. Durante el tiempo que vivieron en Egipto se habían alejado de él y de sus creencias.

Pronto los israelitas se olvidaron de los milagros que Dios había hecho para liberarlos, y siempre se quejaban de todo lo que les acontecía. El Señor había enviado numerosas plagas a los egipcios para castigarlos por su dureza de corazón, abrió el mar Rojo para permitirles pasar, y los protegía con una columna de fuego por la noche y otra de nube durante el día. Los cuidaba con un gran amor y una paciencia increíble.

Sin embargo, ellos continuaban quejándose y murmurando en contra de Moisés. Pensaban que morirían de hambre en el desierto y añoraban la comida que tenían en Egipto. Por lo cual Dios los escuchó y les envió codornices y pan del cielo para que pudieran recogerlo cada mañana. El maná fue el alimento principal de los israelitas durante los cuarenta años que duró su viaje hacia la tierra prometida.

Pero ese no era el único problema; también sufrían por la falta de agua y sus quejas cada vez eran mayores. Moisés sufría a causa de las acusaciones que recibía de parte de la gente que había liberado. Sin embargo, el amor y la paciencia infinita de Dios siguieron intactos, y de una roca proveyó a su pueblo agua dulce y fresca para beber. Seguía mostrándole su amor a su pequeño hijo Israel, así como una madre lo hace con su hijo hambriento y quejumbroso.

ADAPTACIÓN

En muchas ocasiones los principiantes se muestran impacientes e inquietos cuando sus necesidades o deseos no son satisfechos. A través de esta historia podrán comprender que Dios suple las necesidades de sus hijos porque nos ama y se preocupa por nosotros.

Los alumnos podrán darse cuenta de que aun cuando sentimos a Dios actuando en nuestra vida nos impacientamos y nos quejamos absurdamente poniendo en duda su gran poder. Ayude a los niños a confiar en el Señor todopoderoso y a ser agradecidos por las bendiciones recibidas.

DESARROLLO DE LA LECCIÓN

Introducción

"Una caminata por el desierto"

Lleve a los alumnos a caminar alrededor del templo y que regresen al salón de clase; repártales algunas galletas, papas fritas o golosinas, pero no les dé nada para beber, lo cual les provocará que sientan mucha sed. Para introducir la historia bíblica inicie hablando de lo que sucede cuando nos sentimos muy sedientos.

DESARROLLO DE LA HISTORIA BÍBLICA

Pida a sus alumnos que se imaginen que están caminando en medio del desierto en un día muy caluroso, que tienen mucha sed y lo único que piensan es tomarse un enorme vaso de agua fría. De pronto, a lo lejos, ven algunos árboles, plantas y pasto. Pregúnteles: ¿Qué significa la vegetación en un lugar tan árido? Por supuesto que debe haber agua.

Pregunte cuántos de ellos tienen sed y déles un vaso con agua. Después hablen acerca de cómo se sienten ahora que ya no tienen sed. Dígales que Dios mostró su amor para su pueblo porque mientras estaban sedientos, quejándose y malhumorados, él seguía cuidando de ellos.

Mientras relata la historia bíblica trate de que sus alumnos establezcan la relación con lo que les pasó a ellos: cómo se sentían cuando tenían sed, para que puedan comprender lo que el pueblo de Dios estaba atravesando en medio del calor del desierto. Lleve algunas láminas o libros que contengan información e ilustraciones sobre cómo son los desiertos.

Explíqueles que algunas veces es difícil confiar cuando nos encontramos en medio de una situación difícil o que nos hace sufrir. Sin embargo, podemos estar seguros de que Dios nunca nos dejará ni nos abandonará.

Él siempre suple nuestras necesidades porque nos ama y se preocupa por nosotros.

APLICACIÓN A LA VIDA DIARIA

Invite a algún hermano de la congregación que haya pasado por un tiempo de prueba (hambre, enfermedad, etc.) y que quiera contar su testimonio a la clase. Pida a los niños que escuchen con atención, y cuando haya concluido ínstelos a confiar en Dios y a no dudar de que él siempre tiene todo bajo control.

Si alguno de sus alumnos está pasando por un tiempo de dificultad y le resulta difícil confiar en Dios, ore con él y mantenga el contacto durante la semana para recordarle la importancia de no dudar del poder de Dios que actúa en nuestra vida.

Amor perdurable

Escriba en el pizarrón o en una cartulina Salmos 136:1 y léalo en voz alta: "Alabad a Jehová, porque él es bueno, porque para siempre es su misericordia". Pregunte a los niños: ¿Cuándo creen que los hebreos tenían que haber dicho este versículo? (Cuando Dios les dio el maná, las codornices y el agua para beber). ¿Qué es lo que dice este versículo sobre la misericordia de Dios? (Que dura para siempre).

El amor de Dios es maravilloso y podemos sentirlo día tras día en nuestra vida.

Anime a sus alumnos a elaborar un dibujo sobre las formas en las que Dios les manifiesta su amor.

Luego que regresen a trabajar en sus hojas de actividades y déles tiempo para que llenen los espacios en blanco dentro del texto bíblico. Cuando hayan terminado, repítanlo todos juntos.

ANEXO

Dios provee agua para su pueblo

Entregue a su grupo la hoja de actividad del libro del alumno y lea con ellos las instrucciones. Déles tiempo para que unan los puntos y que se forme la caída del agua, y que iluminen la hoja. Luego ayúdelos mientras recortan el brazo de Moisés y lo unen a la figura mediante el sujetador de papel, para que pueda golpear la piedra con la vara.

Mientras realizan esta actividad haga las siguientes preguntas, a manera de repaso: ¿Por qué se quejaba el pueblo de Israel? ¿Cómo creen que se sentía Dios al escuchar todas las quejas de su pueblo?

✘ ¿Cómo mostró Dios su amor a su pueblo, aun cuando ellos no confiaban en él?

MEMORIZACIÓN

Escriba el texto para memorizar en el pizarrón (Salmos 143:10) y léalo una vez junto con sus alumnos. Después borre la primera palabra y la última y pida que algún voluntario lo diga. Luego vaya borrando palabras hasta que el pizarrón quede en blanco y sus alumnos puedan decir el texto completamente de memoria.

PARA TERMINAR

Forme el hábito de orar con sus alumnos todos los días de clase. Esto crea un vínculo muy estrecho entre el maestro y el grupo, pues los niños se sienten apreciados y queridos. Pregunte por los pedidos de oración y comprométase a orar por ellos durante la semana.

Invítelos a orar y a leer la Biblia en su casa, así como a memorizar el texto y contarles la historia bíblica a sus padres y familiares.

NOTAS:

LECCIÓN 5

LAS LEYES DE DIOS PARA VIVIR CORRECTAMENTE

ASPECTOS GENERALES

Base bíblica: Éxodo 19:1-20
Texto para memorizar: *Enséñame a hacer tu voluntad, porque tú eres mi Dios...* (Salmos 143:10 – RV 1995).
Objetivo de la lección: Ayudar a los principiantes a que deseen obedecer a Dios en todo para vivir correctamente.

PREPARACIÓN DEL MAESTRO

Cuando Dios llamó a Moisés para que sacara a los israelitas de Egipto prometió llevarlos hasta el monte Sinaí para que fueran a adorarlo (Éxodo 3:12). Tres meses después de que salieron llegaron al pie de la montaña. Esta visita tenía dos propósitos. El primero era que el pueblo recibiera la ley de Dios, donde les daba las instrucciones para vivir correctamente; y el segundo, que el pueblo se convirtiera en una nación.

El valle que se encontraba en la base de la montaña era el lugar adecuado para que se estableciera un campamento tan grande como el de los hebreos. Había mucho pasto para las ovejas, tierra para las tiendas y agua para beber. Este era el lugar que Dios había escogido para hacer con su pueblo un pacto especial.

Existen dos tipos de pacto: Uno en el que las dos partes son iguales en las responsabilidades y privilegios; cada una de las partes puede actuar independientemente de la otra, como en los negocios o los partidos políticos. En el segundo tipo de pacto las partes no son iguales; hay una más poderosa que subordina y dirige a la otra, por ejemplo, un rey y su pueblo.

Este segundo tipo de pacto fue el que Dios planeó hacer con el pueblo de Israel. Prometió hacerlos una nación poderosa y protegerlos siempre. Cuando los liberó de la esclavitud de Egipto cumplió parte de esa promesa. Mientras tanto, el pueblo debía obediencia completa y honra a Dios, manteniendo su confianza y fe solo en él y obedeciendo sus leyes.

Los Diez Mandamientos fueron la base sobre la cual se cimentaría ese pacto especial.

Es más sencillo que los niños pequeños aprendan a vivir correctamente que tratar de desechar los malos hábitos que adquieren las personas en el transcurso de su vida. He aquí la importancia de trabajar con estas mentes jóvenes, y pedir la dirección del Espíritu Santo para dirigir sus corazones a los pies de Cristo.

ADAPTACIÓN

La enseñanza de obedecer los mandamientos de Dios desarrollará en los principiantes el respeto hacia él y hacia los derechos de los demás. Al mismo tiempo estarán sentando las bases para que puedan vivir más felices obedeciendo la voluntad del Señor.

Los Diez Mandamientos son una guía que nos ayuda en nuestras relaciones interpersonales y con el Creador.

DESARROLLO DE LA LECCIÓN

Introducción

Para el desarrollo de esta lección escriba los Diez Mandamientos en un cartón o cartulina grande. Tenga listas dos bolsas o cajas vacías y algunas tarjetas pequeñas para la actividad "está bien, está mal"; así como lápices de colores, hojas en blanco y una pelota u otro objeto pequeño.

Antes de iniciar la historia bíblica, propicie una discusión con sus alumnos acerca de lo que sucedería si no hubiera leyes que dirigieran lo que las personas hacen; por ejemplo si no existieran las señales viales, los letreros de seguridad en las escuelas y hospitales, o las leyes que rigen a un país. Si lo desea puede conseguir o hacer algunos de estos carteles y mostrarlos para ilustrar los ejemplos.

Otorgue un tiempo para que todo el grupo participe y ayúdelos a concluir haciendo énfasis en que todas estas leyes nos ayudan a disfrutar de una vida más sencilla y segura. Dios también ha dado leyes a su pueblo para ayudarnos a vivir correctamente. De eso nos habla esta lección.

Pida a sus alumnos que pongan mucha atención durante el relato bíblico y siéntelos de la manera habitual para el momento de la historia.

DESARROLLO DE LA HISTORIA BÍBLICA

Hable con sus alumnos acerca de las leyes. Hágales saber que en todos lados existen leyes que rigen la conducta de las personas. Hay leyes en el país donde vivimos, en la escuela, en el trabajo e incluso dentro de nuestra propia familia.

Esas leyes son normas que nos ayudan a convivir de una manera armoniosa y nos evitan muchos problemas.

Mencione que Dios le dio a su pueblo unas leyes muy especiales cuando estaban en el desierto, y que también nosotros debemos obedecerlas porque somos parte de la familia de Dios.

Escriba con anticipación en una cartulina los Diez Mandamientos (Éxodo 20:1-17); si lo desea puede recortarla y decorarla representando las tablas de la ley que Dios le dio a Moisés.

Muéstrela a sus alumnos y narre la historia bíblica. Haga un alto en cada mandamiento y permita que sus alumnos le den ejemplos sobre el tema.

Haga hincapié en que Dios escogió a Moisés para hablar con él porque había sido un siervo obediente y su fe era muy grande. Estos mandamientos ayudarían al pueblo a vivir de una manera armoniosa y obedeciendo la voluntad de Dios.

Yo quiero amar y obedecer a Dios

Entregue a sus alumnos su hoja de actividad y lápices de colores. Pida que dibujen de qué forma pueden obedecer a Dios durante la semana. Cuando hayan finalizado, ayúdelos a recortar la tira de instrucciones y a perforar los círculos negros de la parte superior. Luego introduzca estambre o listón, de tal manera que puedan colgarlo en un lugar visible de su casa.

Recuérdeles que deben dibujar una estrella por cada día que hagan lo que prometieron.

APLICACIÓN A LA VIDA DIARIA

La lección de hoy ayudará a los principiantes a comprender que obedecer a nuestros padres, amar a nuestros compañeros de la escuela, hacer la tarea y no decir mentiras son algunas formas de obedecer los mandamientos de Dios.

Ayúdelos a comprender que Dios nos ama y quiere que tengamos una vida feliz y abundante, por eso nos da leyes que dirijan nuestra conducta y nos eviten problemas.

ANEXO

Está bien, está mal

Utilice las cajas o bolsas vacías, así como varias tarjetas pequeñas de cartulina o papel, y escriba en ellas las siguientes frases:

- ✘ Decir malas palabras cuando estoy enojado.
- ✘ Tomar los juguetes de mis amigos porque me gustan.
- ✘ No obedecer a mi mamá cuando me está dando una orden.
- ✘ Golpear a mis amigos cuando no quieren jugar al mismo juego que yo.
- ✘ Hacer mi tarea sin que me lo recuerden.
- ✘ Ayudar a mi familia con las tareas del hogar.
- ✘ Llorar cuando no hacen lo que yo digo.
- ✘ Prestarles mis juguetes a mis amigos.
- ✘ Decir "por favor" y "gracias" siempre.
- ✘ Decir mentiras para que no me regañen.
- ✘ Ser agradecido por lo que tengo.
- ✘ Llegar temprano a mi casa cuando mi mamá me lo pide.

Puede hacer tantas tarjetas como lo desee. En una de las cajas o bolsas escriba la frase "está bien", y en otra "está mal". Coloque sobre una mesa las tarjetas hacia abajo y pida a sus alumnos que por turnos pasen y tomen una. Después de leer la frase que allí se encuentra, deben mencionar si está bien o está mal y colocarla en la caja correspondiente.

¿Puedes repetir este versículo?

Utilizando la parte posterior de la hoja de actividad, guíe a sus alumnos a que, usando el código, encuentren el texto bíblico.

Anímelos a que lo repitan todos juntos y posteriormente de manera individual.

Los Diez Mandamientos son para mí

Entregue a cada alumno una hoja en blanco y lápices de colores. Déles un tiempo para que copien los Diez Mandamientos de sus Biblias o de la cartulina, y los escriban en sus hojas.

Pueden decorar esta hoja a gusto y pegarla en su lugar favorito dentro de su casa, a manera de recordatorio.

MEMORIZACIÓN

Escriba en el pizarrón el texto para memorizar y repítalo junto con sus alumnos. Borre algunas de las palabras, y que los niños lo digan nuevamente. Repita esta acción hasta que todas las palabras se hayan borrado y los niños lo digan de memoria.

Pregunte a los principiantes lo que aprendieron en la clase de hoy; puede hacerlo por medio de este juego: Lance una pelota u otro objeto ligero a uno de ellos. Cuando la reciba tendrá que contar algo de lo que aprendió. Posteriormente, él arrojará la pelota a otro compañero, y así sucesivamente hasta que todos hayan participado.

PARA TERMINAR

Es muy importante que no olvide orar antes de salir del salón de clases. Que los principiantes sientan la necesidad de darle gracias a Dios porque les permitió estar de nuevo en la clase. Pregúnteles si tienen algún pedido de oración para que oren todos por ello.

Año 1 Unidad II

LOS DIEZ MANDAMIENTOS

Bases bíblicas: Éxodo 20:1-13; 32:1-34; 1 Samuel 17:12-20; Génesis 31:1-35; 20:13, 1517; 1 Reyes 21:1-20.
Texto de la unidad: *Obedece al Señor tu Dios y cumple los mandamientos y preceptos que hoy te mando* (Deuteronomio 27:10 - NVI).

PROPÓSITOS DE LA UNIDAD

Esta unidad ayudará a los principiantes a:

✘ Poner a Dios en primer lugar en su vida.
✘ Comprender por qué es importante honrar y obedecer a sus padres.
✘ No mentir ni engañar a los demás.
✘ No tener malos pensamientos.
✘ Comprender que Dios ha dado reglas a su pueblo para que las obedezcan.
✘ Saber que Dios nos dio esas reglas para ayudarnos a vivir una vida mejor.
✘ Entender que Dios los perdonará cuando ellos desobedezcan, y los ayudará a ser obedientes a sus reglas.

LECCIONES DE LA UNIDAD

Lección 6: Dios está en primer lugar
Lección 7: Honra a tus padres
Lección 8: Sé siempre honesto
Lección 9: Respeta el derecho de los demás

POR QUÉ LOS PRINCIPIANTES NECESITAN LA ENSEÑANZA DE ESTA UNIDAD

La gran mayoría de los principiantes ha escuchado los Diez Mandamientos, muchos de ellos pueden decirlos de memoria. Sin embargo, necesitan reforzar su aprendizaje acerca de estos, para que comprendan por qué es importante obedecerlos y aplicarlos a su vida diaria.

Muchas civilizaciones modernas reflejan la influencia de los Diez Mandamientos en sus sistemas legislativos. Algunos gobiernos usan los últimos seis como una base para las leyes que controlan el comportamiento humano.

Es importante recordar a los alumnos que Dios proporcionó esos mandamientos para ayudar a su pueblo.

Estos nos dicen lo que el Señor espera de nuestra relación con él y con los demás.

Los principiantes aprenderán que algunos de los personajes bíblicos fueron obedientes y otros no. Se les enseñará que la desobediencia trae serias consecuencias.

Durante esta unidad, usted podrá sentir la dirección del Espíritu Santo para presentar el plan de salvación, y hacer la invitación a los niños que no han hecho la decisión de aceptar a Cristo como su Salvador.

LECCIÓN 6

DIOS ESTÁ EN PRIMER LUGAR

ASPECTOS GENERALES

Base bíblica: Éxodo 20:1-11; 32:1-34
Texto para memorizar: *Obedece al Señor tu Dios y cumple los mandamientos y preceptos que hoy te mando* (Deuteronomio 27:10 - NVI).
Objetivo de la lección: Ayudar a los principiantes a comprender lo que significa poner a Dios en primer lugar en nuestra vida.

PREPARACIÓN DEL MAESTRO

El primero de estos cuatro mandamientos (Éxodo 20:1-11) nos da instrucciones acerca de nuestra relación con Dios. Este momento simbolizaba el inicio de la relación del Señor con su pueblo a través de una serie de normas que expresaban cuál era su voluntad para con sus hijos.

Éxodo 32:1–34:28. La historia del becerro de oro nos muestra lo rápido que el pueblo olvidó lo que Dios había hecho por ellos. Estas personas se encontraban molestas y angustiadas porque su líder (Moisés) estaba ausente. La petición que ellos hicieron de tener "dioses que vayan delante de nosotros" no significa necesariamente que los israelitas estuvieran rechazando a Dios, ellos querían algo visible que lo representara y les diera confianza.

Moisés y las columnas de nube y fuego satisfacían esta necesidad; pero el pueblo no había visto a Moisés durante cuarenta días y pensaban que nunca más regresaría. Aarón concedió la petición de los israelitas y construyó el becerro de oro entregándolo al pueblo para que lo adoraran.

También edificó un altar para el nuevo dios y dedicó una fiesta para que todos le ofrecieran sacrificios. Las personas estaban muy alegres adorando al becerro de oro, proclamando que había sido él quien los había sacado de Egipto; danzaban dando gritos que se escucharon hasta el monte.

Dios estaba muy enojado a causa del pecado de su pueblo y le pidió a Moisés que volviera al campamento a poner orden. Ese momento de la historia del pueblo hebreo es una evidencia de la falta de fe y compromiso que había en ellos.

diaria, como el dinero, las amistades, el éxito, la popularidad, etc.

Explique a sus alumnos que poner a Dios en primer lugar debe ser una prioridad en nuestra vida y que, como cristianos, nuestra meta debe ser agradarlo a él con nuestras acciones y palabras.

ADAPTACIÓN

La mayoría de los principiantes, sobre todo los que han crecido dentro de la iglesia, saben que uno de los mandamientos es no adorar a dioses falsos. Sin embargo, este mandamiento no solo hace referencia a ídolos hechos por hombres, sino a otros aspectos de la vida

DESARROLLO DE LA LECCIÓN

Introducción

Dé la bienvenida a sus alumnos y hágalos sentirse apreciados. Pregúnteles: ¿A quién de ustedes le gusta viajar o salir de paseo? Dígales: A mí me gusta mucho; siempre que viajo por la carretera o dentro de la ciudad encuentro letreros o carteles a lo largo del camino que me guían. ¿Alguien puede contarnos lo que dicen estos letreros? (Permita que los niños participen y digan cuáles son los letreros que ellos han visto, por ejemplo: maneje con cuidado, alto, use el cinturón de seguridad, etc.).

Enfatice la idea de que todos estos letreros nos dan órdenes que debemos obedecer. Pregunte de nuevo: ¿Para qué creen que nos sirven estos letreros? (Espere sus respuestas y explíqueles que nos ayudan a llegar a nuestro destino, y además nos previenen de posibles peligros; si los obedecemos, tendremos un buen viaje y llegaremos seguros). Mencione que de esta misma forma Dios nos ha dado una serie de reglas a las que llamamos "mandamientos" y que estos nos ayudan a vivir como él quiere.

En una cartulina o papel escriba la palabra "mandamiento" con letras grandes y péguela en su salón. Diga a sus alumnos que durante esta unidad aprenderán sobre los mandamientos que Dios le dio a su pueblo.

DESARROLLO DE LA HISTORIA BÍBLICA

Con anticipación, escriba la palabra "mandamiento" en un cartón o cartulina. Busque dibujos del becerro de oro para ilustrarlo a los niños. Prepare también varios rompecabezas en forma de corazón —háganlos de diferentes colores—, y córtelos en cinco partes; los que usará para una actividad. Anote en ellos la frase: "Ama a Dios con todo tu corazón".

Inicie el relato bíblico ubicando a sus alumnos en la situación que el pueblo de Israel estaba atravesando. Ya habían pasado muchos meses desde que los hebreos habían abandonado Egipto; llevaban mucho tiempo caminando en el desierto y Dios les había demostrado muchas veces que siempre estaba con ellos protegiéndolos. Sin embargo, estas personas continuaban quejándose y Dios los había escuchado.

Ahora se encontraban al pie del monte Sinaí. Moisés había subido a la montaña para recibir los mandamientos que Dios tenía para su pueblo. Pasaron cuarenta días y los israelitas pensaban que Moisés había muerto y comenzaron a pedirle a Aarón un dios a quien adorar.

De ser posible, muestre a sus alumnos ilustraciones del becerro de oro y explíqueles lo que hizo el pueblo para adorarlo. Haga hincapié en el hecho de que los israelitas no le estaban dando a Dios el lugar que merecía, y se olvidaron de todos los milagros de los cuales habían sido testigos desde que abandonaron la tierra de Egipto.

Pregúnteles: ¿Pueden imaginarse cómo se sintió Dios cuando vio lo que su pueblo estaba haciendo? ¿Creen que el pueblo merecía el perdón de Dios? Déles tiempo para escuchar las respuestas y que reflexionen acerca de la importancia de ser agradecidos y leales a nuestro Dios.

Mientras relata la historia bíblica, permita que sus alumnos vean que está usando su Biblia como base. Es importante que ellos comprendan que esas enseñanzas se encuentran en la palabra de Dios.

APLICACIÓN A LA VIDA DIARIA

Hoy en día nuestra sociedad alienta a los niños a pensar en ellos mismos en primer lugar. Los programas de televisión y los comerciales los instan a hacer "lo que los haga sentir bien". En la actualidad los bienes materiales y los placeres ocupan un lugar más importante que Dios. Las personas ven el "día del Señor" como cualquier otro, y hacen las mismas actividades de todos los días. No comprenden la importancia de guardar el día de reposo.

Sus alumnos necesitan entender que hay una mejor forma de vivir la vida y que es de acuerdo con la voluntad de Dios. Compare la desobediencia del pueblo hebreo con la de nuestra sociedad actual e invite a los principiantes a poner a Dios en primer lugar y a obedecer sus mandamientos.

ANEXO

Crear una historia

Entregue a los principiantes la hoja de actividades del libro del alumno. Lean juntos los cuatro mandamientos que se encuentran allí escritos y pregúnteles: ¿Qué dibujo les recuerda la historia bíblica? ¿Por qué era incorrecto que el pueblo de Dios estuviera adorando al becerro de oro?

Después concédales un tiempo para que, basándose en las ilustraciones, creen historias acerca de la desobediencia y la obediencia a Dios.

Dibujos y vocales

Den vuelta a la hoja de actividades, y déles tiempo para que siguiendo el código de los dibujos, sus alumnos llenen los espacios en blanco en la paráfrasis del texto bíblico: "Por lo tanto, deben obedecer a Dios en todo y cumplir los mandamientos que hoy les ha dado" (Deuteronomio 27:10).

Rompecabezas de corazón

Usando los rompecabezas que hizo, mezcle todas las piezas; luego entregue una a cada niño (no les dé a cinco niños seguidos el mismo color, debe intercalarlos). Cuando usted les diga: ¡Ahora!, ellos deberán buscar a los que tienen el mismo color y armar su corazón. Felicite a quienes terminen primero y hábleles sobre la importancia de amar a Dios con todo nuestro ser.

MEMORIZACIÓN

En tarjetas de papel escriba las diferentes palabras del texto bíblico de la unidad (Deuteronomio 27:10) y escóndalas dentro del salón de clases antes de que lleguen sus alumnos.

Después de haber finalizado la clase, y cuando llegue el momento de la memorización del texto, dígales que van a aprender un nuevo versículo durante esta unidad, pero que se encuentra perdido en el salón. Pídales que busquen las tarjetas y las traigan al frente. Conforme las vayan encontrando, péguelas en orden sobre el pizarrón y repitan todos juntos el texto bíblico. Use estas tarjetas durante la unidad como herramienta para la memorización del versículo.

PARA TERMINAR

Antes de despedir a sus alumnos, invítelos a asistir a las próximas reuniones, y a poner en práctica durante la semana lo que aprendieron hoy en clase. Entregue los trabajos que realizaron y ore por ellos antes de que salgan.

LECCIÓN 7

HONRA A TUS PADRES

ASPECTOS GENERALES

Base bíblica: Éxodo 20:12; 1 Samuel 17:12-20; 22:1-4.
Texto para memorizar: *Obedece al Señor tu Dios y cumple los mandamientos y preceptos que hoy te mando* (Deuteronomio 27:10 - NVI).
Objetivo de la lección: Que los principiantes comprendan por qué es importante honrar y obedecer a sus padres.

PREPARACIÓN PARA EL MAESTRO

Éxodo 20:12. El quinto mandamiento es el primero en importancia en lo que a relaciones interpersonales se refiere, sobre todo a las relaciones familiares. Nos muestra la importancia que Dios le concede a la familia.

Normalmente pensamos que este mandamiento está dirigido solo a los niños, olvidando que también era para los israelitas en edad adulta.

Los adultos también tienen la obligación de valorar a sus padres y tratarlos con respeto y honor. Este es el primer mandamiento con promesa. Dios aseguró una larga vida para aquel que honra a sus padres.

1 Samuel 17:12-20; 22:1-4. Se conoce a David como un pastor que cuidaba las ovejas de su padre y que mató al gigante Goliat con una honda. Sus alumnos probablemente han escuchado las historias en las que David toca el arpa para agradar al rey. Sin embargo, muchos desconocen la historia en la cual David cuida de sus padres ancianos.

A David lo perseguía el rey Saúl y se había escondido en Adulam, dentro de una cueva. Sus padres tuvieron que abandonar su hogar para estar cerca de su hijo en ese tiempo de dificultad. Pero él no quería exponerlos al peligro, así que los llevó a la región de Moab y le pidió al rey que les diera refugio. Es posible que Isaí, el padre de David, tuviera parientes que vivieran en Moab. El rey aceptó la petición de David, y su familia habitó ahí durante todo el tiempo que su hijo estuvo en problemas.

ADAPTACIÓN

Es importante que los principiantes conozcan esta parte en la vida del rey David, pues hace referencia al cuidado y la preocupación que este tenía por sus padres. Los niños atraviesan etapas en las cuales tienen conflictos con la autoridad, generalmente la que ejercen los padres de familia o tutores.

Ellos necesitan comprender que el obedecer y amar a los padres no es una opción sino un mandamiento de Dios que trae una promesa consigo. Anime a sus alumnos a reconocer y valorar la importancia de amar y honrar a sus padres durante toda su vida.

DESARROLLO DE LA LECCIÓN

Introducción

Forme a sus alumnos en círculo para escuchar el relato bíblico y haga la introducción de la siguiente manera: Pregúnteles: ¿Cuál de los mandamientos de Dios creen que es más fácil de romper? (Permita que respondan y escriba sus opiniones en el pizarrón o en una hoja grande de papel).

Pregunte de nuevo: ¿Qué sucede cuando las personas no obedecen los mandamientos de Dios? Después de escuchar sus comentarios dígales que hoy aprenderemos cómo obedecer el mandamiento que es más fácil de romper.

DESARROLLO DE LA HISTORIA BÍBLICA

Prepare con anticipación los recursos didácticos que utilizará durante la exposición de su clase. En esta ocasión le sugerimos que si tiene láminas alusivas a este pasaje bíblico las use; en el caso de que no cuente con ellas puede elaborarlas usando cartulinas o papel afiche, y plumones o marcadores. En una lámina dibuje a David como un pastor de ovejas, en otra como un joven guerrero, en otra como rey y en la última como hijo amoroso.

Narre la historia de David mostrando las láminas a su clase y haciendo énfasis en que desde muy pequeño él ayudó a su padre en las tareas del hogar y como pastor de su rebaño. Después, cuando estuvo en conflicto con el rey Saúl, cuidó de que a ellos no les sucediera nada malo y los llevó a vivir a un lugar seguro.

David deseaba obedecer el mandamiento de Dios de honrar a sus padres y se preocupaba por su seguridad. Por esta razón, el Señor cumplió su promesa con él, y le permitió vivir un largo tiempo como rey de Israel durante cuarenta años.

APLICACIÓN A LA VIDA DIARIA

Después de haber contado la historia bíblica, pregunte a sus alumnos lo que más les gustó del relato. Remarque el hecho de que David, aun siendo un personaje muy importante y futuro rey de Israel, nunca olvidó cumplir y obedecer los mandamientos de Dios, incluyendo el honrar a sus padres.

Anímelos a cumplir los mandamientos del Señor mediante la obediencia a sus padres. Dígales que si tienen dificultades para obedecer pueden orar y pedirle a Dios que los ayude.

Conceda un tiempo para que todos cuenten sus experiencias en cuanto a la obediencia a los padres, y motívelos a ser como el rey David, quien cuidó y amó a sus padres aún siendo adulto. Termine la historia bíblica con un tiempo de oración e intercesión por sus alumnos.

ANEXO

Adivinanzas divertidas

Lea las siguientes adivinanzas, y permita que los niños jueguen a reconocer a CUÁL personaje está describiendo:

1. Yo entoné una canción que está en la Biblia.
   - ✘ Ayudé a mi madre a salvar la vida de mi pequeño hermano, poniéndolo en una canasta y llevándolo hasta el río.
   - ✘ Obedecí a mi madre cuidando a mi pequeño hermano.
   - ✘ ¿Quién soy? (Miriam, la hermana de Moisés).
2. Mis padres eran ancianos cuando yo nací.
   - ✘ Fui una promesa cumplida de Dios para ellos.
   - ✘ Mi padre envió a un sirviente a buscar una esposa para mí.
   - ✘ Con mi esposa tuvimos dos hijos gemelos.
   - ✘ ¿Quién soy? (Isaac).
3. Yo era el hijo favorito de mi padre.
   - ✘ Él me regaló una túnica especial de muchos colores.
   - ✘ Mis hermanos me vendieron como esclavo y sufrí mucho en un país lejano.
   - ✘ Salvé a mi familia del hambre, dándoles alimento que tenía guardado.
   - ✘ ¿Quién soy? (José).
4. Soy el más pequeño de ocho hijos.
   - ✘ Cuidaba el rebaño de ovejas de mi padre y tocaba el arpa para alegrar al rey.
   - ✘ Dios me ayudó a matar a un gigante.
   - ✘ ¿Quién soy? (David).

Nosotros honramos a nuestros padres

Entregue a su grupo las hojas de actividad del libro del alumno, y ayúdelos mientras recortan las figuras correspondientes a esta lección de la sección recortable. Converse con ellos acerca de qué dibujos muestran a los niños honrando a sus padres.

Dígales que peguen los cuadros de los niños honrando a sus padres en los espacios en blanco que se encuentran a un lado de los dibujos impresos en la hoja de actividad.

Comenten acerca de las ilustraciones que quedaron y pregúnteles: ¿Qué actividades están haciendo estos niños que no honran a sus padres?

En el espacio en blanco que se encuentra en la parte inferior de la hoja de trabajo permita que hagan un dibujo de algo que ellos puedan hacer para honrar a sus padres y comenten acerca de lo que dibujaron.

Discutan las diferentes maneras en las cuales los niños pueden honrar a sus padres y elaboren una lista en el pizarrón.

Laberinto de letras

Lea las instrucciones y conceda un tiempo para que sus alumnos encuentren las palabras ocultas dentro del laberinto. Cuando hayan terminado, lean las frases y coméntenlas entre todos.

MEMORIZACIÓN

Que los niños se sienten formando un círculo y entrégueles una pelota que deberán pasar de mano en mano mientras usted hace algún sonido (puede usar un pandero, cascabeles, una grabadora, etc.). Cuando la música termine, el niño que tenga la pelota en sus manos deberá ponerse de pie y decir el texto para memorizar (Deuteronomio 27:10). Continúen el juego hasta que todos hayan participado.

PARA TERMINAR

Entregue a sus alumnos los trabajos que elaboraron durante el tiempo de clase y pídales que no falten la próxima semana. Haga una oración e incluya todas las peticiones que los niños hayan traído ese día.

Evalúe el desarrollo de su clase y busque la manera de enriquecer la siguiente, de tal forma que el aprendizaje de su grupo sea cada vez más significativo.

LECCIÓN 8

SÉ SIEMPRE HONESTO

ASPECTOS GENERALES

Base bíblica: Génesis 31:1-35; Éxodo 20:4, 15-16
Texto para memorizar: *Obedece al Señor tu Dios y cumple los mandamientos y preceptos que hoy te mando* (Deuteronomio 27:10 - NVI).
Objetivo de la lección: Ayudar a los principiantes a comprender por qué es importante no mentir ni engañar a los demás.

PREPARACIÓN DEL MAESTRO

Génesis 31:1-35. La historia de Raquel y Lea está llena de envidias y celos. Ambas eran esposas del mismo hombre e hijas del mismo padre. Competían en todo momento y permitían que Labán, su padre, tratara injustamente a su esposo Jacob.

Cierto día, Jacob decidió dejar la tierra de su suegro para ir a Canaán, su lugar natal, y se llevó consigo a sus mujeres, hijos y animales. Como consecuencia del resentimiento que Raquel sentía hacia su padre Labán, robó los ídolos que este tenía en su casa. Esos ídolos eran una parte común de la religión de Mesopotamia y tenían un valor especial para su dueño.

Labán fue en busca de Jacob, y cuando estuvo con él lo acusó del robo. Jacob no sabía que Raquel tenía escondidos los ídolos de su padre, así que le dio permiso a su suegro de buscar en todo el campamento, y el que fuera encontrado culpable del robo tendría que morir.

Raquel era una mujer inteligente, así que con mucho cuidado escondió los ídolos en la silla de montar de un camello y se sentó sobre él. Cuando su padre se acercó hasta el sitio donde se encontraba, le dijo que no podía levantarse porque no se sentía bien de salud. Ella sabía que nadie podía obligarla a levantarse para buscar dentro de la silla de montar. Raquel no solo robó los ídolos de su padre, sino que mintió para poder ocultarlos y proteger su vida.

No encontramos evidencia bíblica que nos revele lo que sucedió después del engaño de Raquel, ni si lo descubrieron. Sin embargo, Dios estaba al tanto de la situación y conocía la conducta de esta mujer.

La historia bíblica de hoy nos muestra lo doloroso que resulta dañar las relaciones con los demás como resultado de las mentiras y el robo. Jacob y su suegro se enojaron el uno con el otro, y Raquel y sus hijos nunca volvieron a ver a Labán.

Éxodo 20:4, 15-16. Los Diez Mandamientos reconocen los derechos de propiedad de las personas; el robo está prohibido por el octavo mandamiento. De la misma forma, Dios condena el mentir o el engañar; el noveno mandamiento dice: "No darás falso testimonio". Robar o mentir dañan y deterioran las relaciones entre las personas y principalmente la relación con Dios.

ADAPTACIÓN

Los niños en esta etapa tienen muchos conflictos con la mentira, pues es una práctica muy común en nuestra sociedad; lo mismo sucede con el robo. Durante esta clase es necesario enfatizar la importancia de guardar con amor las leyes de Dios que están contenidas en los Diez Mandamientos.

Recuerde a sus alumnos que no deben confiar en sus propias fuerzas para cumplir las reglas de Dios. Él quiere ayudar a aquellos que lo obedecen y perdonar a los que han hecho algo equivocado.

DESARROLLO DE LA LECCIÓN

Introducción

Tenga disponibles lápices de colores y pegamento para que utilicen sus alumnos en las actividades de sus cuadernos de trabajo.

Haga la introducción a la lección usando una historia en la cual sus alumnos participen. Pídales que imaginen que tienen una bicicleta nueva, y un día después de jugar olvidan meterla a la casa y la dejan en el patio. Pregunte: ¿Qué creen que le habrá sucedido a la bicicleta? ¿Cómo se sentirían si alguien se las hubiera robado? Permita que los niños respondan y dígales: Ahora imaginen que al día siguiente ustedes ven a uno de sus amigos usando la bicicleta que les robaron y, cuando le preguntan sobre ella, él les contesta que fue un regalo de sus padres. ¿Cómo se sentirían ahora?

Ayúdelos a comprender que mentir y robar siempre lastiman a las personas.

DESARROLLO DE LA HISTORIA BÍBLICA

Invite a alguien para que represente a Raquel y cuente la historia de hoy. Debe iniciar desde el momento en que conoce a Jacob hasta cuando huyen a Canaán. Entréguele con anticipación las referencias bíblicas para estudio, y transmítale el énfasis de esta lección. Es importante que haga hincapié en las consecuencias que robar y mentir le acarrearon.

De ser posible, consiga algún objeto que represente a los ídolos de Labán y una almohada que sirva como silla de montar. De esta manera podrán ejemplificar la forma en la que Raquel escondió lo que había robado.

Dé un tiempo para que los niños hagan preguntas a su personaje bíblico invitado, y cuenten también sus experiencias en cuanto al robo y la mentira.

Lea Éxodo 20:1-17 y pida a sus alumnos que identifiquen los mandamientos sobre los que trató la lección de ese día.

APLICACIÓN A LA VIDA DIARIA

Cuando los principiantes han cometido alguna falta temen ser descubiertos y castigados. No decir la verdad o mentir es una manera de evitar las consecuencias de nuestros actos. Otras veces, el ser honestos y hablar con la verdad implica hacer algo que no es agradable para ellos, o dejar de hacer lo que ellos desean.

De la misma forma, buscan aceptación entre sus amigos exagerando la realidad u ocultando detalles de su vida que les parecen desagradables, lo cual también es mentira.

Los niños necesitan comprender que mentir es pecado y que está escrito dentro de los Diez Mandamientos.

De la misma forma robar, no regresar lo prestado o esconder algo que no les pertenece no es agradable delante de Dios, y a veces ellos desconocen esto. A través de esta lección deben reconocer que estos son pecados que se encuentran regulados por las leyes de Dios, los que debemos evitar siempre.

ANEXO

Los diferentes rostros del robo

Entregue la hoja de actividades del libro del alumno y la sección recortable para que busquen el material correspondiente a esta lección. Déles un tiempo para que recorten las caritas, y posteriormente conversen sobre las diferentes expresiones de Raquel mientras robaba y mentía. Provéales pegamento y lápices de colores para llevar a cabo esta actividad.

Recuérdeles que cuando robamos o mentimos siempre lastimamos a alguien. Dios puso estas reglas para proteger a su pueblo y ayudarlos a vivir en paz con los demás.

Amor en acción

Encontrarán esta actividad en la parte posterior de la hoja de trabajo del alumno. Lea en voz alta las instrucciones y guíe a sus niños a llevarlas a cabo. Elaboren conclusiones de lo aprendido en clase y piensen de qué manera pueden aplicarlas en su vida diaria.

Caras diferentes

Dibuje con líneas punteadas en el pizarrón o en una cartulina dos caras incompletas, lo suficientemente grandes como para que todos los niños participen en completarlas. Una cara debe estar alegre y la otra triste.

Lea las siguientes frases y pida voluntarios que determinen si son verdaderas o falsas. El niño que lo haga correctamente pasará primero al frente a completar el borde de la cara que corresponda. Después otro pasará a completar los ojos, la boca, etc. Comenten por qué la cara de la verdad es agradable y la de la mentira es triste. Si le resulta posible, escriba las frases en papelitos y que sean los mismos niños quienes las lean. Puede añadir más si desea:

- ✘ En la escuela nunca me dan tarea.
- ✘ Las mentiras pequeñas no son mentiras.
- ✘ Dios ama a todas las personas.
- ✘ En mi casa vive un extraterrestre.
- ✘ Mi mamá nunca me regaña.
- ✘ A veces es difícil decir la verdad.
- ✘ Mi mascota es un león.
- ✘ Debemos amar a nuestro prójimo como a nosotros mismos.
- ✘ El templo es la casa de Dios.
- ✘ Debemos perdonar siempre.

MEMORIZACIÓN

Provea hojas y crayones para sus alumnos. Déles un tiempo para que escriban el texto para memorizar y lo decoren a su gusto. Cuando hayan terminado, conceda un tiempo para que muestren su trabajo a la clase y digan el texto en voz alta.

Pueden llevar su hoja a casa para ponerla en un lugar visible y repasar el texto durante la semana.

PARA TERMINAR

Antes de concluir la clase aclare todas las dudas que su grupo pueda tener y ayúdelos a concluir sus trabajos. Anímelos a que durante la semana pongan en práctica los mandamientos que aprendieron hoy, y cuenten su experiencia a sus amigos y familiares.

Cierre con una oración e interceda por las necesidades específicas de los principiantes.

LECCIÓN 9

RESPETA EL DERECHO DE LOS DEMÁS

ASPECTOS GENERALES

Base bíblica: Éxodo 20:13, 15-17; 1 Reyes 21:1-20
Texto para memorizar: *Obedece al Señor tu Dios y cumple los mandamientos y preceptos que hoy te mando* (Deuteronomio 27:10 - NVI).
Objetivo de la lección: Esta lección ayudará a los principiantes a saber que las mentiras, el robo y los homicidios comienzan con malos pensamientos.

PREPARACIÓN DEL MAESTRO

Éxodo 20:13, 15-17. Los Diez Mandamientos son las leyes que Dios dio para regular la conducta de su pueblo.

Estos prohíben algunos actos que son resultado de pensamientos equivocados: asesinatos, adulterio, robo y falso testimonio. Dios sabe que la rebelión comienza en la mente de las personas, y que la mayoría de las veces tiene consecuencias fatales.

Al igual que otros códigos de leyes del antiguo Medio Oriente, los Diez Mandamientos no solo condenan las malas acciones sino también los malos pensamientos.

1 Reyes 21:1-20. El rey Acab y su esposa Jezabel habían roto los mandamientos del Señor y vivían en constante pecado. La historia de hoy nos habla de una trágica cadena de acontecimientos que se inició cuando Acab comenzó a desear la viña de un ciudadano llamado Nabot.

La viña de Nabot de Jezreel se encontraba junto al palacio del rey Acab. El rey quería esa propiedad para él y fue a pedírsela a Nabot, ofreciéndole a cambio su precio en dinero u otra propiedad de mayor valor. Sin embargo, este rehusó la propuesta, ya que esa tierra era la heredad que había recibido de sus padres. Sabía que si la vendía estaría rompiendo las leyes que regulaban lo concerniente a las tierras heredadas.

El rey regresó triste y enojado a su palacio, se acostó en su cama y no probó alimento alguno. Cuando su esposa Jezabel escuchó el problema de su marido, decidió planear la muerte de Nabot. Ella recurrió a dos testigos falsos que acusaron a Nabot de blasfemias y de romper los mandamientos de Dios.

Los ancianos y principales de la ciudad, basándose en el testimonio de dos hombres perversos, encontraron a Nabot culpable y lo ejecutaron de acuerdo a la ley: lo condenaron a morir apedreado a las afueras de la ciudad.

Una vez que Acab se enteró de lo que le había sucedido a Nabot, tomó posesión de la viña.

ADAPTACIÓN

Algunos anuncios de la televisión hacen todo lo posible por convencer a las personas de que consuman todo lo que promocionan, y que deseen los nuevos artículos que se ponen en venta cada temporada. Los principiantes son presa fácil del control mental que ejerce este tipo de medios.

Algunos piensan que usar ciertos productos los hace más populares o divertidos, y eso les puede generar frustración o problemas en el hogar al no tener las posibilidades de poseer todo lo que a ellos les gustaría.

Los alumnos necesitan entender que las malas acciones por lo general se inician con pensamientos equivocados. Ayúdelos a comprender lo que significa ser codicioso, y a poder combatir los malos pensamientos y las acciones deshonestas. A menudo, romper uno de los mandamientos significa romper los demás. Es un círculo en el cual no existe salida. Anímelos a reconocer cuando sus pensamientos pueden causarles problemas.

DESARROLLO DE LA LECCIÓN

Introducción

El pecado secreto

Propicie una discusión reflexiva dentro de su salón de clase y haga la siguiente pregunta: ¿Creen ustedes que se puede romper la ley de Dios sin realizar ninguna acción? ¿Cómo creen que las personas lo hacen? (Conceda tiempo para que respondan). Guíe la discusión para ayudarlos a entender que no necesariamente tenemos que hacer cosas negativas, muchas veces las malas acciones provienen de los malos pensamientos. El pecado comienza en nuestra propia mente.

Sus alumnos pueden participar tanto como el tiempo se los permita. Enfatice la idea de que generalmente las personas piensan antes de realizar algo, y Dios previene a sus hijos antes de que los malos pensamientos los lleven a cometer malas acciones.

DESARROLLO DE LA HISTORIA BÍBLICA

Escriba con letras grandes en el pizarrón o en una cartulina la palabra "codicia". Pregunte a sus alumnos si conocen el significado de esa palabra y déles tiempo para que den sus respuestas.

Dígales que la codicia es desear algo que pertenece a otra persona, y sentirnos enojados o infelices por no poseerlo. La codicia hace que las personas se sientan celosas y enojadas con quien tiene lo que ellos desean.

La historia bíblica de este día trata acerca de la codicia. Dígales que pongan mucha atención para poder darse cuenta en qué momento entra la codicia en el corazón del personaje de hoy.

Elabore una pequeña representación teatral tomándola como base. Escriba los diálogos de los cuatro personajes principales: Acab, Nabot, Jezabel y Elías.

Necesita cuatro voluntarios que lo ayuden a representar a estos personajes o bien, si tiene la posibilidad de usar títeres, permita que sean ellos quienes narren la historia a los niños.

Reparta a sus ayudantes los diálogos correspondientes al personaje que les haya asignado, y pídales que lo estudien durante la semana, de tal forma que el día de la clase se encuentren familiarizados con ellos y puedan concentrarse en modular sus tonos de voz para hacer más atractiva la actividad.

Haga que los principiantes se sientan como si estuvieran en medio de una función de teatro. Siéntelos de forma que puedan observar a los personajes con libertad.

Cuando haya concluido la representación, aclare las dudas que puedan surgir y haga la aplicación correspondiente.

APLICACIÓN A LA VIDA DIARIA

Enfatice la idea de que, al igual que el rey Acab, todas las personas sienten codicia alguna vez. Pero esto no le agrada a Dios, y por eso nos ha dado un mandamiento que debemos obedecer siempre.

Anime a los niños a orar cuando sientan que un pensamiento de codicia está entrando en su mente, y a confiar en que Dios les dará las fuerzas para resistir.

Es importante que entiendan que sus papás no pueden darles todo lo que ellos desean, no por que no los amen sino porque muchas veces no tienen las posibilidades. Ellos, como hijos de Dios, deben aprender a controlar sus deseos y a ser agradecidos por lo que tienen.

ANEXO

La viña de Nabot

Proporcione a sus alumnos la hoja de trabajo correspondiente a esta lección, y permita que ellos enumeren el orden de los dibujos que cuentan la historia bíblica.

Hagan un breve repaso de lo aprendido y vayan a la parte inferior de la hoja.

¿Dónde comenzó todo?

Pregunte a sus niños: ¿En qué momento creen que la codicia entró en el corazón del rey Acab? (Deje un tiempo para las respuestas). Haga referencia a las huellas en la parte inferior de la hoja de actividades. Señale las huellas de forma secuencial, y hable acerca de los pasos que se siguieron en esta historia para que Jezabel y su esposo inventaran mentiras acerca de Nabot, lo mataran y robaran su viña.

1. Ver, 2. desear, 3. codiciar, 4. tomar

¡Sé una súper estrella!

Ayude a los niños a recortar la tira de estrellas del material recortable de sus libros y provéales pegamento.

Lea las frases de la hoja en voz alta mientras sus alumnos escuchan con atención, e indíqueles que peguen una estrella dentro del espacio en blanco de cada historia que hable acerca de una persona que obedece los mandamientos de Dios.

MEMORIZACIÓN

En un recipiente ponga varios papelitos que contengan las siguientes indicaciones:

- ✘ Di el texto saltando
- ✘ Di el texto llorando
- ✘ Di el texto gritando
- ✘ Di el texto haciendo gestos graciosos
- ✘ Di el texto riendo

Ponga el recipiente en el centro y pida a sus alumnos que pasenuno por uno a tomar un papel, y cumplan la orden que allí dice, repitiendo el texto para memorizar.

Haga un breve repaso de la unidad que hoy termina, remarcando la veracidad de los mandamientos de Dios y la importancia de cumplirlos.

PARA TERMINAR

Termine la clase recordando que todos deben respetar la propiedad de los demás y ser agradecidos a Dios por las bendiciones que él nos da. Ore por sus alumnos e invítelos a la próxima clase. De ser posible haga una introducción a la siguiente unidad..

Año 1 Unidad III

LA HISTORIA DE LA PASCUA

Bases bíblicas: San Juan 12:12-19; 13:1-17; 19:17-42; San Marcos 14:32-42, 43-50; 15:1-20; San Lucas 24:1-12, 36-53.
Texto de la unidad: *Pero Dios muestra su amor para con nosotros, en que siendo aún pecadores, Cristo murió por nosotros* (Romanos 5:8 – RV 1995).

PROPÓSITOS DE LA UNIDAD

Esta unidad ayudará a los principiantes a:

- ✗ Saber que Dios envió a su Hijo Jesús para salvar al mundo.
- ✗ Conocer las historias de Semana Santa.
- ✗ Celebrar que Jesús vive.
- ✗ Seguir el ejemplo de Jesús sirviendo a los demás.
- ✗ Aprenderán a comunicarse con Dios a través de la oración.
- ✗ Que Jesús sufrió para llegar a ser nuestro Salvador muriendo en la cruz.

LECCIONES DE LA UNIDAD

Dios siempre está con nosotros
Lección 10: Jesús vino a servir
Lección 11: Jesús ora en el huerto
Lección 12: Jesús es juzgado
Lección 13: Jesús murió por nosotros
Lección 14: Jesús está vivo

POR QUÉ LOS PRINCIPIANTES NECESITAN ESTA UNIDAD

La mayoría de los principiantes han escuchado historias acerca del significado de la Semana Santa como la de la Santa Cena, la oración en el huerto, la crucifixión y la tumba vacía; pero necesitan comprender el verdadero significado de este tiempo tan especial para el pueblo cristiano.

A través de estas lecciones aprenderán quién es Jesús y el motivo de su venida a este mundo. También estudiarán los sucesos en la vida de Jesús, desde la entrada triunfal hasta su resurrección. Conocerán cómo el Hijo de Dios se enfrentó a las multitudes, a la soledad, a la traición de sus amigos, al sufrimiento y a la muerte.

De esta manera tendrán un panorama más amplio y profundo sobre el gran amor de Jesús, su dependencia en la oración y su ferviente deseo de seguir la voluntad de Dios, su Padre. Este estudio les mostrará la realidad de un Dios viviente que los ama y se preocupa por ellos.

Los principiantes seguirán el ejemplo de Jesús en servicio, oración y misericordia; encontrarán las oportunidades de celebrar su resurrección y experimentar el perdón y la misericordia de Dios.

LECCIÓN 10

JESÚS VINO A SERVIR

ASPECTOS GENERALES

Base bíblica: San Juan 12:12-19; 13:1-17
Texto para memorizar: *Pero Dios muestra su amor para con nosotros, en que siendo aúnpecadores, Cristo murió por nosotros* (Romanos 5:8*)*.
Objetivo de la lección: Esta lección ayudará a los principiantes a seguir el ejemplo de Jesús al servir a los demás la última cena.

PREPARACIÓN DEL MAESTRO

La entrada triunfal de Jesús a Jerusalén antecede a la última cena. Entró a la ciudad sentado en un asno en medio de expresiones de bienvenida de la multitud, quienes le decían: "¡Hosanna!, ¡hosanna!, ¡bendito el rey de lo judíos!"

Cuando los reyes entraban triunfantes a las ciudades montados en un asno ello simbolizaba que su visita era en paz. El entrar sobre un caballo significaba grandeza y poder. Jesús entró montado en un asno en señal de que venía en paz, aun cuando ellos querían un Mesías militar que librara al pueblo del poderío romano.

La gente perdió de vista el significado de la entrada pacífica de Jesús. Y aunque él aceptaba esas alabanzas, la forma en la que entró negaba sus ambiciones militares. Los discípulos habían preparado el lugar para la cena de la pascua (Juan 13:1-17), y llegaron sin lavarse los pies —como se acostumbraba entonces. Ese hábito se hacía necesario porque en ese tiempo se caminaba descalzo o con sandalias abiertas sobre caminos polvorientos, por lo que los pies se ensuciaban y se cansaban; después de caminar grandes distancias, lavarlos los refrescaba y los limpiaba.

Al parecer, en ese lugar no había ningún sirviente para realizar esa tarea. Era una descortesía que las personas se lavaran sus propios pies, y los discípulos no querían ni estaban dispuestos a asumir esa labor tan humillante; especialmente porque querían asumir posiciones de poder en el reino de Jesús.

Jesús conocía ese conflicto y, quitando su manto, se puso una toalla alrededor de la cintura y arrodillándose lavó los pies de cada uno de sus discípulos. Pedro estaba atónito, no podía creer que su Maestro estuviera listo para lavar sus pies sucios, y no quiso que se los lavara. Pero Jesús insistió y finalmente Pedro dejó que lo hiciera.

Cuando Jesús terminó esta labor, les preguntó si sabían lo que había hecho. Con ese acto les dio una lección de servicio no solo porque les lavó los pies, sino en su actitud y explicación. Los desafió para que se sirvieran unos a otros, tal y como él los había servido; les dijo que si elegían servir serían bendecidos.

ADAPTACIÓN

A la edad de los principiantes es común que solo piensen en ellos mismos. Les resulta difícil asumir la idea de servir a otros. A través del modelo de servicio que mostró Jesús, los alumnos podrán ver cómo la persona más importante de la Santa Cena se convirtió en el sirviente de los demás. Por lo que necesitan entender que Jesús hizo esto voluntariamente. Ayúdelos a comprender que ellos también pueden servir a los demás.

DESARROLLO DE LA LECCIÓN

Introducción

Para exponer esta lección puede llevar fotografías o recortes de revistas donde haya personas ayudando a otros. Permita que los principiantes describan las fotos y digan lo que piensan de estas personas. También necesitará tijeras, lápices de colores, marcadores y un sobre para que cada niño guarde las piezas recortadas de la hoja de trabajo.

Los alumnos ya tienen un concepto formado de quién es Jesús; para ellos no cabe duda de que es el personaje más importante de la historia. Usted puede ampliar este conocimiento diciéndoles que él es el personaje más importante de la historia de la humanidad, el cual dividió la historia.

Los años se cuentan antes de su nacimiento y después de su nacimiento.

Asimismo, agregue que es el Hijo de Dios, y que también es Dios hecho hombre (estudie acerca de la Trinidad para explicar este punto).

DESARROLLO DE LA HISTORIA BÍBLICA

Utilizando la introducción, diga que siendo Jesús el hombre más importante que ha existido y existirá, nos dio un ejemplo de servicio. Relate la historia de manera interesante; realce los puntos que acentúan el objetivo de la lección. Utilice canciones que los inciten al movimiento.

Si desea y puede hacerlo, dramatice el lavamiento de pies (para esto tenga baldes con agua tibia y toallas). Narre la historia, y al final pida a los niños que participen (los que deseen hacerlo). Diga que se quiten los zapatos y usted sumerja los pies de ellos en el agua; si no desean sumergirlos, entonces, solo derrámela encima de los mismos. Después séquelos con la toalla y póngales los zapatos.

Para esta actividad puede poner música de fondo apropiada; procure mantener un ambiente de reverencia y si lo necesita pida la ayuda de algunos asistentes. Mencione ejemplos de personas que tengan el don del servicio y que los niños conozcan, esto los ayudará a comprender mejor este acto de humildad (pueden ser personas de la iglesia, la escuela, la comunidad o del país. Solo asegúrese de que la mayoría de los niños conozcan de quién está hablando).

Cuénteles sobre alguna ocasión en la que usted ayudó a otras personas y no le dio vergüenza hacerlo, sino que demostró una actitud de servicio (usted como maestro es un modelo para ellos, por lo que su experiencia personal es muy significativa).

APLICACIÓN A LA VIDA DIARIA

A través de la lección, se espera que los principiantes logren entender que no importa la posición que ellos crean tener en la vida (sea por dinero, educación, por cariño en la familia, etc.), ninguno de ellos es más importante que Jesús; él nos dio el ejemplo y ellos deben seguirlo sirviendo a otros. Pregúnteles: ¿Cómo creen que pueden ayudar a los demás? (algunas respuestas serían: ayudando a limpiar la casa, recogiendo los juguetes de otro, compartiendo lo que tenemos, etc.).

Pregunte cuántos de ellos van a tomar el reto de ser como Jesucristo. Explique que para eso debemos seguir su ejemplo de humildad y servicio. Que quede claro que no se está refiriendo a que deben lavarle los pies a todas las personas que ellos conozcan, sino al ejemplo de no sentirse más importantes que nadie, y al hecho de estar dispuestos a ayudar a quien lo necesite.

ANEXO

Jesús nos dio un ejemplo de amor y servicio

Diga a los alumnos que pinten la hoja de trabajo y que llenen los espacios del texto que haga falta. Pregunte: ¿Qué es lo que sucede en el dibujo? (Dé tiempo para que respondan; amplíe la información y aproveche la oportunidad para repasar la lección). Luego, siguiendo la forma de la parte de atrás de la hoja, pida que la corten para hacer un rompecabezas (que escriban su nombre en cada pieza, esto evitará que se confundan con las de los demás).

Luego que hayan recortado, pida que mezclen las piezas y que procuren unirlas en orden. Al terminar la actividad, déle a cada uno un sobre para que puedan llevar las piezas a su casa. Esto lo pueden usar para repasar la lección con sus padres o en su escuela con otros niños.

MEMORIZACIÓN

Haga una silueta grande de un corazón (puede ser del tamaño de una cartulina, de preferencia de color rojo). Luego escriba el texto para memorizar dentro de la silueta; si no cabe todo utilice los dos lados del corazón. Pegue alguna figura sobre la crucifixión de Jesús.

Prepare también corazones pequeños del mismo material, pero en estos ponga el nombre de cada uno de sus alumnos. Dígales que cuando se lo aprendan usted colocará el corazón de cada uno de ellos en la pizarra (o en alguna pared del salón); esto los motivará para aprender el texto. Puede dividir la clase por sexos y colocar un letrero que diga "hombres" y otro que diga "mujeres".

Como es la primera lección de la unidad, que el alumno que vaya aprendiendo el texto ponga el corazón debajo de esos letreros. Eso los motivará a aprendérselo. Déle algún premio al grupo que lo aprenda más rápido. (Si hay más mujeres que hombres o viceversa, entonces divídalos según la cantidad, lo importante es que haya dos grupos).

Dígales que es importante que no falten y que repasen en sus casas el texto.

PARA TERMINAR

Ayude a los principiantes a no olvidar todo lo que deben llevar a su casa (hojas de trabajo, etc.). Agradézcale a cada uno por haber asistido a la clase de hoy; anuncie algo acerca de la siguiente lección, tratando de hacer la conexión y despertando el interés para que no falten.

Concluya la clase con una oración de la siguiente manera: forme dos círculos (niños y niñas) y asigne un líder de oración por círculo para que ore. Al final ore usted por todos. No olvide preguntarles si tienen peticiones para incluirlas. Explique lo importante que es la oración; despierte en ellos el interés de orar todos los días.

LECCIÓN 11

JESÚS ORA EN EL HUERTO

ASPECTOS GENERALES

Base bíblica: San Marcos 14:32-42
Texto para memorizar: *Pero Dios muestra su amor para con nosotros, en que siendo aún pecadores, Cristo murió por nosotros* (Romanos 5:8).
Objetivo de la lección: Enseñar a los principiantes la importancia de la oración. Que aprendan a comunicarse con Dios a través de ella.

PREPARACIÓN DEL MAESTRO

El teólogo Elwood Sanner nos da varios puntos de vista muy interesantes sobre este pasaje. Jesús fue a Getsemaní con sus discípulos, un jardín que estaba en el monte de los Olivos y a donde solían ir; por eso no mostraron ninguna señal de sorpresa al llegar ahí después de la Santa Cena.

El hacer una vigilia de oración era una práctica común en la noche de la fiesta de la pascua. "Es noche de guardar para Jehová, por haberlos sacado en ella de la tierra de Egipto. Esta noche deben guardarla para Jehová todos los hijos de Israel a lo largo de sus generaciones" (Éxodo 12:42).

Conociendo lo que le esperaba esa noche, Jesús sintió la necesidad de orar. Dejó a ocho de sus discípulos en la entrada del jardín y fue con Pedro, Santiago y Juan hasta el Getsemaní; quería tener a sus amigos cerca mientras oraba.

El impacto de la cruz comenzó a preocupar a Jesús. Marcos lo describe con el lenguaje más fuerte posible: "Y les dijo: Mi alma está muy triste, hasta la muerte; quedaos aquí y velad" (San Marcos 14:34).

La oración de Jesús muestra tanto su humanidad como su amor a Dios y a su voluntad. Como hombre quería escapar de la cruz y de la separación que esto le traería con el Padre; pero como Hijo de Dios debía llevar a cabo el plan.

El tiempo para el sacrificio de Jesús estaba a pocas horas de distancia; el horror y la agonía le preocupaban; hizo una oración honesta de lo que quería: "Aparta de mí esta copa" (San Marcos 14:36). Pero también oró que se hiciera la voluntad de su Padre.

La frustración y agonía de Jesús se intensificaron cuando encontró a Pedro, Santiago y Juan durmiendo; ellos eran los amigos más cercanos que tenía en esta tierra, y les había pedido que oraran y velaran. De nuevo se alejó para orar y cuando regresó los encontró dormidos otra vez.

ADAPTACIÓN

Los principiantes no acostumbran orar con mucha fe. Es muy raro que le expresen sus verdaderas y profundas necesidades a Dios. Hay dos aspectos que ellos pueden utilizar en la oración: (1) Hacerle saber a Dios qué es lo que quieren. (2) Aceptar la voluntad del Señor para ellos. Tal vez solo estén familiarizados con lo primero y no con lo segundo.

Es bueno que puedan empezar a entender que la oración tiene poder para cambiarlos en todas las áreas (carácter, actitudes). Y que a través de ella le pueden expresar a Dios sus deseos y necesidades. Y algo importante también: podrán sentir cuál es la voluntad y dirección del Señor para ellos.

DESARROLLO DE LA LECCIÓN

Introducción

Para el buen desarrollo de esta lección usted necesitará el siguiente material: lápices de colores, marcadores, lápices normales, tijeras y pegamento.

Es probable que la mayoría de sus alumnos no tenga el hábito de orar; solo lo hacen antes de comer o dormir (y muchos ni siquiera esto). Esta lección es muy importante para realzar la importancia de la oración en sus vidas.

De nuevo, Jesús es un ejemplo a seguir en este aspecto. Hágales ver que durante su vida él dependió siempre de su Padre, porque estaba en constante comunión con él. Pregunte: ¿Cómo crees que se comunicaba? ¿Lo hacía por teléfono, por carta, por Internet? (Permita que ellos contesten). Fue a través de la oración, la cual fue vital en los momentos más difíciles de la vida de Jesús.

DESARROLLO DE LA HISTORIA BÍBLICA

Sea creativo para contar esta historia. Haga énfasis en el dolor y lo difícil de la situación que Jesús enfrentaba. Pregúnteles qué hacen cuando tienen algún dolor o problemas en su vida (dé tiempo a que respondan; la mayoría recurren a sus padres o amigos). Explique que Jesús acudía a Dios, el Padre.

Haga énfasis en el hecho de que Jesús fue honesto con Dios y no ocultó sus sentimientos. Anime a sus alumnos a hacer lo mismo.

Cuando oramos debemos tener confianza de que Dios no solo nos oye sino que también nos comprende.

Durante la lección puede incluir una breve oración. Si así lo hace, arrodíllese en medio de ellos, coloque sus manos juntas y ore allí públicamente (los niños aprenden más con el ejemplo que con las palabras). Al final de la lección haga que ellos oren de la misma forma. Cuando ore use palabras sencillas que ellos comprendan.

APLICACIÓN A LA VIDA DIARIA

El hacer que los principiantes se arrodillen en la clase y que oren es un buen principio; sin embargo, usted debe animarlos a que hagan de esto una costumbre, una forma de vida. Cuénteles el testimonio de su vida personal de oración (o puede invitar al pastor o a un líder conocido de su iglesia local, para que explique cómo, dónde, cuándo y por cuánto tiempo ora).

Explique a los alumnos que la oración debe ser una parte importante de sus vidas y anímelos a que empiecen a ponerla en práctica. Explíqueles que se debe comenzar poco a poco, que no tienen que orar una hora diaria; que inicien con metas pequeñas que puedan cumplir. Tome como ejemplo un atleta. Explique que ellos, que hoy corren 42 kilómetros, no se levantaron una mañana y dijeron: "De hoy en adelante voy a correr 42 kilómetros diarios", y empezaron a correr y lo hicieron. No, por el contrario, primero decidieron correr, y es probable que el primer día solo hayan corrido una distancia corta; pero siguieron día tras día sin dejar de hacerlo, mejorando cada día hasta alcanzar la meta que se propusieron.

De igual forma es la vida de oración. Ahora es el tiempo adecuado en la vida de los principiantes para que empiecen una carrera de oración que los llevará a grandes victorias.

ANEXO

La oración de Jesús

Cuando Jesús oró, no solo le dijo a Dios lo que él quería. También le pidió que hiciera en su vida lo que él quisiera. Diga a los niños que este es un buen ejemplo de cómo deben orar. Ellos le pueden decir a Dios con honestidad cómo se sienten y qué desean. La oración puede ayudarlos a aceptar la voluntad de Dios, aun cuando eso no sea lo que ellos querían.

El cubo de oración

Asegúrese de hacer una muestra de este trabajo antes de la clase; de esta forma será más fácil ayudar a los alumnos a elaborarlo.

Ayúdelos a seguir las instrucciones y armen el cubo de forma correcta. Explique bien los pasos, ya que un corte equivocado podría echar a perder el trabajo (si tiene ayudantes, que hagan un cubo y ayuden a los niños en este proceso).

Cuando los alumnos hayan terminado diga: Este cubo nos recuerda algunos aspectos importantes que debemos decirle a Dios cuando oramos.

Repase cada una de las declaraciones del cubo explicándolas de la mejor manera para que los niños las entiendan. Permita que ellos hagan contribuciones al tema de cada una de las declaraciones; haga preguntas para saber si están o no de acuerdo con lo que dice cada una de ellas.

No olvide poner el nombre de los niños en cada cubo para evitar confusiones al final de la clase.

MEMORIZACIÓN

Si utilizó el sistema de los corazones para la competencia, inicie preguntando quién aprendió el texto para memorizar (es probable que todavía no haya ninguno).

Para esta lección escriba el texto en la pizarra y haga que los niños lo repitan; luego borre algunas palabras y vuélvalo a repetir incluyendo las palabras que ya borró. Continúe así hasta que no hayan quedado palabras en la pizarra. Finalmente pregunte quiénes lo aprendieron y coloque sus corazones en el lugar asignado.

Lea la oración de Jesús que aparece en la historia bíblica. Dirija la atención de los niños a las declaraciones de la hoja de trabajo. Dígales que usted va a leer cada una de las declaraciones y que juntos deben decidir si es correcta o no.

Si la declaración es correcta diga que la rodeen con un círculo. Explique cada una de ellas, en especial la de "Abba". Esta expresión es como decir "papá" o "papi".

PARA TERMINAR

Ayude a los principiantes a no olvidar todo lo que deben llevar a su casa (hojas de trabajo, etc.). Agradezca a cada uno por haber asistido a la clase de hoy; adelante algo de la siguiente lección tratando de hacer una conexión y despertando el interés para que no falten.

Pida que primero una niña y luego un niño hagan la oración de despedida.

LECCIÓN 12

JESÚS ES JUZGADO

ASPECTOS GENERALES

Base bíblica: San Marcos 14:43-50; 15:1-20
Texto para memorizar: *Pero Dios muestra su amor para con nosotros, en que siendo aún pecadores, Cristo murió por nosotros* (Romanos 5:8*)*.
Objetivo de la lección: Esta lección ayudará a los principiantes a comprender que Jesús sufrió para llegar a ser nuestro Salvador.

PREPARACIÓN DEL MAESTRO

Mientras Jesús despertaba a sus discípulos dormilones en el Getsemaní, los judíos aparecieron junto con una gran multitud. Judas había hecho arreglos para identificar a Jesús con un beso, a fin de que las autoridades lo pudieran arrestar.

Uno de los discípulos, enojado por el arresto de Jesús, sacó su espada y le cortó la oreja de uno de los sirvientes del sumo sacerdote. El Evangelio de San Juan identifica a este discípulo como Pedro; también describe el milagro que hizo Jesús sanando a este hombre herido.

La predicción dolorosa del abandono y deserción de sus discípulos se hizo realidad. Cuando ellos vieron que Jesús no se resistió al arresto, y que de los cielos nadie vino en su ayuda, se frustraron. ¿Era este el Mesías que estaban buscando? No fue una frustración de coraje sino de fe.

Muy temprano por la mañana, los líderes religiosos llevaron a Jesús ante Pilato (San Marcos 15:1-20). Ellos ya lo habían juzgado la noche anterior, pero debido a que Israel estaba bajo el dominio romano necesitaban que Pilato pronunciara la sentencia de muerte.

Pilato le preguntó a Jesús si él era el rey de los judíos, a lo que él respondió: "Tú lo has dicho". Los líderes religiosos seguían manteniendo sus acusaciones contra Jesús. Pilato le hizo otras preguntas, pero Jesús guardó silencio. Y cometieron un error desastroso cuando dejaron la autoridad de la decisión a la multitud. Esto fue lo que Pilato hizo; sin embargo, la decisión final era de él.

Pilato preguntó a la multitud: "¿Qué haré con este a quien llaman el rey de los judíos?" La respuesta de la multitud no era confiable, porque los sacerdotes habían llevado a la mayoría de los que estaban presentes. El jefe de estos se paró en medio de la gente y empezó a gritar: "¡Pidan a Barrabás!" (un prisionero que había cometido asesinatos).

Para Jesús, la multitud gritaba: "¡Crucifícale!" Pilato perdió el control; permitió que a Barrabás, un terrorista, lo liberaran; luego ordenó que a Jesús lo castigaran y prepararan para la crucifixión.

Los soldados que llevaron a Jesús al palacio se burlaron de él, colocándole un manto color púrpura y poniendo una corona de espinas sobre su cabeza. Comenzaron a llamarlo: "rey de los judíos". Luego le golpearon la cabeza y lo escupieron. Doblando sus rodillas le hacían burla como si lo estuvieran adorando. Luego, le pusieron de nuevo su ropa y le quitaron el manto púrpura. Ellos no tenían idea de cuán profética era para el carácter y misión de Jesús su burla, porque Jesús es Rey.

ADAPTACIÓN

Los principiantes todavía son egocéntricos, por ello es probable que les resulte difícil comprender que una persona estuvo dispuesta a sufrir por ellos, como también entender lo que sus padres han estado dispuestos a sufrir por protegerlos.

Esta lección los ayudará entender, de alguna forma, por qué Jesús estuvo dispuesto a sufrir por ellos hace mucho tiempo. Podrán ver a Jesús como un amigo personal que se preocupó tanto por ellos que estuvo dispuesto a sufrir.

DESARROLLO DE LA LECCIÓN

Introducción

Los niños son muy sensibles al dolor y al sufrimiento; aproveche esto para hacer énfasis en el dolor y el sufrimiento que Jesús experimentó durante su juicio. No solo la tristeza del abandono de sus discípulos, sino también el sufrimiento físico que recibió a través de los golpes y el dolor que causaba la burla. Todo por amor a nosotros.

Cree conciencia en sus alumnos que fue por cada uno de ellos también. Muchos no se sienten culpables o incluidos en este sacrificio, por eso es su tarea, como maestro, hacer que ellos experimenten y sientan el dolor del sufrimiento de Cristo.

Para las actividades que siguen, en los cuadernos de trabajo de los niños, necesitará lápices de colores, lápices negros, papel construcción o cartulinas, tijeras, pegamento y cinta adhesiva transparente.

DESARROLLO DE LA HISTORIA BÍBLICA

Para esta lección lleve algunos dibujos que muestren la pasión de Cristo. Si en su iglesia tiene disponible un televisor y video, o computadora portátil con cañón para pasar DVD, proyecte parte de la película Jesús (o alguna otra que se relacione con el pasaje bíblico) y muestre algunas escenas del sufrimiento de Jesús.

Si no le resulta posible nada de lo anterior, entonces lleve un cincho o látigo. Esa figura es conocida por los principiantes y saben que se utiliza para castigar. Quizá alguno de ellos ha experimentado en carne propia algún tipo de castigo de esta clase; la diferencia es que en el caso de Jesús el castigo fue más severo, con el fin de hacerle daño.

Sea emotivo al exponer la lección; procure trasladar a los alumnos al sufrimiento y desesperación que Jesús sintió; que ellos puedan sentir lo intenso de los sucesos de la lección.

No olvide incluir cantos o himnos como: "En la cruz", o "En el monte Calvario", etc.

La lección de hoy no es una historia triste desde el punto de vista de los acontecimientos, sino por el abandono de los discípulos, las ofensas, el juicio, el desprecio de la multitud (la misma que una semana antes le dio la bienvenida diciéndole: "¡hosanna!, ¡hosanna!", y tendían sus mantos a su paso) y los golpes que recibió. Pero también es una historia de victoria al ver que triunfó el amor. Jesús no optó por la violencia ni por la venganza, su respuesta fue de obediencia y amor por nosotros.

APLICACIÓN A LA VIDA DIARIA

Los alumnos necesitan saber que estamos llamados a seguir el ejemplo de Jesús. En la vida, ellos enfrentarán situaciones en las que su primera reacción será responder y defenderse, hasta atacar o buscar vengarse; es probable que enfrenten burlas de sus amigos cuando decidan hacer lo correcto. Aun con esto, el ejemplo de Jesús debe servirles para hacer lo correcto, ser obedientes y mostrar amor en vez de odio.

ANEXO

¿Por qué sufrió Jesús por nosotros?

Dé tiempo para que los alumnos describan lo que está sucediendo en cada una de las figuras (la primera es Jesús siendo juzgado ante Pilato; la segunda es cuando los soldados lo golpean; la tercera son las cruces, que representan a Jesús siendo crucificado y pidiendo a Dios perdón por sus enemigos). Cada figura muestra lo que Jesús sufrió: recibió un trato injusto y no merecía lo que le hicieron. Sin embargo, prefirió sufrir para que nosotros pudiéramos tener vida eterna.

Pregúnteles cómo creen que Jesús se sentía, y cómo creen que ellos se sentirían si recibieran el trato que recibió Jesús y sufrieran en la forma que él sufrió.

Haga que los niños tracen una línea para conectar la respuesta de Jesús con el sufrimiento de cada dibujo. Pida que busquen San Lucas 23:34 y léanlo juntos. Déles tiempo para que dialoguen sobre este pasaje y que expresen su sentir.

Cartel del versículo para memorizar

Asegúrese de hacer una muestra de la hoja de trabajo antes de la lección de hoy; permita que cada alumno tome una hoja grande de papel o cartulina (de 12 x 8 cm) de su color favorito. Muéstreles el que usted ya hizo y dígales que ese póster los ayudará a comprender mejor Romanos 5:8. Explique que no existe un orden para colocar las figuras, pero las palabras del texto para memorizar deben estar en la forma correcta.

Resalte la figura de Jesús sobre el asno, a Jesús lavando los pies a sus discípulos y a Jesús en la cruz. Explique que estas son las formas en las que Dios muestra su amor por nosotros. Enseñe la figura de la tumba vacía y dígales que esta es la forma en que Dios nos muestra su perdón por nosotros.

Dígales que se lleven sus textos a casa y que coloquen sus carteles en su cuarto, o en algún lugar de su casa. Eso los ayudará a memorizar el texto de la unidad.

MEMORIZACIÓN

Si utilizó el sistema de los corazones para la competencia, que repasen los que ya han aprendido el texto. Para esta lección utilice la hoja de trabajo que hicieron para repasarlo. Usando el que usted hizo, cubra con una hoja la parte de las letras, dejando solo las figuras; luego pida que repitan el texto completo. Puede usar el texto que hizo para la lección 1 (el de la silueta de corazón) como referencia para que los niños lo repitan.

Finalmente, pregunte quiénes ya lo memorizaron y coloque sus corazones en el lugar asignado como muestra de que ya lo aprendieron.

PARA TERMINAR

Ayude a los niños a no olvidarse nada (hojas de trabajo, etc.). No pase por alto orar antes de salir del salón de clases.

LECCIÓN 13

JESÚS MURIÓ POR NOSOTROS

ASPECTOS GENERALES

Base bíblica: San Juan 19:17-42
Texto para memorizar: *Pero Dios muestra su amor para con nosotros, en que siendo aún pecadores, Cristo murió por nosotros* (Romanos 5:8*).*
Objetivo de la lección: Enseñar a los principiantes que Jesús murió en la cruz para que nosotros alcanzáramos la salvación.

PREPARACIÓN DEL MAESTRO

Pilato ordenó entregar a Jesús al escuadrón de ejecución; y él, cargando su propia cruz, salió del palacio y de la ciudad rumbo a un monte llamado Gólgota. La costumbre requería que el criminal condenado cargara su propia cruz. Jesús ya lo había declarado: "El que no lleva su cruz y viene en pos de mí, no puede ser mi discípulo" (Lucas 14:27).

Ya en el Gólgota lo crucificaron junto a dos criminales. Pilato había colocado un anuncio sobre la cruz proclamando que Jesús era el "rey de los judíos". Este se escribió en los tres idiomas principales de aquella época, para que todos pudieran leerlo. El arameo para la gente local, el latín para los oficiales y el griego para los del mundo del oeste del Mediterráneo.

Las inscripciones se usaban para identificar la ofensa por la cual se había condenado a la víctima. Proclamar que Jesús era el rey de los judíos tenía implicaciones irónicas; no solo fue el rey de los judíos, sino que es el Rey de reyes.

Cuando los soldados lo crucificaron tomaron su ropa y la dividieron en cuatro partes, una para cada uno de ellos. La túnica de Jesús era de una clase especial y muy cotizada en aquellos días. Estaba hecha de una sola costura y de una sola tela desde arriba hasta abajo; así que los soldados decidieron no partirla y echaron suerte sobre ella (Juan 19:24). Esto sucedió para que se cumpliese la profecía escrita en Salmos 22:18: "Repartieron entre sí mis vestidos y sobre mi ropa echaron suertes".

"Estaban junto a la cruz de Jesús su madre y la hermana de su madre, María mujer de Cleofas, y María Magdalena" (Juan 19:25). Desde la cruz, Jesús se comunicó con su madre y con Juan. En su agonía demostró compasión y cariño hacia ella.

ADAPTACIÓN

Es difícil para los principiantes imaginar la muerte en la cruz, mucho menos entenderla. Esta lección hará un puente entre el Antiguo y el Nuevo Testamentos. Los alumnos tendrán nueva información del sacrificio que Jesús hizo por la humanidad.

La respuesta que se espera de los alumnos es que reflexionen acerca de todo lo malo que saben que han hecho. Es tiempo de que le den gracias a Dios por lo que Jesús hizo por ellos.

Tal vez algunos ya estén listos para aceptar a Jesucristo como su Salvador; sin embargo, evite presionarlos. Deje que respondan de una manera profunda y personal ante la noticia de que Jesús sufrió por ellos.

DESARROLLO DE LA LECCIÓN

Introducción

La muerte es un aspecto que los niños no comprenden en su totalidad. Quizá algunos de su clase ya la experimentaron por el fallecimiento de algún familiar. Para ellos es algo no deseable y que no tiene nada positivo. Sin embargo, usted debe hacerles entender que la muerte de Jesús fue diferente, no solo porque se cumplía con las profecías del Antiguo Testamento sino aún más, porque tenía el carácter de sacrificio al pagar con ella el pecado de la humanidad.

DESARROLLO DE LA HISTORIA BÍBLICA

Para esta lección lleve fotografías o recortes de tumbas en el cementerio. Y, por supuesto, una de la tumba de Jesús. Use esto para destacar el contraste entre las tumbas que contienen cadáveres y la tumba de Cristo que está vacía. No haga mucho énfasis en la resurrección; este será el tema de la próxima clase; céntrese solo en el hecho de su muerte. Explique que no lo hizo por obligación ni sucedió por accidente, o porque los judíos lo determinaron así. Por el contrario, fue una muerte anunciada desde mucho tiempo atrás.

Jesús ya conocía lo que le iba a suceder. Aceptó ser sacrificado por todos nosotros; lo hizo consciente y voluntariamente. Finalmente, su muerte hace de puente entre el Antiguo y el Nuevo Testamentos, siendo el cumplimiento de la Escritura o profecía.

APLICACIÓN A LA VIDA DIARIA

Los principiantes necesitan saber que la muerte de Jesús tiene implicaciones en sus vidas. A esta edad tienen un pobre concepto acerca del pecado y de su responsabilidad espiritual. Es importante que usted como maestro aclare que este sacrificio fue también por ellos; es necesario que se sientan culpables por su muerte, pero no en el sentido de hacerlos sentir mal. Esto es importante, porque muchos creen que no tienen nada que ver con la muerte de Jesús, piensan que esto es para otras personas.

Los alumnos están en una edad difícil, de rebeldía, por lo que es importante enfrentarlos a la realidad de la muerte de Jesús. Esta lección los ayudará para ese fin.

ANEXO

El último sacrificio

Necesitará la hoja de trabajo para cada alumno, lápices de colores o marcadores y tijeras.

Pregunte: ¿Qué hubiera sucedido si la multitud hubiera pedido que Barrabás fuera sacrificado en vez de Jesús? Guíe la discusión al punto de definir que Jesús no hubiera muerto. Y que a pesar de que no merecía morir, y que Barrabás no conocía de su inmenso amor, murió en su lugar.

Explique que Dios, desde el principio en el Antiguo Testamento, ya había alertado al ser humano sobre la seriedad del pecado, y que el castigo para el que lo cometiera sería la muerte, como se los dijo a Adán y Eva.

Sabemos por el Antiguo Testamento, y también cuando Jesús estuvo en la tierra, que la gente traía animales al templo para que el sacerdote lo sacrificara; de esa forma le mostraban a Dios que estaban arrepentidos de haberlo desobedecido y no querían morir por eso.

A pesar de que una multitud enojada mandó matar a Jesús, solo pudieron hacerlo porque él se los permitió. Y no solo tomó el lugar de Barrabás, sino que también estuvo dispuesto a ser el último sacrificio por la maldad del ser humano.

Permita que los niños sigan las instrucciones de la hoja de trabajo. Ayude a los que no puedan realizar este tipo de actividades. Lea Romanos 5:8 y resalte el punto de que Jesús murió por nosotros, y que ya no hay necesidad de sacrificar animales; Jesús fue el último sacrificio.

La cruz de Cristo

Necesitará la hoja de trabajo para cada alumno, tijeras y pegamento. Asegúrese de hacer una muestra en su casa antes de iniciar la clase se hoy.

Déle a cada niño su hoja y permita que armen las cruces. Utilice la que usted hizo para mostrarles cómo debe quedar. No olvide anotar el nombre de cada alumno en su trabajo.

Utilice esta actividad para repasar la lección de la semana pasada, la cual tiene conexión directa con la lección de hoy. Diga a los principiantes que cuando vean una cruz recuerden que este es el símbolo que por miles de años se ha utilizado para identificar a los cristianos, y que esta simboliza el sacrificio que Jesús hizo por todos nosotros sin merecerlo. Deje en claro que todo lo hizo por amor.

MEMORIZACIÓN

Si utilizó el sistema de los corazones para la competencia, pida a los alumnos que ya hayan aprendido el texto que lo digan. Para esta lección utilice el texto de la silueta de corazón, cante alguna canción con ritmo que tenga relación con la clase u otra similar. Pida que formen un círculo y caminen alrededor del salón de clases y cuando diga "¡alto!" que todos lo repitan. Continúen haciendo esto varias veces.

Finalmente pregunte quiénes lo aprendieron y coloque sus corazones en el lugar asignado, como muestra de que ya lo memorizaron.

PARA TERMINAR

Ayude a los principiantes a no olvidar todo lo que deben llevar a su casa (hojas de trabajo, etc.). Agradezca a cada uno por haber asistido a la clase de hoy; anticipe algo de la siguiente lección, tratando de hacer una conexión y despertando el interés para que no falten.

Mencione que la próxima semana terminarán de estudiar esta unidad.

Anime a los que no han aprendido el texto a que lo hagan. Dígales que la próxima clase harán un repaso general de la unidad.

NOTAS:

LECCIÓN 14

JESÚS ESTÁ VIVO

ASPECTOS GENERALES

Base bíblica: San Lucas 24:1-12; 36-53
Texto para memorizar: *Pero Dios muestra su amor para con nosotros, en que siendo aún pecadores, Cristo murió por nosotros* (Romanos 5:8).
Objetivo de la lección: Esta lección ayudará a los principiantes a celebrar que Dios levantó a Jesucristo de la muerte y que hoy vive.

PREPARACIÓN DEL MAESTRO

La resurrección de Jesús y la llegada del Espíritu Santo constituyen la estructura del mensaje de todo el Nuevo Testamento, y las bases que permitieron y fortalecieron a los apóstoles para llevar las buenas del evangelio a todo el mundo.

Casi en todas las oportunidades en las que el ser humano entra en contacto cara a cara con seres celestiales, una de las primeras reacciones es el temor. Esto les sucedió a las mujeres en la tumba. Los ángeles les preguntaron por qué buscaban a Jesús entre los muertos, y les recordaron acerca de las profecías referentes a su muerte y resurrección.

Aún en ese momento, las mujeres no pudieron comprender las maravillas de todo aquello. Los apóstoles estaban un tanto confundidos con el reporte de ellas; habían visto morir a Jesús de una forma cruel en aquella cruz. Pero, cuando la verdad de los ángeles y la tumba vacía penetraron su dolor, recordaron las palabras de su Salvador; entonces se dieron cuenta de que las profecías se habían cumplido.

Todo lo que habían escuchado decir a su Maestro se cumplió con exactitud. La falta de comprensión y olvido de los discípulos contrasta con la memoria del sanedrín, quienes sí recordaron que Jesús había dicho que resucitaría al tercer día, por eso le pidieron a Pilato que pusiera guardias para que vigilaran la tumba.

Lucas no incluye todos los detalles que mencionan los otros Evangelios; él hace un resumen del hecho de que la tumba se encontró vacía y que los ángeles proclamaron las buenas nuevas acerca de la resurrección de Jesús. Su objetivo era proclamar la certeza de la resurrección. ¡Jesús está vivo!

ADAPTACIÓN

Los principiantes han estado oyendo los sucesos que antecedieron a esta lección. Hoy aprenderán que el amor de Dios no murió con Jesús en la cruz sino por el contrario, se extiende a una tumba vacía. Ese mismo amor del Señor aún nos alcanza porque ¡Jesús vive hoy!

A los niños les gustan las celebraciones; necesitan sentir la misma emoción que usted siente al contar esta lección. Asegúrese de que entiendan que la pascua es una celebración del amor de Dios y que puede ser una celebración muy personal para ellos.

En países como Estados Unidos se celebra con conejos de pascua, regalando ropa nueva, buscando golosinas, etc. Esto parece divertido, pero la pascua es algo más, es la celebración del amor de Dios, la celebración de una vida nueva en Cristo Jesús.

DESARROLLO DE LA LECCIÓN

Introducción

Si en la lección pasada usted logró crear en los niños un sentido de valor personal en relación a la muerte de Jesús, en esta emociónelos con las buenas noticias de su resurrección.

Asegúrese de que comprendan las implicaciones espirituales que ello representa.

Esta es una lección llena de alegría y gozo. Anticipe esto decorando su salón de clases. Haga uno o varios carteles grandes que digan: "está vivo", "vive hoy", "quiere vivir en ti" (procurando de esta manera despertar el interés en los niños).

DESARROLLO DE LA HISTORIA BÍBLICA

Inicie la introducción de la lección en forma de diálogo, como noticiero, hablando como si la resurrección hubiera ocurrido hoy y la noticia debe ser trasmitida (puede llevar fotos de televisores, noticieros, periodistas, etc.).

Luego acomode a los periodistas que estarán narrando la noticia. Haga que la den de forma impactante; pueden decir: "¡Noticia de último momento! ¡Jesús ha resucitado! ¡Cumplió su promesa de resucitar! ¡Ya no está muerto! ¡La tumba está vacía!" (Los periodistas pueden ser varios de sus alumnos, o invite a jóvenes o adolescentes de otras clases).

Y en realidad eso fue lo que sucedió. Dios les dio

una noticia de último momento a los discípulos, que interrumpió su vida normal, la cual cambió para siempre.

Después del diálogo, narre la historia bíblica; hágalo de forma amena e interesante. No olvide incluir coros con ritmo y movimiento como: "Cristo no está muerto, él está vivo", "Vive en mí", etc. O busque coros alegres. Recuerde que esta es una lección que transmite buenas noticias y alegría.

Aproveche el estudio de esta lección para preguntar a sus alumnos si desean aceptar a Cristo como su Salvador personal, y hacer de este tiempo de pascua el tiempo más especial de sus vidas.

APLICACIÓN A LA VIDA DIARIA

En la actualidad Dios nos sigue dando esta noticia. Y aunque sucedió hace dos mil años, aún sigue teniendo el poder de transformar vidas. Y por increíble que parezca, hay personas que jamás la han escuchado, por lo cual es una noticia de último momento para ellos; y si la oyen y la comprenden, cambiará sus vidas para siempre.

Si ha preparado preguntas es el momento de hacerlas. Lleve golosinas o pequeños regalos para motivar a sus alumnos a que respondan correctamente. Recuerde hacer preguntas sencillas y con un lenguaje claro.

ANEXO

¿Qué significa la pascua?

Necesitará hojas de trabajo para cada alumno, lápices de colores, marcadores o lapiceras y tijeras.

Con anticipación haga una muestra de esta actividad para que ellos vean cómo debe quedar. Dígales que elaboren dos tarjetas de pascua, una para ellos y la otra para regalar a un amigo o familiar.

Estas tarjetas ayudarán a los principiantes a hablar acerca del verdadero mensaje de la pascua. Muestre cómo saltará el ángel después de que hayan cortado y doblado las tarjetas. Anímelos a que las coloreen y las decoren.

Utilice este trabajo manual para explicar que el verdadero significado de la pascua es la historia maravillosa de Jesús, su sufrimiento, crucifixión y muerte. Pero, sobre todo, su resurrección. En este punto puede hacer un repaso de toda la unidad.

MEMORIZACIÓN

Si utilizó el sistema de los corazones para la competencia, comience dándole la oportunidad a los alumnos que hayan aprendido el texto para memorizar. Para esta lección permita que los alumnos se lleven su corazón al final de la clase, y ayude a los que no pudieron aprenderlo.

Hable con el pastor de la iglesia para que les dé la oportunidad a los principiantes de exponer ante la congregación lo que aprendieron durante la unidad, así como los textos para memorizar. También entonen alguna canción.

PARA TERMINAR

Ayude a sus alumnos a no olvidar todo lo que deben llevar a su casa (hojas de trabajo, etc.). Agradezca a cada uno por haber asistido a la clase de hoy; anuncie que la próxima clase iniciarán una nueva unidad.

Si desea, permítales que lleven a su casa algunos de los materiales que usted utilizó a lo largo de la unidad para que los tengan como recuerdo. Tal vez para usted ya no tengan valor; pero para los principiantes sí.

Finalice con una oración. No se olvide de preguntarles si tienen peticiones para incluirlas. Si desea, haga un círculo con los niños y pida que algunos voluntarios oren. Finalice usted. Incluya en su oración el agradecerle a Dios por haber enviado a su Hijo Jesucristo, quien nos dio ejemplo de sufrimiento, dolor, servicio y oración. Y lo más importante: su resurrección, la cual representa nuestro éxito como cristianos.

NOTAS:

Año 1 Unidad IV

VERDAD Y OBEDIENCIA

Base bíblica: Números 13:1-3, 17-33; 27:15-23; Josué 3-4; 6:1-27; 1 Samuel 1:2, 21; 3:1-27; Nehemías 1–4; 6 y 8; Esdras 7.

Texto de la unidad: *Pon tu confianza en Dios y no en lo mucho que sabes. Toma en cuenta a Dios en todas tus acciones, y él te ayudará en todo* (Proverbios 3:5-6 – Versión BLA).

PROPÓSITOS DE LA UNIDAD

Esta unidad ayudará a los principiantes a:

✘ Comprender que Dios obró a través de hombres y mujeres del Antiguo Testamento que confiaron en él para cumplir con sus planes.

✘ Crecer en el conocimiento de la grandeza de Dios; y tener confianza en el poder que él tiene para hacer realidad sus planes.

✘ Estar disponibles para Dios y confiar en él y obedecerlo.

✘ Comprender que la confianza y la obediencia son parte fundamental de nuestras relaciones familiares, sociales y espirituales.

✘ Aprender a confiar en que Dios puede contestar sus oraciones...

LECCIONES DE LA UNIDAD

Lección 15: Dos dicen "sí", y diez dicen "no"
Lección 16: Un nuevo líder para el pueblo de Dios
Lección 17: Josué confía en Dios
Lección 18: Cuando las murallas caen
Lección 19: Ana ora y cree
Lección 20: Samuel obedece a Dios
Lección 21: Nuevas murallas para la ciudad de Jerusalén
Lección 22: El pueblo de Dios escucha y obedece

POR QUÉ LOS PRINCIPIANTES NECESITAN ESTA UNIDAD

Muchos principiantes han sufrido malas experiencias que les han hecho perder la confianza en algunas personas. Por esta razón es posible que también se les dificulte confiar en Dios. La enseñanza de esta unidad los ayudará a aprender más del poder y la grandeza de Dios; particularmente su poder para llevar a cabo sus propósitos en este mundo.

El segundo énfasis de estas lecciones es el hecho de que Dios generalmente no trabaja solo, al contrario, busca a personas para llevar a cabo su obra, a través de acciones de obediencia de quienes lo aman y confían en él. Cuando nosotros lo obedecemos nuestras acciones ayudan a cumplir sus propósitos.

Cuando escuchen las historias de Josué, Ana, Samuel, Nehemías y Esdras sus alumnos descubrirán más acerca de la grandeza y el poder de Dios. También verán diferentes formas en las que el Señor trabaja para cumplir su propósito con gente que confía en él y lo obedece.

Explíqueles que la Biblia no dice todo lo que pasó con la gente que allí se menciona. Se conoce poco de cada una de las situaciones por las que ellos pasaron. Sin embargo, los personajes bíblicos tuvieron que confiar en Dios día tras día, como nosotros lo hacemos hoy.

En esta unidad los niños comprenderán que él siempre nos acompaña, ayudándonos de muchas formas que ni siquiera nos damos cuenta. Cuando confiamos en el Señor y hacemos su voluntad estamos ayudando a hacer su trabajo en este mundo. Eso es lo más importante.

LECCIÓN 15

DOS DICEN "SÍ", Y DIEZ DICEN "NO"

ASPECTOS GENERALES

Base bíblica: Números 13:1-3, 17-33; 14:1-35
Texto para memorizar: *Pon toda tu confianza en Dios y no en lo mucho que sabes. Toma en cuenta a Dios en todas tus acciones, y él te ayudará en todo* (Proverbios 3:5-6 – Versión BLA).
Objetivo de la lección: Esta lección ayudará a los principiantes a reconocer que al confiar en Dios y obedecerlo, él les da el valor para hacer lo correcto.

PREPARACIÓN DEL MAESTRO

El plan de Dios era que el pueblo disfrutara de la tierra prometida, un lugar donde fluía "leche y miel".

Él había hecho grandes milagros al sacarlos de Egipto y traerlos a las fronteras de Canaán. Pero aun así al pueblo le faltaba fe; no querían entrar hasta saber cómo era la situación allí. La misión de los 12 hombres enviados para espiar no era para ver si podían conquistar la tierra, porque Dios ya les había dicho que la tomaran. Su misión era recaudar información acerca de esta y sus habitantes, y establecer una ruta para que los israelitas siguieran al entrar en ella.

El reporte de los 10 hombres no dejó lugar a dudas de que la tierra era buena y que valía la pena entrar a poseerla. Sin embargo, ellos resaltaron que les parecía imposible sobrepasar los obstáculos que encontraron para entrar. Pero Caleb y Josué tenían un punto de vista totalmente diferente. Ellos también habían visto las murallas y los gigantes. Sin embargo, recordaron que Dios les había dicho que tomarían la tierra. Su confianza en Dios era mayor que sus temores.

Después del reporte de los 10, el pueblo tuvo mucho miedo, a tal punto que rehusaban entrar en Canaán. Su desobediencia y falta de confianza enojó a Dios, quien les ordenó que todos los hombres mayores de 20 años no entrarían en la tierra prometida, con excepción de Josué y Caleb. Los demás murieron mientras el pueblo estuvo errante por el desierto durante 40 años.

ADAPTACIÓN

Los amigos ejercen una gran influencia sobre los principiantes; y estos, aun cuando saben lo que es correcto, en muchas ocasiones escogen hacer lo incorrecto solo para ser aceptados por sus amigos. Necesitamos ayudar a nuestros alumnos para que sepan que deben hacer lo correcto.

También es de suma importancia que aprendan a tener más confianza en Dios; que sepan que solo él les dará la fuerza para hacer lo correcto. Josué y Caleb decidieron confiar en Dios y obedecerlo. Eso les dio valor. Este es un ejemplo que los principiantes deben seguir.

DESARROLLO DE LA LECCIÓN

Introducción

Llegar a tomar la tierra prometida era el acontecimiento que motivó el éxodo del pueblo de Israel. Llegar a ese lugar era la meta, el propósito de tan grande y difícil viaje. Sin embargo, a poca distancia de la tierra prometida se enviaron espías para explorarla.

DESARROLLO DE LA HISTORIA BÍBLICA

El reporte de los espías trajo desánimo al pueblo, el cual se apoderó de ellos a tal grado que hasta deseaban regresar a la esclavitud de la cual habían sido liberados. Haga énfasis en el gran esfuerzo que les tomó llegar a ese lugar. Puede incluir el canto: "Dios no nos trajo aquí para volver atrás" (si lo conoce), o algún otro canto que sea adecuado. Tenga en mente el objetivo de la lección al contar la historia bíblica.

Utilice un lenguaje que sea claro y sencillo. Recuerde que la mayoría de los principiantes conocen pocas historias bíblicas. Será mejor si utiliza una versión de la Biblia en lenguaje actual para facilitar la comprensión de ellos; si utiliza términos bíblicos o religiosos asegúrese de que todos entiendan su significado.

Si puede, lleve un racimo de uvas, sino lleve solo el jugo (o algunas otras frutas, miel, etc.). Esto con el objetivo de enfatizar en lo rica que era la tierra prometida.

APLICACIÓN A LA VIDA DIARIA

Aproveche esta lección para que los principiantes entiendan que a muchos niños de su edad no les gusta hacer lo correcto, sino al contrario, a la mayoría le gusta hacer lo incorrecto. Pero que ellos tienen que tomar una decisión personal, tal como la que tomaron Josué y Caleb, a quienes no les importó ir en contra de la mayoría por ser obedientes a Dios. Finalmente, resalte el hecho de que cuando decidimos obedecer a Dios, él se agrada y nos ayuda a obedecerlo.

Anime a sus alumnos a imitar el ejemplo de estos dos espías; que recuerden esta historia cada vez que ellos se encuentren en situaciones en las cuales tengan que tomar una decisión importante; especialmente cuando obedecer en hacer lo correcto no les guste a muchos de sus amigos y se pongan en su contra.

ANEXO

¿Quién vio qué?

(Necesitará la hoja de trabajo de alumno; tijeras; pegamento o cinta adhesiva).

Lea las declaraciones del centro de la hoja de trabajo; luego siga las instrucciones para completar la actividad. Los alumnos deben relacionar las palabras con los dibujos para mostrar primero cómo se sentían los 10 espías, y luego mostrar cómo se sentían Josué y Caleb. Pregunte: ¿Qué hicieron distinto de los demás espías Josué y Caleb? (Decidieron confiar en Dios. Querían obedecer su mandamiento de entrar en Canaán).

Comente que confiar en Dios no significa que los cristianos nunca sentiremos miedo; sino que en vez de rendirnos ante el temor podemos confiar en que Dios nos ayudará. Cuando obedecemos al Señor estamos ayudando a llevar a cabo su plan. Haga que los niños peguen las tarjetas de palabras en las figuras, para mostrar los sentimientos de Josué y Caleb.

Desafío de confianza

Necesitará tijeras, crayones o marcadores. Opción: Si puede consiga plástico transparente adhesivo para las cubiertas para las perillas de luz).

Si decide que los alumnos realicen esta actividad en la clase siga las instrucciones de la hoja de trabajo; diga a los niños que coloreen las cubiertas para las perillas de luz y que completen las cubiertas de Josué y Caleb.

Lea Números 14:9 (dibujo del lado superior izquierdo de la hoja de trabajo): "Nosotros contamos con la ayuda de nuestro Dios. ¡No tengan miedo!" Pregunte: ¿Quién dijo esas palabras en la historia de hoy? (Caleb y Josué). Diga que ellos confiaron en Dios y él les dio el valor para hacer lo correcto, aun cuando todos los demás habían elegido desobedecer al Señor.

Si no hicieron esta actividad en el salón, dígales que la hagan en sus casas y que la próxima clase la lleven terminada.

Mencione que estas cubiertas para perilla de luz las pueden poner en cualquier cuarto de la casa, para que sepan que Dios también está con ellos. Recuérdeles que su confianza en él puede darles valor para hacer lo que el Señor quiere que hagan.

Dígales que la próxima clase les preguntará acerca de situaciones difíciles que hayan vivido durante esa semana, que los ayudaron a confiar más en Dios, porque él les dio valor para hacerlo.

MEMORIZACIÓN

Pida que todos los niños repitan juntos el texto bíblico. Luego divida a los niños de las niñas, y que cada grupo lo vuelva a repetir. Si puede, lleve algún material visual para aprender el texto (lo puede escribir en una cartulina grande). Píntelo con varios colores para hacerlo más llamativo. Si usted no tiene la habilidad para el dibujo, pida a alguien de su iglesia que lo ayude.

Si resulta posible y tiene acceso a una computadora, imprima el texto con la letra más grande que pueda. Haga las siguientes preguntas acerca de la lección:

- ✘ ¿Cuántos espías fueron a explorar Canaán? (12)
- ✘ ¿Cuál fue el reporte de los diez espías? (Buena tierra, ciudades amuralladas, gigantes, muy peligroso, no se puede conquistar).
- ✘ ¿En qué fue distinto el reporte de Caleb y Josué al de los diez espías? (Ellos dijeron: Dios está con nosotros, podemos conquistar, obedezcamos a Dios).
- ✘ Después de que los israelitas oyeron el reporte de todos los espías, ¿qué hicieron? (Lloraron toda la noche, querían regresar a Egipto, rehusaron confiar en Dios y no entraron a Canaán).
- ✘ ¿Qué sucede cuando las personas deciden confiar en Dios y obedecerlo? (Contribuyen a hacer la voluntad de Dios).

Mencione alguna forma en la que los niños pueden mostrar su confianza y obediencia a Dios. (Acepte cualquier respuesta razonable).

PARA TERMINAR

Antes de finalizar la clase, ayude a los niños a no olvidar lo que deben llevar a sus casas (hojas de trabajo, etc.). Agradezca a cada uno por haber asistido y adelante algo de la siguiente lección, tratando de hacer una conexión y despertando el interés para que no falten.

Finalice con una oración. Si desea, haga dos círculos: uno de niños y otro de niñas. Asigne un líder por círculo para que ore. Luego ore usted por todos. No olvide preguntarles si tienen alguna petición para incluirla en la oración.

LECCIÓN 16

UN NUEVO LÍDER PARA EL PUEBLO DE DIOS

ASPECTOS GENERALES

Base bíblica: Números 27:15-23; Deuteronomio 31:1-8; Josué 1
Texto para memorizar: *Pon toda tu confianza en Dios y no en lo mucho que sabes. Toma en cuenta a Dios en todas tus acciones, y él te ayudará en todo* (Proverbios 3:5-6 – Versión BLA).
Objetivo de la lección: Esta lección ayudará a los principiantes a confiar en Dios y obedecerlo, conforme ellos confían y obedecen a los líderes que Dios les ha dado (padres, maestros, pastores, etc.).

PREPARACIÓN DEL MAESTRO

Después de negarse a confiar en Dios para poseer la tierra prometida, los israelitas comenzaron un peregrinaje de 40 años por el desierto. Durante ese tiempo todos los hombres mayores de 20 años murieron.

A lo largo de esos años Moisés continuó guiando al pueblo de Dios. Y cuando ya era anciano, Dios le dijo que era el tiempo para que el pueblo de Israel tuviera un nuevo líder. Tal vez él no se sorprendió cuando el Señor eligió a Josué como su sucesor.

Desde el tiempo en que abandonaron Egipto, Josué había servido a Moisés; también era el comandante a cargo del ejército de Israel. Cuando otros cuestionaron el liderazgo de Moisés, Josué permaneció fiel. Pero más importante que la posición que tenía era el hecho de que tenía la determinación de obedecer a Dios.

Josué significa "Jehová salva"; cuando este nombre se traduce al griego se convierte en "Jesús", y hay un interesante paralelismo entre este nombre y el nombre del Hijo de Dios. Ningún mal está registrado en contra de Josué; él era una persona de carácter y perseverancia. Escuchaba las instrucciones de Dios y cumplía con lo que se le asignaba; deseaba conocer y hacer su voluntad. Y cuando el Señor necesitó un nuevo líder para su pueblo lo escogió a él.

ADAPTACIÓN

Por varias razones, el respeto al liderazgo es inusual en muchos de los segmentos de la sociedad. Muchas veces se ve a los líderes como personas interesadas en buscar solo su propio beneficio y no el beneficio de quienes lo siguen; esta pérdida de veracidad se demuestra frecuentemente con críticas a los líderes y sus decisiones.

Los principiantes han escuchado este tipo de críticas, por lo cual aprenden esas actitudes y, en ocasiones, se vuelven irrespetuosos y pierden la confianza en los demás. No es bueno decirles a nuestros niños que los líderes siempre tienen la razón; sin embargo, debemos ayudarlos a comprender que Dios es el que les ha dado la autoridad (Romanos 13:1-7). Por esa razón se nos llama a los cristianos a tratar a los líderes con respeto (Tito 3:1). El tratar a los líderes de forma irrespetuosa es ser irrespetuosos con Dios, ya que él ha establecido las autoridades.

Respetemos a los líderes de nuestra iglesia (1 Tesalonicenses 5:12-13). Estas personas tienen responsabilidades especiales para ayudar a construir el reino de Dios. El respeto y la colaboración de las familias de la iglesia los ayuda a que desarrollen su trabajo con mayor eficiencia.

DESARROLLO DE LA LECCIÓN

Introducción

La muerte de Moisés fue algo muy triste para el pueblo, pero especialmente para Josué, quien fue su siervo por muchos años. Sin embargo, Dios ya tenía el nuevo líder para ellos. Esta lección servirá para que los principiantes entiendan que Dios cambia a los líderes. Eso les ayudará a comprender que puede haber cambios pastorales en la iglesia o cambios de maestros en las clases de escuela dominical.

Haga énfasis en que cuando un líder tiene que salir de la iglesia por el motivo que sea, la obra de Dios continúa, no se detiene. El Dios que hizo de Moisés un líder sigue vivo, y sigue levantando líderes hoy en día en medio de su pueblo, la iglesia.

DESARROLLO DE LA HISTORIA BÍBLICA

Si tiene acceso a la historia de su iglesia local, lleve para esta clase fotos o información de algunos líderes que en otro tiempo estuvieron en la iglesia (pastores, maestros, etc.). Explique a los principiantes que para que la obra de Dios continúe en esta tierra, el Señor necesita líderes que estén dispuestos a obedecerlo y confiar en él.

Dígales que ellos son los futuros líderes de la iglesia y de la sociedad. Que Dios cuenta con ellos, así como hoy cuenta con los pastores y maestros como usted. Puede incluir algún testimonio personal que enriquezca la lección.

APLICACIÓN A LA VIDA DIARIA

Esta lección es de suma importancia, ya que no solo debe enseñarles a los principiantes la obediencia y respeto hacia los líderes, sino también hacer un doble puente entre el liderazgo del pasado y el liderazgo actual. Y a la vez entre el liderazgo actual y el liderazgo futuro. Y es en este en donde sus alumnos toman lugar.

Es bueno preguntarles qué aspiran ser en el futuro. Asegúrese de que entiendan que para llegar a ser buenos líderes primero deben ser buenos seguidores de Dios, como lo fue Josué.

ANEXO

Respeto a los líderes de Dios

Necesitará la hoja de trabajo y una pelota blanda.

Pregunte a los principiantes: ¿Cómo respetaron y obedecieron a sus líderes Moisés, Josué y el pueblo de Israel? (Moisés y Josué obedecieron las órdenes que Dios les había dado. Josué obedeció lo que Moisés le dijo que hiciera. Los hombres de guerra estuvieron de acuerdo y obedecieron a Josué).

Recuérdeles la promesa que los hombres de guerra le hicieron a Josué (Josué 1:16-17). Pregunte: ¿Pueden pensar en algunas razones por las cuales los hombres de guerra hubieran tenido dificultad para confiar en Josué y obedecerlo? (Él era un líder nuevo; Moisés había sido su líder por mucho tiempo y además había sido un gran líder; ellos no sabían si Josué sería un buen líder).

Diga: Cuando los hombres de guerra decidieron obedecer a su líder Josué, ellos obedecieron y confiaron en que Dios les había dado este nuevo líder. ¿Cómo ayudó la obediencia de ellos a que los planes de Dios se llevaran a cabo? (Sirvió para que el pueblo pudiese entrar a Canaán, la tierra que Dios había prometido).

Cuando nosotros obedecemos a nuestros líderes estamos obedeciendo y confiando en Dios también. Y así estamos contribuyendo a que se cumpla la voluntad de Dios.

Haga que los niños den vuelta las ruedas que hicieron en la actividad de la hoja de trabajo. Diga: Vamos a pensar en formas en las cuales podemos confiar en Dios y obedecerlo, confiando y obedeciendo a nuestros líderes.

Discuta las tres figuras que aparecen en las ruedas utilizando las siguientes preguntas:

¿Qué está sucediendo en esta figura?

¿Están obedeciendo a su líder estos niños?

¿Qué te hace pensar que no lo están haciendo?

(Respuestas: Los niños de las figuras uno y dos están obedeciendo. Para la figura tres puede haber varias respuestas en cuanto a si los dos niños que están sentados juntos están obedeciendo o no).

Haga que se paren formando un círculo. Déle a uno de ellos una pelota y que se la vayan pasando entre todos. Cuando usted diga "¡alto!" deben dejar de hacerlo. El niño que se quedó con la pelota tiene que sugerir una forma en la cual podemos mostrar respeto y obediencia a nuestros líderes. Repita esta actividad varias veces.

Termine la lección diciendo que Dios nos ha dado a nuestros líderes. Por lo tanto debemos respetarlos y obedecerlos; porque haciendo esto también estamos obedeciendo y respetando a Dios.

Antes de pasar a otra sección haga las siguientes preguntas de repaso:

¿Qué promesa le hizo Dios a Josué cuando lo eligió como nuevo líder de Israel? (Que él lo ayudaría, así como ayudó a Moisés).

¿Qué instrucciones le dio Josué a los soldados? (Que confiaran y obedecieran las instrucciones de Dios).

¿Cuál fue la respuesta que le dieron los soldados a Josué? (Vamos a obedecerte, así como obedecimos a Moisés).

MEMORIZACIÓN

Utilice el mismo texto de la semana pasada. Para esta semana corte solo las palabras del texto incluyendo la cita bíblica. Repítanlo varias veces; luego pida la colaboración de los niños. Coloque todas las palabras en forma desordenada sobre una mesa; haga que cada uno tome una palabra (si el grupo es pequeño tendrán que tomar dos tal vez. Si el grupo es grande puede hacer esto por tandas, de manera que todos tengan la oportunidad de participar).

Luego pida que se paren y que coloquen el versículo en orden, permita que todos ayuden para verificar el orden correcto del mismo. Una vez que lo tengan en orden haga que lo repitan de nuevo. Al finalizar, regresen las palabras a la mesa (puede dividir al grupo en niños y niñas, y hacer una competencia para ver qué grupo arma el texto más rápido; si decide hacer esto tome en cuenta llevar cortados dos juegos del texto).

PARA TERMINAR

Concluya la clase con una oración. No olvide agradecerle a Dios por los líderes que ha tenido la iglesia, por los que tiene hoy y, por supuesto, por sus alumnos que serán los líderes del futuro.

LECCIÓN 17

JOSUÉ CONFÍA EN DIOS

ASPECTOS GENERALES

Base bíblica: Josué 3-4
Texto para memorizar: *Pon toda tu confianza en Dios y no en lo mucho que sabes. Toma en cuenta a Dios en todas tus acciones, y él te ayudará en todo* (Proverbios 3:5-6 – Versión BLA).
Objetivo de la lección: Ayudar a los principiantes a que confíen en Dios y obedezcan su Palabra, aun cuando sea difícil para ellos.

PREPARACIÓN DEL MAESTRO

Ya habían terminado los 40 años de caminar en el desierto, cuando Dios llevó de nuevo al pueblo de Israel a la orilla del río Jordán. Sus planes para ellos eran los mismos de antes: entrarían a la tierra de Canaán para poseerla. Eso fue lo que Dios le prometió a Abraham cientos de años antes. Obedecer sus órdenes ahora sería tan difícil como lo fue 40 años antes; pero quizá aún más, porque el río Jordán estaba más lleno.

Bajo el liderazgo de Moisés, Dios se manifestó al pueblo a través de una nube de día y una columna de fuego durante la noche para guiarlos. Ahora el arca del pacto era la señal visible de la presencia de Dios. Los sacerdotes cargaban con ella largas distancias llevándola delante del pueblo, lo cual simbolizaba la presencia de Dios con ellos para guiarlos.

Después de llegar a la orilla del Jordán y acampar allí, Josué esperó tres días para recibir las instrucciones de Dios. Finalmente le dijo al pueblo que se prepararan, porque el Señor había dado la orden de seguir; la consagración los preparó para ver el maravilloso poder de Dios. Esto también les mostraba su total dependencia en él. También nos enseña que solo cuando vamos a Dios y dependemos de él puede hacer grandes cosas a través de nosotros.

Después de la consagración, el pueblo estaba listo para cruzar el Jordán. Cuando los pies de los sacerdotes que cargaban el arca tocaron la orilla del agua el río se separó. Los sacerdotes se pararon en medio de este, y el pueblo pudo cruzar en seco. Después que todos cruzaron, Josué nombró a un representante de cada tribu para que cada uno tomara una piedra del fondo del río en donde los sacerdotes estaban parados; con ellas hicieron un altar. Esto serviría de señal para recordarle al pueblo el poder de Dios cuando fueron obedientes.

ADAPTACIÓN

La historia bíblica nos habla del tiempo en el cual Dios usó su poder para ayudar a aquellos que confiaban en él y lo obedecían. Los principiantes necesitan saber que el Dios poderoso y creador del universo está interesado en cada uno de ellos. Deben saber que sin importar la circunstancia o situación en la que se encuentren pueden confiar en Dios. Esta clase de confianza es el fundamento para la obediencia.

La obediencia en la práctica nos ayuda a fortalecer nuestra confianza. De esta manera, cuando obedecemos, podemos ver a Dios trabajando en nuestra vida. De alguna forma el Señor permite que nosotros lo ayudemos a cumplir sus propósitos en esta tierra.

Muchos de los principiantes no han experimentado las manifestaciones del poder de Dios. Sin embargo, podemos ayudarlos a desarrollar su confianza en él al enseñarles las historias de Dios y su pueblo, como las 12 piedras que recordarían al pueblo el poder de Dios (Josué 4). Esto nos enseña y recuerda quién y cómo es Dios.

DESARROLLO DE LA LECCIÓN

Introducción

El milagro de cruzar el río Jordán es el resultado del compromiso del pueblo de obedecer a Dios a través del líder que él había levantado (Josué). No era la primera vez que iban a cruzar el agua con Moisés habían cruzado el mar Rojo. Sin embargo, el pueblo que ahora estaba con Josué era una nueva generación; algunos eran niños; otros nacieron luego de cruzar el mar Rojo, así que esto era solo una historia para ellos.

DESARROLLO DE LA HISTORIA BÍBLICA

En el desarrollo de esta lección haga énfasis en el hecho de que la obediencia hizo posible un milagro. El cruzar el río Jordán en las condiciones en que el pueblo lo hizo era difícil, en primer lugar porque este estaba desbordado (era la peor época para intentar algo así). En esta oportunidad el pueblo no tenía prisa o presión por cruzar el mar Rojo; cuando lo hicieron fue porque no había otra opción ya que Faraón estaba cerca. Pero en esta oportunidad el problema pudo ser el no tener presión de nadie. Sin embargo, el pueblo obedeció a Josué y este se atrevió a confiar en Dios.

Narre la historia en forma creativa. Si puede lleve algunos elementos de la lección, tales como: agua, arena, 12 piedras. Haga énfasis en lo grandioso del milagro y del poder que Dios tiene sobre la naturaleza. Finalmente haga énfasis en la gratitud del pueblo y en el altar de las 12 piedras.

Al iniciar, forme un círculo con los principiantes y ponga las 12 piedras en el medio (si puede hágalo en forma de un altar). Luego pregunte lo que ellos creen que representan esas piedras (permita que todos respondan). Dígales que la lección de hoy tiene algo que ver con las 12 piedras; pida que se sienten y empiece le lección.

APLICACIÓN A LA VIDA DIARIA

Los principiantes deben saber que Dios es un Dios de milagros y que estos aún no han terminado; pero, al igual que en el Antiguo Testamento, Dios sigue necesitando de hombres y mujeres, niños y niñas que se atrevan a creer en él. Hágales ver que ellos pueden ser parte de un milagro cuando se atreven a creer en el Señor.

Posibles respuestas: 1) Para la figura inferior izquierda: confías y obedeces a Dios cuando obedeces las instrucciones de tu padre para cruzar una calle, en un vecindario violento puedes confiar que Dios te va a proteger y que te guiará a hacer lo correcto. 2) Para la figura superior derecha: respeta a aquellos que están en autoridad, aunque otros no quieran obedecer; rehúsa hacer lo malo aunque otros lo hagan y te pidan que participes, aun en asuntos difíciles.

Figuras de "tiempos especiales"

Repita las preguntas que hizo para los tiempos rutinarios. Posibles respuestas: 1) Figura superior izquierda: la Biblia nos enseña a orar unos por otros (Santiago 5:14); pero también debemos seguir las instrucciones del doctor. 2) Figura inferior izquierda: se debe obedecer las instrucciones de los bomberos en caso de un incendio, debemos confiar en Dios aun en situaciones difíciles o toda vez que nos suceda algo malo.

ANEXO

Cruce del río Jordán

Tenga preparada la hoja de trabajo del alumno, como también unas tijeras. Siga las instrucciones de las hojas de trabajo (esté seguro de que los alumnos entiendan las instrucciones). Lleve el material listo, perfore de antemano las secciones de la hoja donde insertarán la ilustración del pueblo cruzando el río (para ello recomendamos que use una navaja para papel). Pregunte: ¿Cuándo detuvo Dios el río Jordán? (Cuando los sacerdotes tocaron con sus pies el agua).

Lea Josué 3:15-16 y pregunte: ¿Qué crees que hubiera sucedido si los sacerdotes hubieran tenido miedo de confiar y obedecer las direcciones de Dios? (Tal vez Dios no hubiera hecho el milagro; o hubiera tenido que esperar más tiempo para introducir su pueblo a la tierra prometida, tal como pasó con Moisés). ¿Por qué creen que los sacerdotes estuvieron dispuestos a obedecer las órdenes de Dios? (Ellos debían confiar en Dios, aun cuando él les pedía que hicieran algo peligroso y difícil). ¿Qué creen que la gente pensaba mientras cruzaba el río? (Acepte las respuestas de los principiantes).

Confiamos y obedecemos hoy

Los principiantes enfrentan situaciones que algunas veces son difíciles para ellos. Pensemos en algunas. Muestre a los niños las figuras de la hoja de trabajo. Hágales ver que en todo tiempo, aún en tiempos especiales, debemos confiar en Dios y obedecerlo. Pregunte: ¿Dónde o a través de quiénes podemos encontrar instrucciones de Dios para nosotros? (En la Biblia, de un pastor, de un maestro cristiano, de amigos y cuando Dios nos habla directamente). ¿En cuáles de las figuras que tienen en su hoja de trabajo se muestran ocasiones en las que debemos confiar en Dios y obedecerlo? (La figura inferior izquierda y la superior derecha, son acciones rutinarias).

"Figuras rutinarias"

Para explicarlas diga: ¿Cómo pueden mostrar los niños su confianza y obediencia a Dios en estas situaciones?

MEMORIZACIÓN

Corte la silueta de un corazón grande —preferentemente de color rojo. Dentro escriba el texto para memorizar. También escríbalo en el área donde están las doce piedras que utilizó para la clase. Enfatice en que al poner la palabra de Dios en nuestro corazón estamos recordando que es el énfasis de las 12 piedras del río Jordán.

Si puede y tiene tiempo, prepare un corazón pequeño para cada uno de sus alumnos. Esto servirá para que lleven el texto para memorizar a su casa. Pídales que en la parte de atrás dibujen un altar de 12 piedras.

Haga las siguientes preguntas de repaso:

- ✘ ¿Qué promesa hizo Dios al pueblo la noche anterior a cruzar el río Jordán y entrar a la tierra prometida? (Que él haría algo asombroso).

- ✘ ¿Qué instrucciones le dio Josué al pueblo mientras se preparaban para cruzar el río Jordán? (Miren y sigan a los sacerdotes, manténganse alejados del arca del pacto).
- ✘ ¿Qué sucedió cuando los sacerdotes tocaron con sus pies el río Jordán? (El río dejó de fluir y el pueblo pudo caminar en tierra seca).
- ✘ ¿Qué hizo Josué con las 12 piedras que trajeron del medio del río? (Construyó un altar).
- ✘ ¿Por qué Josué construyó un altar? (Para recordar al pueblo y a sus futuras familias el milagro que Dios había hecho ese día).

PARA TERMINAR

Antes de finalizar la clase, ayude a sus alumnos a no olvidar lo que deben llevar a su casa (hojas de trabajo, etc.). Agradézcales por haber asistido y anticipe algo de la siguiente lección, tratando de hacer una conexión y despertando el interés para que no falten.

Termine con una oración. Puede hacer un círculo con sus alumnos y orar por ellos alrededor de las 12 piedras. No se olvide de pedirles que expresen sus pedidos de oración y de orar por estos.

NOTAS:

LECCIÓN 18

CUANDO LAS MURALLAS CAEN

ASPECTOS GENERALES

Base bíblica: Josué 6:1-27

Texto para memorizar: *Pon toda tu confianza en Dios y no en lo mucho que sabes. Toma en cuenta a Dios en todas tus acciones, y él te ayudará en todo* (Proverbios 3:5-6 – Versión BLA).

Objetivo de la lección: Ayudar a los principiantes a entender que pueden confiar en las promesas de Dios. Que aprendan a obedecer lo que Dios les ordena, aun cuando esto no parezca muy común.

PREPARACIÓN DEL MAESTRO

Cuando los 12 espías volvieron de Canaán, todos estaban de acuerdo en que las ciudades eran grandes, fortificadas y amuralladas. Josué 6:1 dice que las puertas de Jericó estaban bien aseguradas. Los habitantes se sentían seguros de sus murallas; ellos no sabían que eso no constituía un impedimento que pudiera detener el plan de Dios.

Las instrucciones que Dios le dio a Josué para la conquista de Jericó seguramente les sonaron muy extrañas a los soldados israelitas; sin embargo, creyeron en la promesa de Dios (v. 2) y fueron obedientes: "He entregado en tus manos a Jericó". Se formó una caravana: siete sacerdotes con trompetas de cuernos de carneros, el arca del pacto, Josué y los soldados; todos dieron una vuelta a la ciudad durante seis días. Al séptimo día marcharían siete veces y al final, al toque de las trompetas, todos gritarían. ¡Qué manera tan extraña de derrumbar las murallas de una ciudad! ¿No le parece?

Sin embargo, el plan funcionó porque Josué y el pueblo confiaron en Dios y lo obedecieron, aun cuando no entendían la razón de las órdenes. Dios hizo lo que había prometido que haría.

ADAPTACIÓN

Aprender a confiar en Dios tiene una conexión directa con el hecho de aprender a confiar en los demás. Los adultos a veces les piden a los principiantes que hagan algo que ellos no comprenden. Cuando ellos preguntan por qué debemos ayudarlos a entender cuál es la razón de la petición; haciendo esto los ayudaremos.

Sin embargo, hay ocasiones en que los principiantes deben seguir instrucciones que les dieron las personas que están en autoridad sobre sus vidas, aun cuando no entiendan las razones. Es allí donde deben confiar en sus padres o líderes, sabiendo que ellos saben lo que es mejor.

Cuando sus padres o líderes desarrollan este tipo de relación de confianza con los principiantes esto hace más fácil que ellos obedezcan lo que se les pide, aun cuando no lo entiendan del todo.

Cuando Dios nos pide que hagamos algo no siempre nos dice el porqué, y en esos casos resulta más difícil obedecer; sin embargo, debemos obedecer siempre. Ayude a los principiantes a entender que ellos pueden obedecer a Dios sin temor, con la seguridad de que él conoce lo que es mejor para nosotros.

La lección de hoy es un buen ejemplo de este tipo de confianza. Las instrucciones que Dios le dio a Josué podían parecer hasta un poco ridículas; sin embargo, la obediencia de él y del pueblo permitieron que Dios pudiera cumplir sus promesas, y las murallas de Jericó cayeron.

DESARROLLO DE LA LECCIÓN

Introducción

El pueblo de Israel había cruzado el río Jordán y se encaminaba a tomar la primera y más fortificada ciudad, Jericó. Esta era toda una fortaleza y sus murallas eran famosas por su imponente tamaño. Para esta tarea el pueblo no estaba preparado físicamente. Debido al tiempo que habían estado en el desierto y su contexto histórico podemos afirmar que no tenían gran experiencia en armas de guerra o estrategias. El único que en realidad había sido entrenado en ese aspecto era Moisés (creció en el palacio de Faraón como hijo y de esa manera recibió educación en la escuela militar de los egipcios).

Pero Moisés ya no estaba con ellos y no tenían armas de guerra, ya que su historia se limitaba a ser errantes en el desierto. Nunca se habían establecido en un lugar como para poder desarrollar un arsenal de guerra.

Haga énfasis en lo difícil que era esa tarea; en lo raro de las instrucciones y en lo importante que fue la obediencia.

DESARROLLO DE LA HISTORIA BÍBLICA

Prepare un diálogo para desarrollarlo con dos de sus alumnos o con dos voluntarios (pueden ser adolescentes o jóvenes). Elabore dos trajes de la época bíblica para que los usen los dos personajes (pueden ser sábanas o toallas de colores). El diálogo se debe llevar escrito, el cual se desarrollará entre dos soldados del pueblo de Israel. No se olvide incluir el hecho de que las instrucciones eran un poco extrañas para derribar tan imponente muralla.

En este diálogo, uno de los soldados debe de ser incrédulo y el otro debe darle confianza; uno debe hacer énfasis en lo difícil de la tarea, el otro en lo que Dios ha provisto y en que podemos confiar en él aun cuando sus instrucciones no parezcan ser tan lógicas.

Procure que el diálogo no sea ni largo ni corto. Hágalo adecuado como para que sea parte de la lección, y deje que los voluntarios o invitados lo desarrollen. Al finalizar, cuente la historia bíblica; haga énfasis en el objetivo de la lección. Repita las palabras que acentúan la enseñanza del objetivo, tales como confianza, fe, obediencia (si desea puede escribirlas en letras grandes y pegarlas en la pizarra o en la pared más cercana).

Mientras da la clase tenga cuidado de observar a los niños y ver las expresiones de sus rostros. Esto le dará la idea de cómo responden a sus palabras. Haga énfasis en que todos tenemos murallas en nuestra vida, las cuales parecen imposibles de derrumbarse, pero que si aprendemos a confiar y obedecemos a Dios esas murallas caerán, como las de Jericó (mencione murallas como la enemistad, el orgullo, los problemas familiares, etc.).

Termine la lección haciendo las siguientes preguntas de repaso:

- ✘ ¿Cuál es el nombre de la primera ciudad que Dios les dijo a los israelitas que tomaran? (Jericó).
- ✘ ¿Qué les dijo Dios a Josué y al pueblo que debían hacer durante seis días? (Que marcharan alrededor de Jericó una vez al día, sin decir nada).
- ✘ ¿Qué hicieron los sacerdotes cuando el pueblo dio la séptima vuelta el séptimo día? (Hicieron sonar sus trompetas).
- ✘ ¿Qué hizo el pueblo cuando escuchó las trompetas? (Gritaron).
- ✘ ¿Qué sucedió con las murallas de Jericó cuando el pueblo gritó? (Se cayeron).
- ✘ ¿Qué hubiera pasado si Josué y el pueblo de Israel no hubieran obedecido a Dios? (Las murallas de Jericó no se hubieran caído).
- ✘ Termine con esta oración: La historia de Josué y las murallas de Jericó nos enseñan que debemos obedecer las órdenes de Dios, aun cuando no entendamos por completo sus razones.

Concluya repitiendo el objetivo de la lección. Recuerde en cada clase incluir cantos con movimientos. Pueden cantar el coro: "Los israelitas le dieron siete vueltas a Jericó", o algún otro coro parecido. Mientras cantan, pídales que den siete vueltas al salón de clase.

En la vida diaria sucede lo mismo. Existen órdenes y reglas que, aunque no nos demos cuenta, están allí y debemos obedecerlas. Por ejemplo, aunque no esté escrito en cada calle, sabemos que existen normas para los vehículos y para los transeúntes que circulan. Si nosotros caminamos por el medio de la calle tendremos problemas y hasta podríamos perder la vida.

Los principiantes deben reconocer que vivimos en un mundo lleno de órdenes y reglas que debemos obedecer, las cuales ellos, consciente o inconscientemente, han estado obedeciendo desde que nacieron. En cada hogar se come a cierta hora. No podemos llegar y exigir comer cuando ya ha pasado ese tiempo. Haga énfasis en esto para que los principiantes entiendan que la obediencia es parte de la vida. Permita que ellos den algunos ejemplos en relación a esto.

APLICACIÓN A LA VIDA DIARIA

Esta lección debe ayudar a los principiantes a reconocer que la obediencia es esencial en la vida, no solo dentro de la iglesia y en nuestra relación con Dios, sino también en nuestra vida en general. En casa debemos obedecer las órdenes y reglas de nuestro hogar. Lo mismo en la escuela: debemos obedecer órdenes y reglas. Por eso no podemos ignorarlas ni desobedecerlas, porque si lo hacemos tendremos consecuencias que pagar.

ANEXO

Rompecabezas misterioso: Confianza - Obediencia

(Necesitará tijeras. Opcional: crayones o marcadores; una cartulina y pegamento).

Ayude a los niños a recortar el rompecabezas y encontrar el mensaje. El que desee puede colorear su rompecabezas. Para hacerlo más resistente, pegue la hoja de trabajo sobre la cartulina y córtelo; esto hará que las piezas sean más gruesas y resistentes.

MEMORIZACIÓN

Escriba el texto en la pizarra y repítanlo tres veces. Borre algunas palabras intercaladas; repitan el texto dos veces más. Luego borre otras palabras y repítanlo otras dos veces. Después borre otras palabras y haga lo mismo. Siga este proceso hasta que ya no tenga ninguna palabra en la pizarra. Luego, que den siete vueltas al salón de clases y que al final se sienten para simular la caída de las murallas, repitiendo todos de nuevo el texto.

PARA TERMINAR

Agradezca a cada uno de los niños por haber asistido a la clase. Anticipe algo de la siguiente lección, tratando de hacer una conexión y despertando el interés para que no falten.

Termine con una oración. No se olvide de preguntarles por los pedidos de oración que tengan e incluirlos.

LECCIÓN 19

ANA ORA Y CREE

ASPECTOS GENERALES

Base bíblica: 1 Samuel1:1-2, 21
Texto para memorizar: *Pon toda tu confianza en Dios y no en lo mucho que sabes. Toma en cuenta a Dios en todas tus acciones, y él te ayudará en todo* (Proverbios 3:5-6 – Versión BLA).
Objetivo de la lección: Que los principiantes aprendan a confiar en que Dios puede contestar sus oraciones de la mejor manera posible.

PREPARACIÓN DEL MAESTRO

Ana era la esposa de Elcana, pero no era la única. Como en otroscasos que relata la Biblia, los matrimonios de ese tipo causabanproblemas. La otra esposa de Elcana se llamaba Penina. Ella tenía hijos, pero Ana no, lo cual era mal vista en aquella sociedad. Sin embargo, esto no afectaba el amor que Elcana tenía por Ana, ya que aun cuando ella no le había dado hijos, él la prefería más que a Penina. En aquellos tiempos, tener un hijo varón era honrar al esposo. Y para Ana, el hecho de no poder darle un hijo a Elcana le causaba gran dolor.

Cuando ellos hicieron su viaje anual a Silo para adorar, Ana le pidió a Jehová fervientemente que le diera un hijo. Para mostrarle al Señor que su petición no era un asunto egoísta, ofreció dedicárselo a su servicio.

Cuando Dios contestó su oración y le dio un hijo varón Ana recordó su promesa. Cuando Samuel estuvo listo, Ana lo trajo a Silo y presentó el niño al sacerdote Elí para que sirviera al Señor en el tabernáculo.

La oración de agradecimiento de Ana se encuentra en el capítulo 2 de 1 Samuel y se la conoce como el "*Magnificat*" del Antiguo Testamento. Su desborde de alabanzas a Dios es muy similar a la oración de María de Lucas 1. Dios estaba complacido con Ana y la honró con tres hijos más y dos hijas.

Ana no olvidó a su hijo mientras el niño crecía bajo la supervisión de Elí. Cada año le hacía un manto nuevo y se lo llevaba cuando la familia iba a Silo para adorar a Dios.

ADAPTACIÓN

Muchos de los principiantes —quizá la mayoría— aún hacen oraciones centrados en ellos mismos; tal vez algunos han progresado hasta el punto de decir: "Dios es grande, Dios esbueno". En la mayoría de sus oraciones le agradecen alSeñor por lo que les ha dado, o por las respuestas a sus peticiones. Eso no significa que no estén orando; sin embargo, pueden aprender a orar con una oración más significativa si un hermano adulto les enseña.

Ayude a sus alumnos a comprender que pueden hablar con Dios libremente acerca de cualquier asunto. Esto incluye agradecerle por lo que tienen, así como hacer peticiones personales y por los demás.

Los principiantes necesitan que se los ayude a entender que cuando ellos oran deben pedirle a Dios que haga su voluntad;de esta manera aceptarán las respuestas del Señor a susoraciones. Esta no es una lección fácil de aprender, aun paralos adultos.

DESARROLLO DE LA LECCIÓN

Introducción

Pregunte a sus alumnos lo que saben acerca de la oración (deje que respondan). Invite a uno o más voluntarios para que cuenten a la clase alguna experiencia de cuando Dios les haya contestado alguna de sus peticiones. Diga: Podemos orar a Dios en cualquier momento y hablarle de cualquier asunto. Luego pregunte: ¿Cuándo oran ustedes? (Antes de comer, en el templo, antes de acostarse, etc.).

Cuando oramos debemos creer algunos principios acerca de Dios. Haga tres declaraciones y pida a los niños que levanten la mano si están de acuerdo con cada una de ellas.

1. Debemos creer que Dios nos escucha cuando oramos.
2. Debemos creer que Dios puede contestar nuestra oración.
3. Debemos creer que Dios quiere lo mejor para nosotros.

Diga: En la lección bíblica aprenderemos más acerca de la oración. Después de la lección les haré preguntas en relación con estas tres declaraciones.

DESARROLLO DE LA HISTORIA BÍBLICA

Con anticipación, busque un bebé de plástico o muñeco. Consiga ropa de diferentes colores para vestirlo. Haga énfasis en el hecho de que Ana oró y creyó en Dios. Para contar la historia lleve a la clase este muñeco, para hacer énfasis en el hecho de que a Samuel lo dejaron en el templo a una muy corta edad —si le resulta posible llévele varios tipos de ropa, para ejemplificar que Ana visitaba a su hijo cada año y le llevaba una túnica diferente.

Al desarrollar la clase tome en cuenta la cantidad de tiempo que los principiantes pueden prestar atención. Cuente la historia de forma amena e interesante. Si ve que los principiantes no prestan atención no se apresure en terminar la lección, mejor introduzca un canto con movimiento y luego continúe.

Recuerde que el éxito de su clase depende de su preparación.

Termine la lección haciendo preguntas sencillas, tales como:

- ✘ ¿Por qué estaba triste Ana? (Porque no tenía hijos).
- ✘ ¿Qué hizo Ana cuando ella y su esposo Elcana fueron a Silo para adorar a Dios? (Oró y le pidió a Dios un hijo).
- ✘ ¿Qué promesa le hizo Ana a Dios si le daba un hijo?
  (Que le entregaría a su hijo para que sirviera en la casa de Dios para siempre).¿Qué le dijo el sacerdote Elí a Ana cuando supo la petición de esta? (Vete en paz, y que Dios escuche tu oración).
- ✘ ¿Cómo contestó Dios la oración de Ana? (Le dio un hijo, Samuel).
- ✘ Falso o verdadero: Ana cumplió su promesa y entregó a Samuel para que sirviera a Dios toda la vida. (Verdadero).
- ✘ ¿Qué le podemos decir a Dios cuando oramos? (Todo lo que sea importante para nosotros).
- ✘ ¿Cuáles son las tres formas en las que Dios puede contestar nuestras oraciones? (Sí, no, espera).

APLICACIÓN A LA VIDA DIARIA

Esta lección es apropiada para resaltar el poder de la oración. Brevemente, explique a los principiantes que la oración es hablar con Dios, no es hacer repeticiones sin sentido.

Haga énfasis en el hecho de que cuando oramos debemos tener la confianza de que Dios nos escucha y que es poderoso para contestar nuestra oración; pero que va a responder de la mejor manera para nosotros. Creer es el punto medular. Los principiantes están en una etapa crítica de la vida en relación al creer. Están saliendo de la etapa de la niñez en que todo lo creen (creen en Santa Claus, Superman, el Hombre Araña, etc.). En esta etapa de la vida se dan cuenta de que muchas de las cosas que daban por sentadas en su niñez ahora son cuestionables y algunas de ellas han resultado ser mentiras. Esto trae un efecto en cadena que los lleva a tomar una actitud de desconfianza total. Esto, por supuesto, incluye el área espiritual. Algunos de ellos comienzan a cuestionar la existencia y el poder de Dios.

Es vital que usted ore por sus alumnos y pida que Dios le dé sabiduría para tratar estos asuntos.

Usted como maestro juega un papel crítico y determinante en la vida espiritual de los principiantes.

ANEXO

Sí, No, Espera. Semáforo.

(Necesitará la hoja de trabajo, crayones y marcadores).

Pregunte: ¿Qué dice Salmos 4:3 que Dios hará cuando oremos a él? (Nos escucha). ¿Esto significa que Dios siempre hará lo que le pidamos? (Deje que los principiantes respondan). Explique que Dios siempre escucha y contesta nuestras oraciones; él nos responde dándonos lo que es mejor para nosotros. Algunas veces nos dice "sí"; otras nos responde con un "espera"; y otras nos dice "no".

Podemos hablar con Dios sobre cualquier tema. Debemos confiar en que él contestará nuestras oraciones de acuerdo con su voluntad y lo que sea mejor para nosotros. No importa cuál sea su respuesta, siempre debemos alabarlo por habernos escuchado. Dios nos ama y desea oírnos.

Enfoque la atención de los principiantes en la parte final de la hoja de trabajo, donde se encuentran los semáforos. Explique que, después de leer cada situación, ellos deben decidir el color del semáforo que más se adapte a cada situación. El color rojo es para decir "no", el amarillo es para decir "espera" y el verde para decir "sí". Sugiera las respuestas sin ser rígido. Algunos alumnos podrán tener diferentes respuestas. Permita que expliquen por qué ellos lo consideran así, y corrija cuando sea necesario, sin ofender o hacer sentir mal al alumno.

Shhhh, silencio, estoy orando

(Necesita la parte superior de las dos hojas de trabajo, tijeras y pegamento. Opcional: crayones y papel adhesivo transparente).

Haga que los niños recorten las dos partes superiores de las hojas de trabajo (colgantes para puertas). Permita que las decoren. Luego pueden cubrirlo con el papel adhesivo transparente para que tenga mayor protección.

Dígales que este trabajo es para que lo coloquen en la puerta de entrada de su cuarto, para que los demás sepan que ellos están orando. Cuando dejen de orar que lo coloquen del otro lado donde dice: Dios escucha mi oración.

Salmos 4:3

(Necesita la hoja de actividades y lápices).

Permita que los niños traten de encontrar las palabras que faltan en el texto. Que luego las coloquen en los espacios disponibles hasta completar toda la hoja de trabajo.

MEMORIZACIÓN

Puede utilizar alguno de los métodos mencionados en las lecciones anteriores, o buscar una forma creativa de enseñarlo.

Ayude a los principiantes para que no olviden todo lo que deben de llevar a su casa (hojas de trabajo, etc.). Agradezca a todos por haber asistido a la clase y haga algún tipo de conexión con la siguiente lección.

PARA TERMINAR

Termine con una oración. Pida que tres o cuatro voluntarios oren por algo o alguien. Finalice este tiempo agradeciendo a Dios por escuchar las oraciones y por contestar lo que es mejor para nosotros.

LCCIÓN 20

SAMUEL OBEDECE A DIOS

ASPECTOS GENERALES

Base bíblica: 1 Samuel 3:1-27; 7:3-17; 8:21; 9:16-17
Texto para memorizar: *Pon toda tu confianza en Dios y no en lo mucho que sabes. Toma en cuenta a Dios en todas tus acciones, y él te ayudará en todo* (Proverbios 3:5-6 – Versión BLA).
Objetivo de la lección: Esta lección ayudará a los principiantes a entender que Dios les habla a los que escuchan su voz y lo obedecen.

PREPARACIÓN DEL MAESTRO

Samuel es alguien a quien podemos llamar un "bebé milagroso", porque nació en respuesta a la oración de su madre. Cuando aún era niño, su familia lo llevó a Silo para que se quedara a vivir con el sacerdote Elí. Esto fue para cumplir la promesa que su madre le había hecho a Dios de que cuando el niño naciera lo dedicaría por completo a su servicio.

Cuando Samuel creció aprendió a ayudar a Elí en varias tareas dentro del Tabernáculo. Fue ahí donde recibió su educación. Su sensibilidad para escuchar y obedecer la voz de Dios empezó cuando apenas era un joven. Escuchó la voz del Señor llamándolo para que le diera un mensaje a Elí. Y aun cuando el mensaje era de juicio, Samuel le dijo todo cuanto Dios le pidió que le dijera, no se quedó callado.

Samuel vivió en un tiempo de transición en la historia del pueblo de Israel. La era de los jueces estaba llegando a su final, y el tiempo de los reyes estaba por comenzar. Debido a su fidelidad para escuchar la voz de Dios, el pueblo confiaba en que podían depender de Samuel para que los guiara. Cuando Dios escogía un líder, Samuel recibía sus instrucciones para dárselas al pueblo.

ADAPTACIÓN

Los principiantes ya están en edad de tomar responsabilidades. Ellos quieren ser "grandes" e "independientes"; lo que no entienden es que cuanto más independiente seamos mayores responsabilidades tenemos.

Samuel escuchó la voz de Dios cuando era apenas un niño, e hizo lo que él le pidió que hiciera. Esa sensibilidad a una edad tan temprana de Samuel para escuchar la voz de Dios estableció los parámetros para toda su vida.

Escuchar muchas veces requiere esfuerzo y concentración. Los principiantes se olvidan fácilmente de lo que sus padres u otras personas mayores les dicen. Lo mismo sucede con los padres. En ocasiones, ellos también se olvidan lo que sus hijos les dijeron.

No es fácil desarrollar habilidades para escuchar. Ayude a sus alumnos a darse cuenta de que ellos pueden desarrollar más fácilmente algunas habilidades porque son jóvenes. Que estén preparados para oír la voz de Dios. No tienen que esperar a ser adultos para eso.

Resalte el hecho de que Dios habla de diferentes formas para que la gente sepa cuál es su voluntad. Enfatice que él siempre está con ellos y los ayudará a hacer lo correcto.

DESARROLLO DE LA LECCIÓN

Introducción

Desde muy pequeño, Samuel aprendió a escuchar la voz de Dios. Este detalle es muy importante para los principiantes, ya que a menudo piensan que son muy pequeños para interesarse en las cosas del Señor. Enfatice el hecho de que Samuel creció en el templo, y ese es un ejemplo que ellos pueden seguir. La edad no es impedimento para tener una relación personal con Dios y poder escuchar su voz.

DESARROLLO DE LA HISTORIA BÍBLICA

Para esta lección puede llevar una sábana o un colchón pequeño, para dramatizar cuando Samuel estaba durmiendo y escuchó la voz de Dios. Pida a un voluntario que se acueste y simule estar dormido. Luego llámelo por su nombre y diga que la lección de hoy tiene que ver con alguien que estaba durmiendo y que escuchó una voz.

Haga énfasis en la obediencia, ya que el mensaje que Samuel recibió no era un mensaje fácil de dar, porque él apreciaba y respetaba al sacerdote Elí. Sin embargo, obedeció y dio el mensaje tal cual y como Dios le pidió que lo hiciera. Haga la conexión con la lección de la semana pasada diciendo que Samuel es el hijo de Ana.

Resalte el hecho de que Dios nos habla de muchas maneras. Identifique algunas en la clase, para que ellos sepan cómo y dónde escuchar la voz del Señor.

APLICACIÓN A LA VIDA DIARIA

A veces, decir o hacer la voluntad de Dios no es fácil, especialmente cuando incluye a nuestra propia familia o líderes. Aun así estamos llamados a decir y hacer lo correcto, y Dios nos puede usar en eso. El caso de Samuel es un ejemplo. Elí era prácticamente como un padre para él, ya que solo podía ver a su familia una vez al año. Cumplir con el mensaje que Dios le dio no le resultaba fácil.

A veces los principiantes tendrán oportunidades en las que verán a sus padres o líderes hacer cosas incorrectas, lo cual crea en ellos un conflicto en relación a enfrentar o no algunas situaciones. Guíelos en el sentido de que pueden hablar con franqueza cuando crean que algo es incorrecto, pero que nunca deben faltarle el respeto a nadie. Cuando Samuel habló con Elí lo hizo con respeto y lleno de amor. Esa debe ser la actitud correcta en circunstancias como esas.

Si cree que esta aplicación traerá más problemas que soluciones, entonces, guíe la atención de la clase al hecho de las diferentes formas en que Dios habla. Ore para que el Señor lo guíe en este aspecto.

ANEXO

Confía en Dios para hacer lo correcto

(Necesitará la hoja de trabajo del alumno, lápices o lapiceras).

Permita que los niños utilicen el código de la hoja de trabajo para finalizar el versículo bíblico. Cuando hayan completado el versículo, repítanlo juntos. Opción: Escoja voluntarios para que le digan lo que debe tener una carta. Permita que todos los niños participen. Pídales que vean el versículo que han completado; diga que este es una oración a Dios. Pregunte: ¿A quién le está hablando el escritor? (A Dios) ¿Qué le está pidiendo a Dios? (Que le enseñe y que lo guíe).

¿Cómo habla Dios?

(Necesitará: tijeras, pegamento o cinta adhesiva, papel para dibujar, crayones o marcadores).

Haga una muestra de la actividad. Enséñela a los alumnos y dígales: "Hablemos de algunas maneras en las que Dios se comunica con nosotros hoy". Haga que los niños tomen su hoja de trabajo y que hablen de lo que está sucediendo en los diferentes dibujos que ven; permita que digan en cuál de esas acciones Dios podría hablarnos. Discuta cada cuadro o situación tanto como sienta que sus alumnos lo necesitan. Las situaciones de los dibujos para discusión son:

_Música / Cantos.	_La Biblia.
_Libros cristianos.	_Predicación.
_Maestro de escuela dominical.	_Oración.

Pregunte: ¿Cómo habla Dios a las personas? (A través de un himno o la lectura de su Palabra. La música sirve para alabarlo. La Biblia nos enseña la forma correcta de vivir. La oración nos ayuda a sentir lo que Dios quiere que hagamos. La maestra de escuela dominical y el pastor pueden tener lecciones o mensajes que la gente necesita oír para animarlos a cambiar su vida).

Hable sobre Samuel y su respuesta a Dios. Él dijo: "Habla, Jehová, que tu siervo escucha" (1 Samuel 3:9). Diga: "Hemos estudiado las diferentes formas en las que Dios nos puede hablar. Cuando él nos hable debemos escucharlo". Déle a cada alumno una hoja para que dibuje. Dígales que en la hoja de trabajo corten la figura central por las líneas negras y doblen las líneas de puntos. Esto formará una ventana. Luego, que peguen la hoja de trabajo sobre la hoja para dibujar (Nota: No deben pegar el área de la ventana, ya que esta debe quedar libre para poder abrirla). Luego, al abrir la ventana pida a sus alumnos que dibujen alguna forma en la que Dios nos escucha. Finalmente, anime a sus alumnos a escuchar y obedecer la voz de Dios.

MEMORIZACIÓN

Escriba en diferentes tarjetas las palabras del texto para memorizar. Antes que los alumnos lleguen a la clase escóndalas (las puede pegar con cinta adhesiva debajo de las sillas). Cuando sea tiempo de repetir el texto, diga que Samuel pensó que era Elí el que le hablaba. Fue después que pudo darse cuenta de que era la voz de Dios. De alguna forma la voz de Dios estaba como oculta las primeras veces para él. Dígales que los versículos para memorizar están ocultos en el salón de clases, que la tarea de ellos es buscar las palabras y colocarlas en orden. Una vez que las hayan encontrado todas, que las pongan en orden y que repitan el texto varias veces.

PARA TERMINAR

Al igual que en las clases anteriores, ayude a los principiantes a que no se olviden nada de lo que deben llevar a su casa (hojas de trabajo, etc.) y agradézcale a cada uno por haber asistido a la clase de hoy. Anticipe algo de la siguiente lección, tratando de hacer una conexión y despertando el interés para que no falten.

Concluya con una oración; déle gracias a Dios por la manera en que se comunica con nosotros y ore para que los principiantes tengan ese tipo de experiencia. No se olvide de preguntarles si tienen pedidos de oración e incluirlos en su oración.

LECCIÓN 21
NUEVAS MURALLAS PARA LA CIUDAD

ASPECTOS GENERALES

Base bíblica: Nehemías 1–4, 6
Texto para memorizar: *Pon toda tu confianza en Dios y no en lo mucho que sabes. Toma en cuenta a Dios en todas tus acciones, y él te ayudará en todo* (Proverbios 3:5-6 – Versión BLA).
Objetivo de la lección: Ayudar a los principiantes a que aprendan a confiar en que Dios siempre provee lo que nos hace falta para cumplir su voluntad.

PREPARACIÓN DEL MAESTRO

El tiempo que transcurre entre la historia bíblica de Samuel, Esdras y Nehemías es mayor que el período de tiempo transcurrido entre Josué y Samuel, que es de 400 años, mientras que de Samuel a Esdras y Nehemías fueron otros 600 años. A Esdras y Nehemías se los localiza dentro del período "clásico" de los profetas. Israel había progresado en algunas áreas y había retrocedido en otras. A través de toda la historia bíblica existe una relación de obediencia y confianza en Dios. Él siempre desea lo mejor para su pueblo, y que este confíe y sea obediente a su Palabra.

ADAPTACIÓN

A los principiantes les gusta ser parte de lo que esté aconteciendo a su alrededor. Su entusiasmo muchas veces es mayor que sus habilidades. Con la ayuda de alguien, ellos pueden hacer mucho para el servicio de Dios. Se les debe enseñar que el poder del Señor siempre estará a su disposición, que no dependan solo de sus fuerzas.

Explíqueles que, aunque sepamos lo que quiere Dios que hagamos, eso no significa que nos resultará fácil hacerlo. Debemos confiar en que él nos ayudará a cumplir con su propósito.

Nehemías descubrió que eso era verdad. Aunque estaba seguro de que hacía la voluntad de Dios, enfrentó oposición. Sin embargo, confió en él y finalizó la obra que se le había encomendado.

DESARROLLO DE LA LECCIÓN

Introducción

En los tiempos bíblicos, las murallas para una ciudad significaban seguridad; no servían solo de adorno sino que eran una necesidad. Por eso la urgencia de reconstruirlas. Diga a los alumnos que Dios proveyó lo necesario para realizar la obra. Si puede lleve algunos materiales de construcción a la clase (martillo, ladrillos, etc.). Utilice esto como material de apoyo para su lección.

DESARROLLO DE LA HISTORIA BÍBLICA

Aunque en Daniel 9:2 dice que la desolación de Jerusalén duraría setenta años, tomó muchos años más la reconstrucción. Jerusalén había quedado en ruinas desde que los babilonios habían tomado la ciudad. La desolación duró setenta años, tal como Dios le había dicho a Daniel. Sin embargo, la ciudad todavía estaba en ruinas 60 ó 70 años después de la desolación; solo los pobres habían quedado en el país; a los demás se los habían llevado cautivos a Babilonia.

Luego los persas derrotaron a los babilonios, y el control de los israelitas se llevó a Persia. Algunos de los judíos exiliados volvieron a Jerusalén, pero no habían podido reconstruir los muros de la ciudad.

Nehemías escuchó que Jerusalén todavía estaba en ruinas (cc. 1–4, 6), y determinó que se debía hacer algo al respecto. Oró a Dios sobre este asunto y cuando se presentó la oportunidad, habló con el rey.

Dios preparó a Nehemías para esta misión, permitiendo que él tuviera una posición importante como copero del rey (servirle vino en su copa). Este puesto era más que el de un mero sirviente, también era un consejero. Uno de los requisitos para acceder a ese puesto era que la persona siempre estuviera alegre delante del rey.

El rey vio la tristeza de Nehemías y le pidió una explicación. Este le contó acerca de la destrucción de Jerusalén y le preguntó si podía viajar a Judá para supervisar el trabajo de reconstrucción de los muros. El rey no solo lo autorizó a ir, sino que también le dio cartas de protección para su viaje y materiales de construcción.

Cuando Nehemías llegó a Jerusalén encontró que la situación era peor de lo que se imaginaba. La gente estaba desanimada y creían que de nada servía reconstruir los muros. Nehemías animó al pueblo y los organizó para que trabajaran por equipos. A cada familia le habían asignado que trabajara en una sección de la muralla, cerca del lugar donde vivía. Eso involucró a todo el pueblo y los motivó a trabajar.

Llegaron rumores de que atacarían la ciudad. Nehemías dividió al grupo en gente de trabajo y guardias. Los guardias vigilaban con la espada en sus manos; los trabajadores trabajaban con la espada a su lado. Y así continuaron la tarea.

Con la ayuda del Señor reconstruyeron las ruinas de la pared en 52 días. Los israelitas completaron la tarea en tan corto tiempo que aún sus enemigos reconocieron que Dios había estado con ellos ayudándolos.

APLICACIÓN A LA VIDA DIARIA

Los principiantes necesitan saber que en su vida hay paredes que necesitan ser reconstruidas. Estas pueden ser la familia, o algún área espiritual o emocional. Asegúreles que si confían en Dios y lo obedecen, él les proveerá lo necesario para reconstruir esas murallas en su vida.

ANEXO

Nehemías reconstruye las murallas

(Necesitará la hoja de trabajo, la hoja de las piedras para recortar y pegamento).

Permita que los alumnos corten las piedras que están solas en la hoja de trabajo. Muéstreles que estas tienen respuestas en ambos lados. Ayúdelos a encontrar la declaración correcta que corresponde a cada declaración de la hoja de trabajo. Luego permita que peguen la piedra junto a la otra de la hoja de trabajo. (Las respuestas son: 1) Siervo del rey. 2) Las murallas de Jerusalén estaban destruidas. 3) Lo deje ir a construir unas murallas nuevas. 4) Los enemigos trataron de detenerlo. 5) El pueblo trabajó unido.

Después de que los niños hayan completado su trabajo haga estas preguntas:

1. En esta historia, ¿cuál crees que era el plan de Dios? (Que su pueblo tuviera la protección de las murallas para estar más seguros).
2. ¿Qué quería hacer Nehemías para cumplir los planes de Dios? (Trabajar con la gente y reconstruir los muros).
3. ¿Por qué Nehemías y el pueblo pudieron reconstruir los muros tan rápido? (Porque confiaron en Dios, trabajaron juntos y él los ayudó).
4. ¿Qué hubiera sucedido si no hubieran querido trabajar juntos? (Los muros no se hubieran reconstruido y no se hubiera hecho la voluntad de Dios).
5. Digan con sus propias palabras qué nos enseña Dios en esta lección. (Que debemos trabajar juntos y que él nos ayuda cuando confiamos y obedecemos).

Yo puedo ayudar a hacer la obra de Dios

(Necesitará recortes de la iglesia de la sección recortable, tijeras, pegamento, lápices o lapiceras).

Haga que los niños recorten las piezas de la iglesia, de la misma hoja donde recortaron las piedras para el trabajo de las murallas. Que luego las recorten y las peguen en las secciones correspondientes.

Diga: Dios le pidió a Nehemías que lo ayudara a reconstruir los muros, y él hizo lo que el Señor le pidió que hiciera. Nosotros también podemos ayudar a Dios a hacer su voluntad. Hablemos de algunas actividades que podemos realizar. Comencemos con el techo de la iglesia ¿Qué dice esta parte? Deje que los niños respondan. (Sí. Adoración). ¿De qué forma ayuda la adoración a Dios en la iglesia a cumplir su voluntad? (La adoración honra a Dios y hace más fuerte nuestro amor por él. Nos recuerda que debemos confiar y obedecer al Señor para hacer su voluntad).

Continúe de esta manera hasta llegar a la parte central de la iglesia. Cuando haya terminado pregunte: ¿Pueden pensar en alguna otra forma en la que podamos hacer la voluntad de Dios? (Anote las sugerencias de los niños en la pizarra. Posibles respuestas: Orar, ofrendar, enviar tarjetas a los que no asisten, visitar a los enfermos, ayudar a los ancianos, cantar en el coro, ayudar en la iglesia, invitar a un amigo a la clase, etc.). Luego de hacer el listado, pida a los niños que elijan dos de las opciones y que las escriban en los arbustos que aparecen a cada lado de la iglesia.

Tú decides

Enfoque la atención de los niños en la figura que está del lado derecho de la iglesia que acaban de terminar. Resalte el hecho de que Nehemías hizo la voluntad de Dios aunque algunas personas trataron de detenerlo. Algunas veces la gente tratará de detenernos para que no hagamos la voluntad de Dios. Lea el diálogo entre los niños y discuta las preguntas. (Respuestas: 1) Sí, no es malo jugar a la pelota, pero sí está mal romper una promesa para poder jugar. 2) Tal vez sea muy duro para el niño dejar de jugar, especialmente si le encanta jugar y no le gusta mucho ayudar con el jardín. 3) Recuerda que Dios te ayudará cuando tú estés determinado a obedecerlo. Recuerda la historia de Nehemías y el muro.

MEMORIZACIÓN

Puede utilizar alguno de los métodos mencionados en las lecciones anteriores o buscar una forma creativa de enseñarlo.

Ayude a los principiantes a no olvidar las manualidades que deben llevar a su casa (hojas de trabajo, etc.). Agradézcales el haber asistido a la clase; anticipe temas de la siguiente lección, tratando de hacer una conexión para que no falten.

PARA TERMINAR

Antes de salir, pida a los alumnos que se pongan de pie formando un círculo. Pida que un voluntario haga la oración de despedida.

LECCIÓN 22

EL PUEBLO DE DIOS ESCUCHA Y OBEDECE

ASPECTOS GENERALES

Base bíblica: Esdras 7; Nehemías 8
Texto para memorizar: *Pon toda tu confianza en Dios y no en lo mucho que sabes. Toma en cuenta a Dios en todas tus acciones, y él te ayudará en todo* (Proverbios 3:5-6 – Versión BLA).
Objetivo de la lección: Esta lección ayudará a los principiantes a aprender a escuchar la voz de Dios y a decidir confiar en él y obedecerlo.

PREPARACIÓN DEL MAESTRO

En la Biblia hebrea los libros de Esdras y Nehemías formaban uno solo, el cual se llamaba el "libro de Esdras". En nuestra Biblia este libro contiene narrativas distintivas como: (1) Del capítulo uno al seis, el retorno de algunos judíos a Jerusalén bajo el liderazgo de Zorobabel y la reconstrucción del templo. (2) Del capítulo siete al diez, el segundo retorno bajo el liderazgo de Esdras con una gran ayuda de parte de Nehemías, quien arribó después. En medio de ambos acontecimientos existe un período de silencio de 60 años.

Esdras era un escriba y sacerdote que vivía en Persia. El rey Artajerjes lo recompensó en gran manera (es muy probable que tuviera una posición elevada en su corte). Un día le pidió al rey que le permitiera ir a Jerusalén en una misión de enseñanza, y este no solo le dio permiso sino que dejó que todos los israelitas en su reino —incluyendo a los sacerdotes y levitas— que quisieran ir lo acompañaran (Esdras 7:13). Además también le dio autoridad de parte de él y de su corte para actuar como mensajero e inquirir acerca de Judea y Jerusalén (Esdras 7:14)..

Mil quinientos hombres tomaron ventaja de esta oportunidad en el segundo retorno, con sus familias y sirvientes. El número llegó a alrededor de cinco mil personas. Para llegar a Jerusalén, los exiliados debían caminar como 1,500 km. El viaje les tomó cuatro meses.

Aún en el exilio, Esdras era un estudiante serio de la ley de Dios. Creía que el pueblo la debía escuchar. El capítulo 8 de Nehemías ilustra su compromiso de enseñarles a los demás.

La lectura de Esdras de la ley de Dios, en Nehemías 8, sucede poco tiempo después de terminado el muro de Jerusalén. Los líderes le pidieron que les leyera el libro de la ley. Para que todos pudieran verlo y escucharlo, construyeron una gran plataforma sobre la que él pudiera pararse. La audiencia incluía a todo el pueblo: hombres, mujeres y niños.

Mientras la gente escuchaba, reconocieron que habían quebrantado la palabra de Dios y se sintieron culpables. Sin embargo, Esdras quería que vieran la ley de Dios como una ocasión de gratitud y gozo. El pueblo prometió obedecerla.

Esdras los instruyó para que celebraran la fiesta de los tabernáculos (Levítico 23:33-43). Esta fiesta se caracterizaba por el júbilo. Los israelitas hicieron entonces un recuento del cuidado y provisión de Dios durante su viaje de Egipto a la tierra prometida.

ADAPTACIÓN

Los cultos y las sectas modernas intentan desacreditar, agregar o tergiversar las enseñanzas de la Biblia. Algunos maestros de las escuelas tienen enseñanzas e ideas que contradicen las creencias cristianas. Por eso es muy importante que sus alumnos sepan qué nos enseña la Biblia, y no que la vean solo como un libro más.

Cuando enseñe esta lección, haga énfasis en que la Biblia es la palabra de Dios, y por lo tanto su contenido es verdad. En ella Dios nos dice la forma correcta en la que debemos vivir.

Muchos principiantes tienen su propia Biblia, pero aún no tienen habilidad para leerla. Aconseje a sus alumnos que les pidan a sus padres o a una persona adulta que les lean las historias bíblicas. Y si ellos le quieren regalar algún libro, que le sugieran que sea cristiano (sugiera algunos que conozca y sepa que son bíblicos). Dígales que pongan atención cuando el pastor o el maestro de la escuela dominical lea la Biblia.

DESARROLLO DE LA LECCIÓN

Introducción

El desánimo estuvo presente en Israel por mucho tiempo y las posibilidades de cambio eran pocas. Hacer que un pueblo en esas condiciones levantara su ánimo era una tarea difícil. Pero Dios, trabajó de nuevo con hombres que estuvieron dispuestos a confiar y obedecer. El pueblo no solo se animó, sino que también hicieron la tarea en tiempo récord.

El siguiente paso era que el pueblo conociera la ley de Dios. Esta sería una muralla espiritual mucho más importante y necesaria que la muralla de la ciudad, porque los ayudaría a rechazar las enseñanzas erróneas.

DESARROLLO DE LA HISTORIA BÍBLICA

Resalte el hecho de lo limitado que era el pueblo para reconstruir las paredes, porque no tenían las maquinarias que ahora existen. Sin embargo, lo hicieron con la ayuda de Dios. Luego de tan importante tarea, se dio paso a la obra más importante de todas: conocer la palabra de Dios; y al conocerla el pueblo debía decidir qué hacer.

Haga énfasis en que el pueblo de Dios no solo lo escuchó a él, sino que también obedeció su Palabra. Si puede hacerlo, lleve varios tamaños de Biblias o algún tipo o forma de pergamino para ejemplificar cómo era la Biblia en el tiempo de Esdras.

Recuérdeles que la enseñanza de todas las lecciones de esta unidad ha sido la misma: "Confianza y obediencia". Y que cada una de las personas que se mencionan en las historias bíblicas —tanto hombres como mujeres— siempre estuvieron dispuestos a creer y confiar en las promesas de Dios.

Haga un corazón de papel o cartulina (preferentemente de color rojo) y escriba los textos de Salmos 119:9 y 11 dentro de este, uno de cada lado. Puede utilizar estos versículos mientras enseña la lección.

APLICACIÓN A LA VIDA DIARIA

Conocer la ley de Dios era importante para el pueblo de Israel como lo es para nosotros hoy. A los principiantes, a menudo, les ataca toda clase de dudas, y necesitan un muro espiritual alrededor de ellos que los proteja. Explíqueles que la palabra de Dios viene a ser ese muro que tanto necesitan en su vida.

Anime a sus alumnos a que establezcan una disciplina de lectura en su vida. Dígales qué libros de la Biblia pueden empezar a leer (se recomienda los Evangelios). Invite al pastor a que visite la clase por ser el final de la unidad. Esta puede ser una buena oportunidad para que él les recomiende un libro. Permita el espacio para que haya un tiempo de preguntas (es mejor si el pastor está con usted o alguien que él asigne), y deje que los principiantes le pregunten algo relacionado con la clase, con la unidad, o cualquier inquietud o duda que ellos tengan.

Esté preparado. Sus alumnos pueden hacer preguntas sencillas o muy complicadas. Si cree no tener el suficiente conocimiento bíblico olvide esta recomendación. Pero haga todo lo posible por tenerla en cuenta. Si desconoce alguna respuesta sea honesto(a) y diga que consultará al respecto.

ANEXO

Esdras lee la palabra de Dios

(Necesitará las dos hojas de actividades para los alumnos; tijeras y lápices de colores).

Déle a cada alumno sus hojas de trabajo y que sigan las instrucciones de la misma. Luego de que hayan hecho sus pirámides, pida que las coloquen sobre una mesa y haga la pregunta: ¿Cómo puedo escuchar la voz de Dios para obedecerla? (Deje que los niños le digan lo que está sucediendo en las figuras de la pirámide).

Lea Salmos 119:11. Este pasaje nos manda guardar la palabra de Dios. Pregúnteles: ¿Dónde guardaremos la palabra de Dios? (En nuestro corazón). Aproveche este trabajo manual para repasar la lección y hacer una aplicación personal acerca de ella.

MEMORIZACIÓN

Esta es la última lección de la unidad. Lleve todos los materiales que utilizó para el texto durante todas las lecciones: el corazón, el texto en palabras y otros que usted haya hecho. Péguelos en la pared para que los principiantes los puedan ver.

Pregunte si alguien se acuerda de las dinámicas de cada lección; repáselas con ellos utilizando cada una de las opciones que tuvo durante la unidad. Si puede, lleve algún tipo de premio para aquellos alumnos que hayan aprendido los dos versículos durante la unidad. Si piensa que esto es muy poco material, puede colocar uno por clase; solo tenga cuidado de que tenga relación con la lección.

PARA TERMINAR

Ayude a los alumnos a no olvidar todo lo que deben llevar a su casa. Agradezca a cada uno por haber asistido a la clase de hoy. Si usted lo considera adecuado, permita que algunos puedan llevar consigo algunos de los materiales didácticos que usted utilizó durante la unidad.

Anticipe algo de la siguiente lección, dígales que iniciarán una nueva unidad. Enséñeles el tema de esta, tratando de hacer una conexión y despertando el interés en ellos para que no falten.

Concluya con una oración (puede hacer un círculo con sus alumnos y pedir voluntarios que oren). Dé gracias a Dios por Moisés, Josué, Ana y Samuel. Ore por sus alumnos. No se olvide de preguntarles por los pedidos de oración para incluirlos.

Año 1 Unidad V

DIOS ES EL CREADOR

Bases Bíblicas: Génesis 1:1-10, 14-19, 11-13,20-31; 2:7; Salmos 139:13-16; 104:24-30.
Texto de la unidad: *En el principio creó Dios los cielos y la tierra* (Génesis 1:1).

PROPÓSITOS DE LA UNIDAD

Esta unidad ayudará a los principiantes a:

- ✘ Saber que Dios es el creador y sustentador del universo.
- ✘ Saber que el ser humano es la creación máxima de Dios.
- ✘ Saber que Dios le ha dado al ser humano la responsabilidad de cuidar de la creación.
- ✘ Conocer acerca de la sabiduría, el poder y la grandeza de Dios.
- ✘ Incrementar su valoración personal y sentido general de seguridad.
- ✘ Alabar a Dios por su sabiduría, poder, grandeza y por su creación.
- ✘ Identificar algunas formas en las que puedan cuidar de la creación de Dios, y transmitirles esto a otros.

LECCIONES DE LA UNIDAD

Lección 23: Dios creó los cielos y la tierra
Lección 24: Dios creó las plantas y los animales
Lección 25: Dios creó a las personas
Lección 26: Dios mantiene a su mundo
Lección 27: Dios pide que cuidemos su mundo

POR QUÉ LOS PRINCIPIANTES NECESITAN ESTA UNIDAD

El libro de Génesis es la base para entender el resto de la Biblia. En la escuela, o tal vez en casa, los principiantes han sido expuestos a teorías que contradicen la creación de Dios. Mientras usted enseña estas lecciones, no trate de refutar otras teorías. Haga énfasis en que la Biblia dice que Dios creó el universo y todo lo que en él existe. No sabemos exactamente cómo lo hizo, pero creemos que la Biblia es veraz.

Los principiantes tienen una curiosidad natural por saber todo de dónde viene y cómo funciona. Les impresionan las demostraciones de poder, como las que ven en las caricaturas de las revistas o la televisión. Construya sobre estos intereses, para guiar a sus alumnos a que tengan una nueva apreciación de la grandeza y el poder de Dios, el Creador. Ayúdelos a comprender que estas historias son verdaderas y no fantasías imaginarias.

Dios hace lo que nadie más puede hacer. El conocimiento de que él está en el control de este mundo debe ayudar a desarrollar en los principiantes un sentido de seguridad y confianza.

LECCIÓN 23

DIOS CREÓ LOS CIELOS Y LA TIERRA

ASPECTOS GENERALES

Base bíblica: Génesis 1:1-10, 14-19
Texto para memorizar: *En el principio creó Dios los cielos y la tierra* (Génesis 1:1).
Objetivo de la lección: Esta lección ayudará a los principiantes a saber y reconocer que Dios hizo todo lo que existe en el universo.

PREPARACIÓN DEL MAESTRO

En el capítulo 1 de Génesis encontramos la palabra "Dios" 30 veces. Esto demuestra que fue él quien fundó el universo y todo lo que hay.

La creación que se narra en este mismo libro se debe leer como una revelación de la naturaleza y el carácter del Dios creador. El Comentario Bíblico Tyndale resalta que la expresión: "Dijo Dios" elimina la posibilidad de un universo preexistente. Dios concientemente transformó el caos y le puso orden, y lo que estaba vacío lo llenó de vida.

Las palabras: "En el principio" describen de qué se trata el libro de Génesis. Todo lo que vemos hoy en nuestro mundo se inició a través del poder creador de Dios. Génesis es nuestra base para comprender el resto de la Biblia, ya que habla acerca de la relación que existe entre Dios y su naturaleza, entre Dios y el hombre y entre los hombres.

Génesis 1:2 describe la tierra sin forma y vacía. Pero Dios comenzó la creación del universo con solo expresar su voluntad de que fuera, es decir por su palabra. Primero le dio forma al mundo; luego lo llenó con lo creado. Una vez que hubo terminado estuvo satisfecho con lo que había hecho.

ADAPTACIÓN

Los principiantes siempre quieren saber el porqué de todo. Creen todo lo que los adultos les dicen. Estas dos características hacen que esta sea una edad ideal para enseñar que Dios es el que hizo todo lo que existe en el universo.

Los alumnos están desarrollando un concepto personal de Dios, y necesitan entender que él es más poderoso que todo otro ser en el mundo, y que hace lo que nadie puede hacer. Ayude a sus alumnos a descubrir el poder del Señor a través de ver la forma en la que él se revela por su creación.

Los niños todavía tienen dificultad con los conceptos y relaciones entre tiempo, espacio y distancia. Explique la creación utilizando términos sencillos y déles la oportunidad para que pregunten.

Sería de mucha ayuda si usted averiguara lo que han aprendido los niños en la escuela en relación a la creación. Para ello, hable con algunos de los maestros o los padres. Prepare su lección en relación a lo que los alumnos ya saben sobre el tema. Por ejemplo, saben que la tierra es redonda y que se compone de tierra y agua. También que tenemos noche y día, así como las estaciones. Y a su edad ya deben saber los nombres de los días y los meses.

DESARROLLO DE LA LECCIÓN

Introducción

La seguridad que deben tener los principiantes acerca de la creación de este mundo y de ellos mismos es muy importante. Ya han estado expuestos a ideas contrarias a las enseñanzas bíblicas —las diferentes teorías sobre la evolución tal vez han llegado a aparecer en su vida—, por lo que esta es una etapa crítica. Usted como maestro tiene gran responsabilidad para hacer la conexión entre la verdad bíblica y sus alumnos.

Ore a Dios pidiéndole sabiduría, y prepare muy bien sus lecciones. No subestime a los principiantes; ya no son aquellos niños que todo lo que escuchan lo creen. Tal vez le hagan preguntas profundas y difíciles de contestar.

DESARROLLO DE LA HISTORIA BÍBLICA

Lleve al salón de clases algún elemento de la creación que sea pequeño (un grano de arena, de poroto, arroz, etc.). Luego presénteselos a sus alumnos, y dígales que con toda la tecnología moderna el hombre no es capaz de crear o hacer algo tan pequeño como lo que les ha llevado. Explíqueles que lo que el hombre puede hacer es transformar lo que ya fue creado (si llevó arena dígales que con esta y cemento se puede construir un edificio; si llevó granos, que con ellos se pueden hacer diferentes tipos de alimentos).

Haga énfasis en que la creación de Dios no es transformación; Dios no tomó algo que ya existía, él lo creó, lo hizo de la nada, solo con el poder de su palabra; Dios dijo y fue hecho. No entre en detalles de tiempo; limítese a decir que fueron días (para algunos son etapas), ya que el concepto "un día" lo entienden mejor.

Haga énfasis en el orden y propósito de cada una de las formas creadas. Dios no hizo algo por casualidad, o sin saber o tener un propósito para ello. Por el contrario, todo lo que creó tiene un orden o propósito.

Explíqueles que antes de crear las plantas, los árboles y la vegetación, Dios primero hizo lo que estos iban a necesitar, como el aire, el sol y el agua. Puede llevar algunas fotos donde se vean el sol, la luna, las estrellas, el mar (que no aparezcan ni plantas ni animales). Eso lo puede hacer con calendarios de otros años o con fotos de revistas. Muestre a los niños las fotos y úselas como material de apoyo para esta lección. Guarde las fotos o colóquelas en una pared (si desea puede dividir la pizarra o la pared en los diferentes días de la creación). Bajo cada día ponga el nombre de lo que Dios creó y algunas fotos que lo ilustren.

Recuerde incluir cantos con ritmo y movimientos, preferentemente antes de contar la lección bíblica. De esta manera los principiantes ya habrán gastado energía y estarán listos para permanecer quietos por un momento y escuchar la lección bíblica.

Busque canciones que tengan relación con la lección. Si no los encuentra entonces apele a coros que hablen del poder de Dios. Si le resulta posible, busque en las librerías cristianas algunos casetes o discos compactos de música para niños.

APLICACIÓN A LA VIDA DIARIA

Asegúrese de que los principiantes entiendan el concepto de la creación (evolución o transformación). Es importante que aprendan sobre el origen de lo que existe; ello será una base fuerte en su fe. Deben comprender que todo lo creado, incluyéndonos a nosotros mismos, es creación de Dios; y que él, en su sabiduría y poder, ha creado todo lo que aún continúa estando hasta el día de hoy. Eso nos habla no solo de un Dios creador sino también sustentador.

Los principiantes deben entender que ese mismo poder y amor está disponible para cada uno de ellos. Eso debe darles un sentimiento de seguridad y una base sólida para su fe cristiana.

ANEXO

Dios creó las estaciones

(Necesitará la hoja de trabajo para cada alumno, tijeras, pegamento, colores).

Recorte para cada alumno las figuras de los niños vestidos según las diferentes estaciones del año y los nombres de las estaciones. Luego déle a cada uno su hoja de trabajo con las figuras que usted ha cortado de antemano. Ayúdelos a que peguen los nombres que corresponden a cada estación del año. Que después peguen los niños con la ropa que correspondan a cada estación.

Hable acerca de cómo todo lo creado trabaja en conjunto. Dios es tan sabio y poderoso que hizo al sol y a la luna para que trabajaran juntos, y también las diferentes estaciones. Permita que los principiantes comenten lo que saben acerca de estas. Déles tiempo para que coloreen sus hojas de trabajo.

En busca de la creación de Dios

Déle a cada uno su hoja de trabajo; lea las instrucciones y esté seguro de que todos las entiendan. Luego permita que ellos hagan su trabajo. Supervise que lo realicen bien.

MEMORIZACIÓN

Si optó por dividir la creación por días (en una pared, una pizarra u otro lugar), puede colocar el versículo para memorizar debajo. Si no lo hace así, colóquelo en algún lugar donde los principiantes lo puedan ver. Procure hacerlo de tamaño grande. Si puede utilice una o varias cartulinas.

Dibuje algo de la creación o lleve una foto de esta (incluya todo lo que pueda). Sea creativo. Si utiliza fotos procure no recortarlas en forma de cuadrado, sino recorte las siluetas y péguelas al lado del texto. Si tiene una computadora, escriba el texto en letras grandes; luego recorte cada una y péguelas en la cartulina.

Coloque el texto en un lugar visible y déjelo para futuras clases. Repítalo con los alumnos varias veces. Tal vez le parecerá mucho trabajo, pero recuerde que los niños aprenden más con ayudas visuales.

PARA TERMINAR

Ayude a los principiantes a que no se olviden lo que deben llevar a su casa. Agradézcale a cada uno por haber asistido a la clase de hoy. Anticipe algo de la siguiente lección, tratando de hacer una conexión y despertando el interés para que no falten.

Finalice con una oración. No se olvide de agradecerle a Dios por su creación. Pregunte si tienen pedidos de oración e inclúyalos en la oración final.

LECCIÓN 24
DIOS CREÓ LAS PLANTAS Y LOS ANIMALES
ASPECTOS GENERALES

Base bíblica: Génesis 1:11-13, 20-25
Texto para memorizar: *En el principio creó Dios los cielos y la tierra* (Génesis 1:1).
Objetivo de la lección: Que los principiantes se sientan agradecidos a Dios por la grande y maravillosa creación de los animales y las plantas.

PREPARACIÓN DEL MAESTRO

La semana pasada aprendimos cómo fue formado el universo. Las evidencias de orden en la creación de Dios constituyen una de las maravillas del proceso.

Las plantas no pueden crecer sin luz ni agua, así que Dios creó primero estos elementos antes que a la vegetación. Las plantas son una fuente de alimento necesario para los animales y los seres humanos, así que Dios las creó antes de crear a los animales (Génesis 1:11-13).

Para asegurarse de la continuidad del proceso que había iniciado, creó el sistema para que, a través de las semillas, este continuara una y otra vez. También creó las criaturas de los cielos y del mar (vv. 21-31). La referencia de animales con alas no solo se concreta en las aves, sino que se refiere a todo lo que vuela, lo cual incluye a los insectos. En el versículo 22 vemos que Dios bendice a la creación de los seres de los cielos y los mares; les dice que sean fructíferos y que se multipliquen.

También ordenó que la tierra produjera criaturas vivientes, cada uno según su especie o género. Génesis 1:12, 21 y 25 nos dice que Dios estaba complacido con las plantas y animales que creó.

ADAPTACIÓN

Los principiantes son por naturaleza curiosos. Están en la edad de las preguntas. Muchos ya saben algo sobre las plantas y los animales. Entienden cómo crecen las plantas y tienen semillas. También saben que los animales viven en diferentes lugares (agua, cielos, montañas, desiertos, etc.), y también que se protegen a ellos mismos.

Lo que ellos ya conocen viene a ser la base para reforzar la verdad bíblica de que Dios creó las plantas y los animales (domésticos, salvajes, aves, insectos, reptiles y peces). No pasará mucho tiempo hasta que los principiantes se encuentren en conflicto con las teorías relacionadas con la creación; esto solo les traerá confusión. Asegúrese de que sus alumnos comprendan que Dios es el creador de todo lo que existe.

DESARROLLO DE LA LECCIÓN

Introducción

Le recomendamos tener un tiempo de oración específico por las necesidades de sus alumnos. Pídale a Dios sabiduría para sembrar las verdades de esta lección en el corazón de ellos. Puede empezar el estudio con canciones relacionadas con la enseñanza de la lección, preferentemente con las que se puedan hacer movimientos.

DESARROLLO DE LA HISTORIA BÍBLICA

Si en la lección anterior utilizó la división de la creación por días, inicie la clase hablando de la creación en los diferentes días. Para esta lección lleve otra vez fotos o dibujos relacionados con la lección (que incluyan bosques, flores, animales, insectos, etc.). Luego colóquelos en el día que corresponden.

Si no siguió la división por días, recomendamos que lo haga por lección (coloque el tema de la lección en grande, luego ponga las fotos debajo del título de la lección). De nuevo, haga énfasis en el orden y el propósito de Dios en la creación. Esto hará que los principiantes tomen conciencia de que Dios es un Dios de orden y propósito.

Antes de crear los animales Dios creó todo lo que ellos necesitaban para existir; de esa manera vemos un orden y un propósito para cada una de las cosas creadas. Dios no creó algo caprichoso ni desordenado, al contrario, la creación nos muestra un creador que puso atención aún en el más pequeño de los detalles.

Averigüe de antemano información acerca de las maravillas de la creación; de cómo el universo está tan bien formado, de tal manera que se ha mantenido sin destruirse a lo largo de los siglos. Puede resaltar el hecho de que la tierra gira alrededor del sol y alrededor de sí misma; y que nuestra posición en el universo está planeada. Si estuviéramos más cerca del sol nos quemaríamos, y si estuviésemos más lejos de él nos congelaríamos.

APLICACIÓN A LA VIDA DIARIA

Los principiantes están en una etapa de transición, por lo que es de suma importancia que entiendan los conceptos y verdades bíblicas de la creación.

Si puede lleve flores naturales o de plástico para ilustrar mejor la lección. Regálele una a cada alumno para que la lleven a sus casas. Dígales que esto los ayudará a recordar esta lección, y que se la cuenten a sus familiares y amigos.

Es importante que comprendan el gran amor de Dios que hay detrás de la creación, porque el Señor hizo todo para nosotros. Asegúrese de que entienden bien estas verdades. Déles tiempo para que pregunten lo que no entendieron.

ANEXO

Las plantas y los animales nos ayudan

(Necesitará la hoja de trabajo para cada uno de sus alumnos y también lápices de colores).

Deje que sus alumnos coloquen los números en los cuadros provistos para ellos. Asegúrese de que usen el sentido común y ayúdelos en esto.

Primera línea: Vaca pequeña (1). Vaca grande (2). La leche (3).

Segunda línea: Planta en la maceta (1). Planta en la tierra (2). Planta en el florero (3).

Tercera fila: Perrito con el niño (1). Perro solo (2). Perro con perritos (3).

Cuarta línea: Árbol en la maceta (1). Árbol en el suelo (2). Frutas en la canasta (3).

Este trabajo tiene el propósito de ayudar a los principiantes a entender que todo tiene un orden, un proceso y un propósito establecidos desde el principio por Dios.

Dios creador

(Necesitará la hoja de trabajo para cada alumno, lapiceras o lápices).

Déle a cada alumno su hoja de trabajo, y dígales que traten de descubrir las letras secretas u ocultas. Este trabajo está diseñado para despertar interés en los principiantes. Recuerde que a ellos les gusta descubrir; saber el porqué de todo.

Anímelos a que descifren el pasaje escondido o secreto. Dígales que al ver la creación ellos pueden descifrar aspectos del creador, de Dios mismo.

MEMORIZACIÓN

(Necesita la hoja de texto para cada alumno, colores, tijeras y pegamento).

Para el día de hoy imprima el texto en una hoja (una para cada alumno). Si puede utilice un tipo de letra que sea hueca en el medio, para que los alumnos pinten las letras. Déle a cada uno un texto y que lo coloreen. Pídales que pongan su nombre (si alguno no puede, escríbalo usted).

Luego que dibujen algo de lo que han aprendido de la creación (si puede lleve recortes pequeños de flores y animales, para que ellos los puedan pegar). Repitan juntos el texto. Dé la oportunidad para que los que quieran llevarse el texto a su casa lo hagan; o si no que lo coloquen alrededor del texto grande que usted hizo.

PARA TERMINAR

Puede concluir la clase de hoy con una canción movediza. Si así lo hace puede incluir este juego: en el piso coloque o dibuje una señal (puede ser una X). Luego, que los niños canten y den vueltas alrededor del salón pasando sobre la señal. Cuando el grupo esté pasando sobre esta detenga la canción; el alumno que esté parado sobre la señal deberá decir el nombre de un animal o planta que empiece con la misma letra que inicia su nombre (por ejemplo: Ronaldo dirá: rábano y ratón). Siga con esta dinámica hasta que todos o la mayoría hayan participado.

Ayude a los principiantes a no olvidar lo que deben llevar a su casa (hojas de trabajo, etc.). Agradézcale a cada uno por haber asistido a la clase de hoy. Anticipe algo de la siguiente lección, tratando de hacer una conexión y despertando el interés para que no falten.

Finalice con una oración; no olvide darle gracias a Dios por su creación (incluya nombres). Pregunte a los niños si tienen pedidos de oración e inclúyalos. Si estuvo jugando con ellos puede pedir al último que quedó sobre la señal que dirija una pequeña oración y luego usted finalice (si el niño no puede o no quiere, pida a un voluntario que lo haga).

NOTAS:

LECCIÓN 25

DIOS CREÓ A LAS PERSONAS

ASPECTOS GENERALES

Base bíblica: Génesis 1:26-31; 2-7, 19-24; Salmos 139:13-16
Texto para memorizar: *En el principio creó Dios los cielos y la tierra* (Génesis 1:1).
Objetivo de la lección: Que los principiantes aprendan a estimarse y valorarse a ellos mismos; y puedan expresar su gratitud a Dios por haberlos creado a su imagen y semejanza.

PREPARACIÓN DEL MAESTRO

Tanto la creación de la luz como la de los animales demuestran el poder y la sabiduría de Dios. Lo que creó en la etapa inicial fue una base para lo que iba a formar después: el hombre.

El ser humano fue el clímax de la creación; solo a nosotros se nos hizo a imagen y semejanza de Dios. Aunque estamos relacionados con las demás criaturas que él formó, solo nosotros tenemos a Dios como Padre. Somos como un reflejo de él en el mundo. Dios es el modelo original, con el cual al ser humano se lo debe comparar, si se quiere conocer la verdadera naturaleza del hombre.

Eunice Bryant resalta las implicaciones de ser creados a imagen de Dios y dice: "La Biblia claramente define al ser humano como un ser racional y moral. Tenemos conciencia y determinación personales. Somos diferentes del resto de la creación, por el hecho de que tenemos una conexión directa con el mundo espiritual. Sabemos de la existencia de Dios y nos podemos comunicar con él. Y a través de la Biblia y del Espíritu Santo, el Señor se comunica con nosotros".

Solo el ser humano tiene la habilidad y está equipado para la tarea especial que Dios le ha encomendado: gobernar la naturaleza. Porque fuimos creados a la imagen del Señor, tenemos la capacidad de adorar, amar, obedecer, confiar y ser fieles a nuestro Creador.

De todas las criaturas que Dios hizo, solo el ser humano puede desarrollar y mantener una relación personal con él. Y en consecuencia, tenemos el privilegio y la responsabilidad de trabajar junto con el Señor.

Salmos 139 describe la forma en que Dios quiere estar cerca de nosotros. Él desea tener una relación personal con el ser humano a niveles muy profundos. Desea tener intimidad con nosotros, aunque ya nos conoce íntimamente porque él nos hizo. Nos formó desde el vientre de nuestra madre; conoce como hemos sido entretejidos o formados; estipula nuestros días y conoce nuestros pensamientos.

ADAPTACIÓN

¿Cómo se formó el universo? No es un asunto difícil de pensar para la mayoría de los principiantes; el saber que Dios hizo el mundo y todo lo que en él existe es suficiente y los satisface. Lo importante a recalcar es que Dios es el Creador. Esta es una base fundamental para comprenderlo correctamente a él y a su creación.

Es importante que los principiantes entiendan que aunque se clasifica al hombre dentro de la categoría animal, el ser humano es muy distintivo y diferente de los otros animales creados, debido a que fue la máxima creación de Dios.

Cada persona es importante y tiene un valor especial para Dios. Estas son las bases bíblicas para una correcta autoestima y para entender cuáles son nuestras habilidades y cuál debe ser nuestra actitud hacia las posesiones. Usted como maestro puede ayudar a los principiantes a que experimenten esta verdad personal; esto lo puede lograr si los ama, los valora y acepta a cada uno de ellos.

DESARROLLO DE LA LECCIÓN

Introducción

Es muy probable que los principiantes ya tengan conocimiento acerca de las teorías de la evolución del hombre. Una de las ideas generales de esta teoría es que hemos evolucionado, que no hemos sido creados. Otra creencia es que descendemos de algún animal, algunos suponen que del mono; otros dicen que de algún pez. Si los alumnos han estado expuestos a este tipo de información, es importante que resalte el hecho de que somos creación de Dios, y hechos a su imagen y semejanza.

DESARROLLO DE LA HISTORIA BÍBLICA

Puede iniciar la lección con una canción movediza como: "Cristo me ama, la Biblia dice así", o algún otro que hable de la creación. Si está haciendo la división por días o por lecciones, recuerde llevar fotos de personas. Procure incluir todas las razas posibles, hombres y mujeres; así como todas las edades. Una buena idea es que lleve fotos suyas en diferentes etapas de su vida y se las muestre a sus alumnos. Si usted lo desea, esto les gustará a ellos. Luego colóquelas en el lugar asignado.

Durante la lección, resalte la verdad bíblica acerca de la creación del hombre. Inicie preguntando sobre lecciones anteriores. Diga: ¿Cómo creen que fuimos formados? ¿De dónde venimos los hombres? (Permita que los alumnos respondan). Utilice esto como una base para saber en qué punto hacer más énfasis. Al final de la lección haga preguntas de repaso para estar seguro de que los alumnos captaron el mensaje.

APLICACIÓN A LA VIDA DIARIA

Por naturaleza los principiantes son curiosos. Cuando ven personas de diferentes culturas quieren saber de dónde vienen. Aproveche esta curiosidad para destacar el hecho de que todos descendemos de una misma creación: nos hizo Dios. Y que aunque existan muchas culturas, diferentes colores de piel, diferentes colores de ojos, tamaños y formas todos somos creación de Dios y él nos ama a todos; aunque hablemos diferentes idiomas y tengamos distintas costumbres.

ANEXO

Creación especial de Dios

Déle a cada alumno su hoja de trabajo y deje que ellos decidan cuáles de las declaraciones son verdaderas y cuáles falsas (las primeras dos son falsas y las últimas dos verdaderas. Deben colocar las caras tristes para las falsas y las caras alegres para las verdaderas).

Discuta con sus alumnos las preguntas y luego permita que coloquen las palabras del texto que hacen falta.

Diferentes pero iguales

Lea con los niños Salmos 139:13-16 y permita que llenen la hoja de trabajo. Diga que Dios nos hizo especiales a cada uno de nosotros, y que cada persona en el mundo es importante para el Señor. Él nos conoce aun antes de nacer. Haga las preguntas para debatir de la hoja de trabajo.

1. ¿En qué se parecen estos niños? (Acepte las sugerencias de sus alumnos en cuanto a las similitudes o diferencias, tales como: todos son seres humanos, todos tienen sentimientos, algunos son niños, otras niñas, uno tiene una discapacidad, etc.)
2. ¿A cuál de estos niños creó Dios? (A todos).
3. ¿A cuál de los niños ama más Dios? (A todos por igual).
4. ¿A cuál de los niños crees que Dios te pediría que amaras? (A todos).

Dios me hizo especial

Déle tiempo a los niños para que completen la información que se les pide en esta actividad. Si alguno no sabe o no quiere escribir, ayúdelo a llenar los espacios vacíos. Este trabajo lo pueden llevar los alumnos a sus casas, o pegarlo junto a los textos de la semana pasada (si los hizo), o ponerlo en algún lugar especial.

MEMORIZACIÓN

Para el día de hoy lleve de antemano el versículo para memorizar recortado sobre siluetas de diferentes ropas (una palabra del texto en cada ropa. Dibuje camisas, pantalones, calcetines, toallas, sábanas, etc. Utilice las piezas grandes para las palabras grandes y las pequeñas para palabras pequeñas). En clase coloque un lazo o cordel simulando un tendedero de ropa. Luego, utilizando ganchos de ropa, coloque cada palabra del versículo. Pida que los niños lo repitan. Luego empiece a quitar algunas de las palabras y que todos lo digan de nuevo. Repita esta acción hasta que haya finalizado todo el texto.

Al terminar, guarde todas las palabras para utilizarlas la clase siguiente. Si desea que duren más, forre las piezas con plástico adhesivo transparente. También puede colorearlas, escribir las palabras a mano o pegarlas. Si lo hace en computadora, asegúrese de que tengan un tamaño grande para que se puedan ver desde lejos.

PARA TERMINAR

Ayude a los principiantes a no olvidar lo que deben llevar a su casa (hojas de trabajo, etc.). Agradezca a cada uno por haber asistido a la clase de hoy; anticipe algo de la siguiente lección tratando de hacer una conexión y despertando el interés para que no falten. Cierre con una oración. No se olvide agradecer a Dios por la creación del hombre a su imagen y semejanza.

LECCIÓN 26

DIOS MANTIENE A SU MUNDO

ASPECTOS GENERALES

Base bíblica: Génesis 1 y 2; Salmos 104:24-30
Texto para memorizar: *En el principio creó Dios los cielos y la tierra* (Génesis 1:1).
Objetivo de la lección: Esta lección ayudará a los principiantes a desarrollar un sentimiento de seguridad, al saber que Dios está al control en el universo.

PREPARACIÓN DEL MAESTRO

Dios no solo creó, también proveyó lo necesario para que todo pudiera continuar funcionando. Cuando separó la luz en día y noche, inició el ciclo de 24 horas para cada día, los rayos de sol a la mañana y cada gota de lluvia deben recordarnos que él sigue en el control en su creación.

Al crear las plantas y los animales también les dio la capacidad de continuar reproduciéndose y manteniendo su propio género. Cada planta y animal que nacen nos aseguran que el Señor sigue al control del universo, no solo nos da la vida. Cuando formó a Adán y Eva les dijo que se multiplicaran, que llenaran la tierra.

Salmos 104 es un himno de alabanza a Dios, Creador y Sustentador de nuestro mundo. En medio de su canto, el salmista incluye una estrofa (vv 27-30) que habla acerca de cómo Dios mantiene la vida en la tierra. El versículo 30 declara que su poder creativo continúa hasta el día de hoy.

Saber que ese mismo Dios que hizo el universo hace muchos años es el mismo que continúa sustentándolo, debe darnos un sentido de seguridad y confianza.

ADAPTACIÓN

Por lo general los principiantes no valoran lo que ven a diario, como la luz del sol, la vegetación, los animales, las montañas (en los lugares donde hay). Tienen el concepto de que el mundo está bien formado. Sin embargo, ya tienen la suficiente edad para ponerse a pensar quién hizo todo esto.

Las tres semanas anteriores usted les enseñó a sus alumnos cómo se formó la tierra. Esas lecciones fueron importantes para desarrollar un concepto adecuado de Dios. Pero es importante que ellos sepan cuáles son los planes del Señor para que este mundo continúe.

Es probable que los principiantes ya hayan aprendido mucho en relación a la vida y al planeta, tal como las cadenas alimenticias o los ciclos de la vida. Permita que comenten lo que saben al respecto. En base a lo que ellos ya saben, usted ayúdelos a descubrir las formas que Dios usa para mantener la creación. Eso les dará un sentido de seguridad.

Dios le dio a cada criatura viviente la capacidad de reproducirse de manera que su especie o género continúe. Si los alumnos le preguntan cómo tienen los hijos las personas y los animales, dígales que hablen con sus padres o familiares al respecto. Si usted quiere, ofrézcales ayuda proporcionándoles material que contenga información bíblica sobre eso. También pueden pedirle ayuda al pastor para que los asesore.

DESARROLLO DE LA LECCIÓN

Introducción

Todo lo que depende del hombre puede fallar, como la energía eléctrica, el agua potable, el gas, la gasolina, etc. Y aunque tengamos el dinero suficiente para obtener esos servicios, si fallan no los podemos usar. ¿Se ha puesto a pensar qué sucedería si pasara lo mismo con Dios? ¿Que pasaría si el hombre estuviera a cargo de sustentar la creación? ¿Se imagina si los que estuvieran encargados de programar los días hicieran huelga, y en vez de tener día y noche tuviéramos tres noches juntas, sin días de por medio? O el agua se nos hubiera terminado, o ya hubiéramos quemado o fundido el sol. Sería un caos terrible. Es importante reconocer que es Dios el que está en el control de todo y no el hombre.

Piense en algún río que usted y sus alumnos conozcan. Mencione que es posible que nuestros abuelos se bañaran en ese lugar y ahora nosotros lo hacemos; y que es posible que en el futuro nuestros hijos lo hagan también. Pero ese río tiene una corriente de agua las 24 horas del día, día tras día, el agua no se termina, y podemos estar seguros de que nunca se terminará porque está bajo el control de Dios. Eso nos habla de su fidelidad.

Recuerde otros ejemplos que pueda usar en esta lección.

DESARROLLO DE LA HISTORIA BÍBLICA

No olvide incluir cantos que hablen de la fidelidad

de Dios en sustentar la creación. Haga énfasis en que él no solo hizo la creación y se olvidó de ella (como lo hace el hombre en muchos de sus trabajos), sino por el contrario, el Señor la ha sustentado.

La Biblia nos enseña que Dios estableció los límites del mar. Ya han pasado muchos años (siglos); ha habido muchas generaciones y la creación permanece. Llame la atención de los niños a las fotos que han visto durante esta unidad. Resalte el hecho que Dios ha cuidado de su creación: las flores siguen creciendo, las estaciones del año nunca se equivocan en sucederse correctamente, el sol siempre sale, el aire sigue disponible, el agua sigue fluyendo y la vida continúa.

Esta enseñanza ayudará a los principiantes a darse cuenta de lo falsas que resultan las teorías de una evolución de casualidades. El orden de la creación y la subsistencia de la misma nos habla claramente de un Dios de orden y poder. Al ver un mundo tan bien formado, es ridículo pensar que es resultado de la casualidad.

Es tan ridículo como pensar que un reloj se formó por sí mismo. Al ver la perfección con la que está hecho, cualquiera puede darse cuenta de que hubo alguien que lo hizo. Lo mismo sucede con la creación. Es imposible que se haya formado sola, por casualidad. Alguien tuvo que haberla hecho, y ese alguien es Dios.

APLICACIÓN A LA VIDA DIARIA

El saber que Dios cuida de su creación debe provocar en los principiantes un sentido de seguridad y confianza. Aproveche esta oportunidad para decirles que, de la misma manera que Dios cuida de su creación, quiere cuidar de sus vidas.

ANEXO

Dios mantiene su mundo

Entregue la hoja de trabajo a sus alumnos, así como lápices de colores, lápices negros y marcadores. Lea las instrucciones y trabaje con ellos las primeras dos oraciones. Permita que los niños llenen los espacios con las respuestas correspondientes. Luego, que lean las repuestas que han encontrado, las cuales son: sol, lluvia, semillas, bebés, comida, amigos. Utilice este trabajo para reforzar la enseñanza de la lección de hoy: Dios cuida y sustenta su creación.

Dios piensa en todo

Pregunte: ¿Qué sería de la creación si no tuviéramos la ayuda de Dios para cuidarla? (Deje que los niños mediten por un momento. Tal vez algunos tengan dificultad para pensar en algo). Pregunte de nuevo: ¿Qué pasaría si no saliera el sol cada día, si ya no lloviera, si los granjeros no supieran lo que van a cosechar al sembrar sus semillas o si una mujer embarazada no supiera si va a tener un bebé o una jirafa?

Los niños deben entender el caos que habría en este mundo. Deje que ellos propongan otros tipos de problemas que enfrentaríamos si Dios no mantuviera este mundo de la forma en que lo hace.

Dígales que busquen en sus Biblias Génesis 8:22 y que lo lean todos juntos. Luego pregunte cómo se sienten al saber que Dios mantiene y sustenta la creación (Déles un tiempo para que contesten. Algunas respuestas serían: tenemos seguridad, confianza, estaremos felices, etc.).

MEMORIZACIÓN

Utilizando las piezas de ropa con las palabras del texto que hizo el domingo pasado, coloque de nuevo el lazo o cordel para simular un tendedero de ropa. Póngalo cerca de donde tiene el texto grande pegado sobre la pared para que les sirva de guía a los niños. Coloque las piezas en forma desordenada dentro de una canasta u otro objeto. Luego, pida algunos voluntarios que pasen al frente, tomen una pieza y la cuelguen (utilizando ganchos de ropa). Permita que los demás también participen, hasta que armen el texto completo. Cuando lo hayan terminado, repítanlo todos juntos. Al final vuelva a guardar el texto para utilizarlo en la lección final de esta unidad.

PARA TERMINAR

Ayude a los principiantes a no olvidar lo que deben llevar a su casa (hojas de trabajo, etc.). Agradezca a cada uno por haber asistido a la clase de hoy; anticipe algo de la siguiente lección, tratando de hacer una conexión y despertando el interés para que no falten.

Termine con una oración. No se olvide agradecer a Dios no solo por haber creado el universo, sino también por sustentarlo hasta el día de hoy. Agradézcale al Señor por cuidar de la vida de cada uno de sus alumnos de la misma manera que ha guardado la naturaleza. Pregunte a los niños si tienen pedidos de oración e inclúyalos.

LECCIÓN 27

DIOS PIDE QUE CUIDEMOS SU MUNDO

ASPECTOS GENERALES

Base bíblica: Génesis 1:26-30; 2:15, 19-20
Texto para memorizar: *En el principio creó Dios los cielos y la tierra* (Génesis 1:1).
Objetivo de la lección: Enseñar a los principiantes que ellos también pueden participar en el cuidado de nuestro mundo.

PREPARACIÓN DEL MAESTRO

Después de que Dios creó a Adán y a Eva los puso en el jardín del Edén, el cual tenía todo lo que ellos necesitaban. Y aunque el Señor podía cuidar de su creación él solo, sin embargo, quiso que el ser humano trabajara con él. El primer trabajo que le asignó fue el de labrar la tierra. El primer trabajo que se menciona en la Biblia es la agricultura.

Dios también le dio a Adán la responsabilidad de cuidar de los animales. Su primera tarea fue ponerle nombre a cada uno. Ese trabajo le dio la oportunidad de descubrir la capacidad intelectual que el Señor le había dado.

ADAPTACIÓN

Dios le ha dado al ser humano la responsabilidad de cuidar el mundo que él creó. Los principiantes ya lo saben. La escuela, la televisión y otros medios de información nos advierten sobre la necesidad de proteger nuestros recursos naturales. Sin embargo, ellos no conectan esos recursos con Dios como el creador y sustentador de todo.

Haga énfasis en el hecho de que cada vez que ellos ayudan de alguna forma a cuidar o preservar la naturaleza, en realidad, están obedeciendo a Dios. Utilice ejemplos de su ciudad o país que muestren cómo hace la gente para cuidar los recursos naturales que el Señor nos dejó.

Planee un proyecto con sus alumnos fuera del salón de clases. De esta forma ellos pueden poner en práctica todo lo que han aprendido (puede ser: sembrar flores, árboles, trabajar en el templo o en el vecindario). Aproveche la oportunidad para reforzar lo que han aprendido.

DESARROLLO DE LA LECCIÓN

Introducción

Si ha utilizado fotografías para desarrollar las lecciones anteriores, también para esta lo puede hacer. Lleve algunas donde se vea personas que están cuidando la naturaleza (regando las plantas, limpiando, recogiendo basura, etc.). También puede utilizar recortes de fotos de periódicos o revistas. Péguelas alrededor de las que ya están puestas. Enfoque la atención de los principiantes en el hecho de que los recursos naturales tienen relación directa con Dios, ya que él no solo es el creador de ellos sino también el sustentador.

Explique que las personas de las fotos, lo sepan o no, están haciendo la voluntad de Dios y obedeciendo al cumplir la labor que él estableció para el ser humano: cuidar la creación. Si lo desea puede incluir fotos de acciones que van en contra del cuidado de la naturaleza (basura tirada en la calle, aceite o petróleo en los ríos y mares, montañas destruidas, etc.). Si lo hace, dígales que esto no agrada a Dios.

DESARROLLO DE LA HISTORIA BÍBLICA

Enfatice que el hombre no fue creado para acostarse y descansar todo el día. Es probable que los principiantes tengan esa impresión de Adán y Eva. Algunos creen que en el paraíso ellos solo debían estirar la mano y la comida ya estaba lista. Inclusive en los dibujos que se hacen del paraíso nunca se ve a Adán y Eva trabajando. Por increíble que parezca, eso produce un efecto sicológico negativo en los niños. Algunos hasta llegan a suponer que el trabajo es un castigo de Dios por la desobediencia del hombre.

La Biblia nos dice que Dios puso a Adán para labrar la tierra y cuidarla (Génesis 2:15). Es importante para los principiantes establecer la relación entre el cuidado de la naturaleza y el trabajo. El hecho que Adán les pusiera nombre a los animales nos muestra la gran responsabilidad que Dios puso sobre él. El ser humano es el clímax de la creación del Señor y tiene como responsabilidad cuidar la naturaleza.

En esta lección puede incluir canciones que hablen de nuestra responsabilidad de trabajar a favor de la creación; puede ser el que dice: "Oh, si todos trabajamos unidos, unidos", o algún otro parecido. No olvide incluir movimientos en las canciones, sobre todo en esta. Pida a los niños que formen parejas y que se pongan frente a frente tomados de la mano. Mientras cantan, que muevan juntos sus brazos hacia delante y hacia atrás.

APLICACIÓN A LA VIDA DIARIA

Los principiantes deben tomar conciencia de que el cuidado de la naturaleza es algo que nos concierne a todos. Es muy probable que la mayoría de ellos solo tengan una idea vaga en cuanto a nuestra responsabilidad para mantener la creación de Dios. Tal vez creen que son muy pequeños para eso, que es algo que deben hacer los adultos.

Aproveche esta lección para informarles que, como hijos de Dios y obedientes a su Palabra, esta responsabilidad también es para ellos. En primer lugar, asegúrese de que comprendan que la creación y Dios tienen relación entre sí; que Dios es el creador y sustentador, pero que espera que el ser humano haga su parte en la conservación de este planeta.

Enfatice que ellos deben ser responsables en esto. Pregunte de qué maneras creen ellos que pueden ayudar (algunas respuestas pueden ser: depositando la basura en su lugar, no destruyendo plantas ni árboles, no derrochando agua, etc.). Pregúnteles de nuevo de qué forma pueden empeorar la situación (algunas respuestas serían: tirando basura en los parques; cortando las flores sin motivo; tirando basura en ríos o mares; matando a los animales por gusto, etc.).

ANEXO

Dios es el Creador

Entregue la hoja de trabajo a sus alumnos, así como lápices de colores y marcadores. Si desea y puede hacerlo, utilice también acuarelas.

Déle a cada alumno su hoja y dígales que dibujen lo que ahí se les pide. Pueden utilizar algunas de las fotos que ya están pegadas. Si los niños están usando acuarelas o témperas, tenga especial cuidado con el agua, y que no ensucien su ropa.

Mientras los alumnos trabajan, pregúnteles cuál de todo lo creado por Dios es su favorito. Recuérdeles lo que dice Salmos 104:24 y haga hincapié en la sabiduría de Dios.

Yo puedo ayudar

Lea con los niños las instrucciones de la hoja de trabajo. Luego permita que jueguen. Pueden hacerlo en parejas para que todos participen. Explique bien las instrucciones y juegue usted también para que ellos entiendan bien.

MEMORIZACIÓN

Utilizando las diferentes ropas con las palabras del texto que ha estado utilizando en las últimas lecciones, escóndalas en el salón de clases. Puede pegarlas debajo de cada silla, detrás de un dibujo o en otro lugar. Al llegar el momento de la memorización, pida a los niños que le ayuden a localizar el texto que está perdido por todo el salón. Cuando alguien encuentre una pieza debe ir a colgarla al tendedero (lazo o correa colocado para esta actividad) utilizando ganchos de ropa (broches).

Conforme van colocando las piezas en orden, repita el texto con los alumnos. Cuando hayan terminado, repítanlo. Puede utilizar este tipo de ayuda visual para explicar lo importante de la creación de Dios. Por ejemplo, puede decir que antes de que el hombre diseñara una secadora la gente utilizaba el sol para secar la ropa, aunque en muchos lugares aún lo hacen. Usaban también el aire para este propósito.

Mencione que es muy importante que el aire esté limpio, porque de lo contrario la ropa se puede ensuciar. Por ejemplo, si está contaminado con el humo de alguna fábrica, o si alguien ha encendido una fogata cerca de donde está la ropa, esta se manchará. Aproveche esto para enfatizar la participación del ser humano para contaminar el ambiente.

Otro elemento necesario para la limpieza de la ropa es el agua, y también esta tiene que estar limpia. Explique que la misma puede llegar a través de una tubería hasta la casa. En algunos casos la gente suele dirigirse a algún río o arroyo a lavar o la obtiene de pozos. Sin embargo, en cada uno de los casos, Dios es el que la provee.

PARA TERMINAR

Ayude a los principiantes a no olvidar lo que deben llevar a su casa (hojas de trabajo, etc.). Agradezca a cada uno por haber asistido a la clase de hoy. Dígales que esta fue la última lección de la unidad, que el próximo domingo estarán iniciando otra. Procure despertar el interés de ellos para que no falten. Si a usted le parece, puede regalarles las fotos que utilizó durante las lecciones. Si colocó algunos de sus trabajos en la pared, que se los lleven a su casa. También puede regalarle a alguien el texto o guardarlo.

Termine cantando y orando con ellos. En la oración recuerde agradecerle a Dios por la creación, por mantenerla y por confiar en que nosotros ayudaremos a cuidarla. No se olvide preguntar si tienen peticiones; si las hay inclúyalas.

Le recomendamos guardar todos los pedidos de oración. Al final de la unidad menciónelos todos y déle gracias a Dios por las que recibieron contestación positiva.

Año 1 Unidad VI

TRES AMIGOS ESPECIALES DE JESÚS

Bases bíblicas: San Lucas 5:1-11; 3:21-22; 7:18-23; 8:40-42, 49- 56; 9:28-36; San Marcos 10:35-45; San Juan 21:1-17
Texto de la unidad: *Ustedes son mis amigos si hacen lo que yo les mando* (San Juan 15:14).

PROPÓSITOS DE LA UNIDAD

Esta unidad ayudará a los principiantes a:

- ✘ Saber lo que significa "seguir a Jesús".
- ✘ Comprender por qué los cristianos creemos que Jesús es el Hijo de Dios.
- ✘ Ser sensibles para descubrir la importancia que tiene amar y seguir a Jesucristo.
- ✘ Decidirse a ser seguidores de Jesús, conforme el Espíritu Santo los guíe.
- ✘ Buscar la ayuda de Dios para amar y servir a otros, tal como Jesús lo hizo.

LECCIONES DE LA UNIDAD:

Lección 28: Los amigos de Jesús lo siguen
Lección 29: Los amigos de Jesús saben quién es él
Lección 30: Jesús enseña a sus amigos
Lección 31: Jesús muestra su amor por sus amigos

POR QUÉ LOS PRINCIPIANTES NECESITAN ESTA UNIDAD

Los principiantes tienen un sentido amplio de la amistad; tal vez algunos ya tienen su grupo de amigos, constituyéndose este en un factor influyente a la hora de tomar decisiones.

Existen algunos dichos populares que dicen: "Dime con quién andas, y te diré quién eres"; "una manzana podrida pudre las demás". Y aunque parezca un poco radical, las amistades que los niños elijan van a determinar de alguna forma su comportamiento, y hasta pueden definir mucho su futuro.

Esta es una de las razones por la cual los principiantes necesitan estudiar esta unidad, para aprender a elegir sus amistades.

Explíqueles que no todo lo decidimos nosotros (como ser: en qué familia nacer, los vecinos que vamos a tener, ni los compañeros que tendremos en la escuela).

Es muy importante para ellos que entiendan que pueden decidir quiénes serán sus amigos. Esta unidad los ayudará a valorar las buenas amistades; pero, sobre todo, a comprender que Jesús quiere y debe ser su mejor amigo; que podemos tener una relación personal con él porque no está lejos de nosotros.

Otro aspecto importante a enseñar a los niños es el hecho de que ellos también pueden servir a los demás. El estudio de algunas de estas lecciones los ayudará a empezar a identificarse con los demás y a buscar formas en las cuales pueden ayudar.

Servir a otros se aprende por el ejemplo o siguiendo a un líder. Cuando los alumnos ven a su maestro de escuela dominical, a sus padres, al pastor y otros líderes cristianos sirviendo a los demás, entenderán mejor cómo pueden ellos hacer lo mismo.

Ponga en el corazón de los niños el deseo de querer ser como aquel que es el líder por excelencia: Cristo Jesús.

LECCIÓN 28

LOS AMIGOS DE JESÚS LO SIGUEN

ASPECTOS GENERALES

Base bíblica: San Lucas 5:1-11
Texto para memorizar: *Ustedes son mis amigos si hacen lo que yo les mando* (San Juan 15:14, NVI*)*.
Objetivo de la lección: Esta lección ayudará a los principiantes a entender lo que significa "seguir a Jesús".

PREPARACIÓN DEL MAESTRO

Este pasaje nos habla de dos parejas de hermanos que eran pescadores. Ellos solían pescar en el mar de Galilea, también conocido como el lago de Genesaret.

Un día, mientras Jesús enseñaba a la gente a la orilla del mar, se le acercaron tantos que lo estaban empujando hacia el agua, por lo que le pidió a Simón si podía usar su barca.

Jesús no era un desconocido para los pescadores, ni un extraño pidiendo usar la barca; era un amigo para ellos.

Cuando terminó de predicar le dijo a Simón que hiciera algo que parecía una locura. Ellos habían intentado toda la noche sin poder pescar nada. Cuando el Señor le pide usar su barca, Simón ya había lavado su red terminando una jornada dura de trabajo.

Al terminar de predicar, Jesús le pide al pescador que vaya mar adentro, a lo profundo, y que tire de nuevo sus redes. Simón le explicó que ellos habían estado intentándolo toda la noche sin ningún resultado. Pero fue obediente e hizo lo que se le indicó.

Lo que sucedió después humilló al experto pescador frente a un carpintero. La red se llenó de tantos peces que comenzó a romperse. Jacobo y Juan llegaron para ayudar; llenaron tanto sus barcas de pescados que estaban hasta en peligro de hundirse por el sobrepeso.

Simón Pedro reconoció el poder de Dios en el milagro de la pesca milagrosa y cayó de rodillas ante la presencia del Señor. Después de presenciar este milagro, las dos parejas de hermanos, Simón Pedro y Andrés, y Jacobo y Juan, no necesitaron más persuasión para dejar la pesca y seguir a Jesús.

ADAPTACIÓN

Las personas siguen a su líder. Los líderes que los principiantes escojan tendrán mucha influencia en su desarrollo. Ayúdelos a ver a Jesús como un líder al que pueden seguir sin temor, y confiar que no los hará tomar malas decisiones.

Recuerde que usted como maestro es el líder de sus alumnos; por lo tanto déles ejemplo sobre lo que es amar y obedecer a Dios. No olvide que los principiantes piensan de forma literal. Si usted les dice que sigan a Jesús, ellos lo pueden entender literalmente y se preguntarán cómo es posible hacer eso.

Explíqueles que seguir a Jesús significa escoger voluntariamente obedecer sus enseñanzas.

DESARROLLO DE LA LECCIÓN

Introducción

Esta lección es una excelente oportunidad para enseñar a los alumnos lo que significa "seguir a Jesús". La pesca milagrosa encierra algunos aspectos que los principiantes no saben. Uno de ellos es que en aquellos tiempos las redes que se utilizaban para pescar eran muy diferentes a las de hoy. En la actualidad se utiliza el plástico que, aunque es un material delgado es resistente, y además transparente.

En los tiempos bíblicos las redes estaban hechas con un cordón grueso, por eso solo pescaban durante la noche; si lo hacían de día, los peces las distinguían muy bien y casi no pescaban nada.

Otro elemento es el hecho de que los peces se acercaban a la orilla a buscar alimento; así que la orden de Jesús de ir mar adentro y tirar las redes a esa hora del día con el sol alumbrando parecía ilógico. Sin embargo, Simón obedeció diciendo: "Haré como tú lo mandes". En otras versiones dice: "En tu nombre". Utilice estos aspectos como marco para su historia.

DESARROLLO DE LA HISTORIA BÍBLICA

Narre la historia de manera creativa. Si puede lleve una red de pescar, anzuelos, cordeles o fotos de pescadores. Si tiene a su alcance lleve algunos de los elementos que utilizan los pescadores, como un remo, una barca a escala, un salvavidas, etc.

Haga énfasis en los siguientes puntos de la lección:

- ✘ Jesús no era un personaje desconocido para los pescadores, tal vez ya era su amigo, porque Simón obedeció sin reclamarle nada (ya sabemos que este pescador era de carácter fuerte, y si no conocía a Jesús no hubiera obedecido).

- ✘ Las instrucciones de Jesús no eran tan lógicas, sin embargo, Simón obedeció.
- ✘ Al ver el milagro, estos hombres estuvieron dispuestos a dejarlo todo (incluyendo los peces que habían pescado) por seguir a Jesús.

Incluya canciones que se presten al movimiento que tengan relación con la lección. Recuerde distribuir bien el tiempo que le han dado para exponer su clase (incluyendo textos, canciones, trabajos manuales, actividades, etc.). Procure mantener este mismo horario durante toda la unidad. Si puede, planifique por anticipado. Esto lo ayudará a ser más efectivo.

APLICACIÓN A LA VIDA DIARIA

Explique a sus alumnos que seguir a Jesús es obedecer su Palabra; no es como seguir a alguien en la calle. Por el contrario, es un acto de voluntad interna de obedecer la palabra de Dios.

Los principiantes son imitadores y siguen siempre a un líder o amigo. Resalte el hecho de que el mejor líder y amigo de todos es Jesús. Él nunca nos deja ni se equivoca. Podemos acercarnos a su presencia con confianza, sabiendo que nos comprende y que está dispuesto a hacer milagros en nuestra vida. Lo que debemos hacer es lo que hicieron Simón Pedro, Andrés, Jacobo y Juan: estar dispuestos a seguirlo, aunque esto representara dejarlo todo.

ANEXO

¿Quiénes siguen a Jesús?

Entregue a los niños su hoja de trabajo, lápices de colores, marcadores y lápices negros. Pregunte: ¿A qué creen que se refería Jesús cuando les dijo a los pescadores que lo siguieran? (Déles tiempo para que contesten.) Resalte el hecho de que seguir a alguien puede tener diferentes significados. Uno de ellos es hacer lo mismo que la persona hace, desear imitarla en todo.

Utilice la hoja de trabajo para demostrar los diferentes significados de la palabra "seguir". Juegue con los niños a "sigue al líder". El juego consiste en que usted es el líder del grupo. Forme a los niños detrás de usted y marchen alrededor del salón. Mientras los guía, haga movimientos con sus manos y que los niños lo imiten (puede aplaudir, levantar las manos, ponerlas hacia los costados, sacudir sus brazos y manos, agacharse, brincar, marchar, etc.).

Después invite a un alumno para que sea el líder y usted colóquese detrás de él. Luego de algún tiempo, deliberadamente, no siga las acciones del líder y haga algo diferentes de lo que él hace. Algunos niños harán lo que usted hace en lugar de imitar al líder. Cuando esto suceda, siéntelos y discuta lo que pasó. Diga: Cuando yo era el líder, todos (o la mayoría) me seguían y hacían lo mismo que yo. Pero cuando (diga el nombre del niño) fue líder, yo estaba detrás de él (o ella) y no seguí sus movimientos, no fui obediente.

Déle a los alumnos la hoja de trabajo y diga: Cuando Jesús vivió en esta tierra, sus amigos lo podían seguir de dos formas. ¿Cuál era una de ellas? (Podían ir con él de un lugar a otro). ¿Siguen a Jesús las personas de esa manera? (Sí). Pero sus primeros seguidores también lo hicieron de otra forma. ¿Cuál era? (Obedecieron sus enseñanzas, siguieron su ejemplo). ¿Siguen todas las personas de la hoja de trabajo a Jesús de esa manera? Haga que los niños lean por turnos las declaraciones escritas de cada uno de los seguidores, y que decidan quiénes seguían a Jesús de la segunda forma.

Luego pida que coloreen la ropa de los que seguían a Jesús de esa manera (deben colorear a los que digan: "Yo creo en él", "yo voy a hacer lo que él dice", "escuchen, está diciendo la verdad", y "a mí me gusta lo que él dice").

Pregunte: ¿Podemos seguir a Jesús de un lugar a otro así como lo hicieron Pedro, Andrés, Jacobo y Juan? (No, porque él ya no está en persona como estuvo con ellos). Entonces, ¿cómo podemos seguirlo? (Creyendo en él, conociendo su Palabra, siguiendo su ejemplo y obedeciendo sus mandamientos). Repita con los niños San Juan 15:14.

¿Qué van a hacer?

Diga: Pedro, Andrés, Jacobo y Juan dejaron su trabajo de pescadores para seguir a Jesús de un lugar a otro; ellos aprendieron a seguir su ejemplo y obedecer sus enseñanzas.

Hoy los niños y las niñas deben decidir qué le gustaría a Jesús que hicieran en cada situación problemática, por ejemplo las que aparecen en la hoja de trabajo de hoy. Siga las instrucciones de la hoja de trabajo.

Definan lo que está sucediendo en la figura superior (una niña tiró su comida y manchó a otros; unos niños están molestos, otros se están burlando). Pida a sus alumnos que escriban lo que creen que los niños están pensando decir. (Las opiniones pueden ser variadas. Pregunte por qué piensan así). Diga: ¿Creen que esto es lo que Jesús quiere que hagamos? ¿Por qué sí, o por qué no? En la figura de abajo escriban lo que un seguidor de Jesús debería hacer (ayudar a la niña a recoger sus pertenencias y limpiar; hablarle amablemente y animar a los demás a ser atentos con ella).

Mencione que no siempre es fácil seguir a Jesús; en ocasiones no estamos seguros de lo que haremos. Otras veces no queremos ser diferentes a nuestros amigos por miedo a que se enojen con nosotros.

Algunos alumnos tal vez no quieran admitir que han fallado en ser seguidores de Jesús. Comente alguna experiencia en la cual usted falló y no actuó como un seguidor de Jesús. Esto ayudará a los principiantes a saber que en el salón de clases podemos ser honestos.

MEMORIZACIÓN

Dibuje la forma de un pie grande y dentro de la silueta coloque el texto para memorizar. Diga que la figura del pie representa las huellas que dejamos en la arena al caminar por ella, y esto nos recordará que estamos siguiendo a Jesús (puede hacer varias figuras de pies y colocar una palabra del texto en cada silueta). Luego coloque las siluetas en la pared del salón de clase a modo de huellas (el tamaño de los pasos puede ser el de una hoja). Repita el texto con lo principiantes varias veces.

PARA TERMINAR

Ayude a los alumnos a no olvidar lo que deben llevar a su casa (hojas de trabajo, etc.). Agradezca a cada uno por haber asistido a la clase de hoy y anticipe el título de la próxima lección, haciendo una conexión para despertar el interés de los niños en asistir. Finalice con una oración; pregunte si tienen peticiones y ore por ellas.

NOTAS:

LECCIÓN 29

LOS AMIGOS DE JESÚS CONOCEN QUIÉN ES ÉL

ASPECTOS GENERALES

Base bíblica: San Lucas 3:21-22; 7:18-23; 8:40-42, 49-56; 9:28-36
Texto para memorizar: *Ustedes son mis amigos si hacen lo que yo les mando* (San Juan 15:14).
Objetivo de la lección: Esta lección ayudará a los principiantes a saber que Jesús es el Hijo de Dios, y que puede hacer lo que nadie más puede hacer.

PREPARACIÓN DEL MAESTRO

Los cuatro pasajes de San Lucas para la lección de hoy nos muestran las credenciales de Jesús. Dios proclamó que él era su Hijo, demostró su poder con una serie de milagros, y cuando fue bautizado se escuchó la voz del Padre desde los cielos identificándolo como tal.

El ministerio de Jesús probablemente no fue todo lo que Juan esperaba del Mesías. Juan envió a dos de sus seguidores (discípulos) para que le preguntaran si él era el Mesías o debían esperar a otro. Jesús no contestó con un simple sí o no; él dio evidencias de que era el Mesías.

Los discípulos de Juan vieron por sí mismos que Jesús hacía lo que ningún otro podía hacer. Él nunca utilizó los milagros para demostrar que era el Mesías. Sus milagros eran cumplimientos de profecías. Dar vista a los ciegos y liberar a los cautivos era el cumplimiento del rol mesiánico descrito en Isaías 35:56. La predicación del evangelio a los pobres cumplía con la profecía de Isaías 61:1.

San Lucas 8:40-42, 49-56. Esta narración comienza con la súplica de Jairo por su hija. Una vez más, Jesús mostró que podía hacer lo que nadie más hacía. Mientras otros estaban dudando y burlándose, Jesús invitó a los padres de la niña y a sus amigos cercanos (Pedro, Jacobo y Juan) para que presenciaran el milagro de la resurrección de la menor, dando más evidencias de que él era el Hijo de Dios.

San Lucas 9:28-36. En la Transfiguración encontramos de nuevo a los amigos cercanos de Jesús como testigos de un evento importantísimo, quienes escucharon una voz del cielo que lo proclamaba como Hijo de Dios. Abatidos por la tristeza no entendieron en su totalidad lo significativo de lo que acababan de ver.

ADAPTACIÓN

Jesús es muy diferente a todos los hombres. Él es el único que puede proclamar que es el Hijo unigénito de Dios. Sus milagros proveen evidencia de su relación con el Padre. Esta lección ayudará a los principiantes a entender esta relación. Conocer que Jesús es el Hijo de Dios los ayudará a comprender mejor quién es él.

DESARROLLO DE LA LECCIÓN

Introducción

Es muy importante conocer a las personas. Cuando alguien quiere tener una posición en una empresa, lo primero que sus directivos desean saber es quién es la persona que está solicitando el empleo. Si en nuestra casa necesitan a alguien para que cuide los niños, nuestros padres querrán saber quién es esa persona. Si nosotros vamos a entablar una amistad con alguien, es importante saber quién es.

De la misma manera, si queremos desarrollar una amistad con Jesús y queremos confiarle nuestro futuro, debemos saber quién es él.

Los principiantes son muy confiados, a veces están dispuestos a seguir u obedecer a alguna persona aún sin conocerla. Por lo tanto, es importante despertar en ellos su curiosidad por averiguar quiénes son las personas. Dígales que en esta lección aprenderemos quién es Jesús.

DESARROLLO DE LA HISTORIA BÍBLICA

A través de los años la gente ha tenido diferentes opiniones acerca de Jesús. ¿Quién fue él? Para algunos fue un buen maestro, para otros un gran predicador, para otros un farsante. Es importante que resalte los siguientes puntos de la lección:

1. **Jesús es el Hijo de Dios.**
2. **Jesús es el Mesías.**
3. **Jesús es nuestro amigo.**

Recuerde utilizar canciones relacionadas con la lección que su ritmo incentive el movimiento en los niños. Por ejemplo: "Cristo me ama", "Yo tengo un amigo que me ama", "Su nombre es Jesús" (si no los conoce puede incluir otros).

Haga énfasis en que, como amigos de Jesús, debemos saber quién es él para poder contarles a otros niños al respecto.

APLICACIÓN A LA VIDA DIARIA

Pregunte a varios alumnos la relación que tienen con sus mejores amigos. Pídales que mencionen sus nombres, dónde viven, qué es lo que más les gusta hacer con ellos, qué no les gusta de ellos, etc. Utilice este pequeño diálogo para resaltar el hecho de que nosotros tenemos información sobre nuestros amigos.

De la misma manera, los principiantes deben procurar tener información acerca de Jesús si dicen ser amigos de él. Enfatice en que Jesús es el Hijo de Dios y también nuestro amigo. Esta es una buena lección para poder decir a los que no conocen a Jesús que ellos también pueden conocerlo hoy, y llegar a tener una relación personal con él.

Si así lo hacen, guíe a los niños en este importante paso (puede revisar el material de la unidad pasada: "Después que un niño es salvo"; le será de mucha utilidad).

ANEXO

¿Quién es Jesús?

Entregue a cada alumno su hoja de trabajo, así como lápices de colores y marcadores. Centre la atención de ellos en el reportero y la cámara de televisión. Dígales que esas personas están haciendo una entrevista y buscando la respuesta a una pregunta importante: ¿Quién es Jesús? Pregunte a los niños: ¿Por qué creen que esta pregunta es importante? (Señale a cada persona de la ilustración y lea la respuesta de cada uno de ellos; si los alumnos creen que la respuesta es correcta deben colorear el círculo donde está la respuesta y colocar una estrella a la mejor respuesta. Todas las respuestas, con excepción de: "Yo no sé", son en parte verdad, pero la mejor respuesta es "El Hijo de Dios").

Jesús muestra que es el Hijo de Dios

Pida a los niños que busquen las piezas que se deben insertar en esta hoja de trabajo. Necesitarán tijeras y ganchos para papel para cada alumno.

Estas figuras nos recuerdan las señales por las cuales sabemos que Jesús es el Hijo de Dios. Haga que los alumnos sigan las instrucciones y ayúdelos a insertar las piezas de tal manera que la paloma descienda del cielo hacia Jesús. Pida que algunos voluntarios cuenten cada una de las historias que aparecen en la figura. Estas historias sirven como evidencia para saber que Jesús es el Hijo de Dios.

Haga las siguientes preguntas:

- ✘ ¿Qué dijo la voz del cielo (de Dios) cuando Jesús se bautizó, y también cuando ascendió a los cielos? (Este es mi hijo).
- ✘ ¿Por qué esta declaración es importante? (Porque no deja duda en cuanto a que Jesús es el Hijo unigénito de Dios).
- ✘ ¿Por qué creen que era importante que Jesús hiciera esos milagros? (Para que se cumplieran las profecías).

MEMORIZACIÓN

Lleve el texto para memorizar escrito dentro de una silueta de pie (igual a la que usó en la lección anterior, pero más pequeña, de tal manera que cada alumno tenga una). Si puede y tiene los recursos, fórrelas con plástico adhesivo transparente. Se pueden hacer de un tamaño que les permita utilizarlos como llaveros. Diga a los niños que pongan su nombre en la parte de atrás antes de laminarlos. Luego haga un agujero en el extremo del pie donde no están los dedos. Puede colocarles una argolla o una tira de lana. Esto es para que lo puedan colocar en algún lugar visible y recuerden el texto (en el cierre de sus mochilas; colgarlo en la puerta de su guardarropa o en la de su cuarto; o pegarlo en el espejo que utilizan para peinarse todos los días).

Repita el texto con ellos varias veces. Luego pregúnteles lo que significa para ellos (permita que contesten y que expliquen sus respuestas, ya que muchas veces los principiantes son muy cortos de palabras para contestar). Pregunte si ellos creen que Jesús alguna vez les pediría o indicaría que hicieran algo malo o incorrecto.

PARA TERMINAR

Ayude a los principiantes a no olvidar las manualidades que deben llevar a su casa (hojas de trabajo, etc.). Agradezca a cada uno por haber asistido a la clase de hoy; anticipe algo de la siguiente lección, tratando de hacer una conexión y despertando expectativas para que no se la pierdan.

Si hay tiempo canten un coro con ademanes. También repase la lección haciendo preguntas relacionadas con Jesús; así se dará cuenta de cuánta atención prestaron sus alumnos. Concluya con una oración. No se olvide de agradecer a Dios por habernos enviado a Jesús para que fuera nuestro amigo.

LECCIÓN 30

JESÚS ENSEÑA A SUS AMIGOS

ASPECTOS GENERALES

Base bíblica: San Marcos 10:35-45
Texto para memorizar: *Ustedes son mis amigos si hacen lo que yo les mando* (San Juan 15:14).
Objetivo de la lección: A través de esta lección, los principiantes aprenderán a reconocer la grandeza de servir a los demás.

PREPARACIÓN DEL MAESTRO

En los dos capítulos que anteceden a este (8 y 9), se menciona que Jesús trató de preparar a sus discípulos acerca de los problemas que se generarían alrededor de él. Sin embargo, estos, cegados y preocupados por su posición e historia personal, no se dieron cuenta del inminente peligro que se avecinaba.

Jacobo y Juan todavía estaban pensando que el reino de Jesús sería terrenal; no querían perder la oportunidad de tener una posición de poder. Es increíble que, poco tiempo después de la segunda alerta de Jesús en relación al juicio que se aproximaba (San Marcos 9:31), ellos todavía estaban tratando de manipular una posición de poder en el reino venidero de Dios.

Jesús les negó la petición que le hicieron de sentarse a su izquierda y su derecha, porque no alcanzaban a comprender la magnitud de este pedido. En el Comentario Bíblico Beacon, el Dr. Ralph Earle describe la petición de Jacobo y Juan de la siguiente manera: "Mientras Jesús estaba pensando en una cruz, ellos estaban pensando en coronas. La carga de él se topaba con la ceguera de ellos; el sacrificio de él con el egoísmo de ellos. Él solo quería dar, ellos obtener. Su motivación era el servicio, la de ellos la satisfacción personal".

Los celos y ambiciones insanas llevan a la gente a actuar como niños insensatos y caprichosos hasta obtener lo que desean. Jesús no describe la verdadera grandeza en términos de posición y autoridad, sino de servicio. Sus palabras eran concretas cuando dijo que era el Hijo de Dios. Él vino para servir a la humanidad, aun al más insignificante de los seres humanos.

ADAPTACIÓN

Aunque los principiantes ya son más sensibles a las necesidades de los demás, aún tienen mucho de egocentrismo, lo cual es una cualidad de los niños más pequeños que ellos. Pueden ser muy conscientes de lo que a ellos les molesta, pero les pasa desapercibido lo que hacen y molesta a las demás personas.

Todavía es muy difícil para ellos ver desde la perspectiva del otro. Aun así, Jesús dice que la grandeza se basa en el servicio a los demás. Este servicio requiere de cierta habilidad para que nos demos cuenta de las necesidades de los que nos rodean.

Esta lección ayudará a los principiantes a empezar a identificarse con los demás y buscar formas en las cuales pueden servir. Seguir el ejemplo de otros es un método clave para el aprendizaje de los alumnos.

La primera lección de esta unidad habla acerca de seguir a Jesús. El servir a los demás también se aprende a través del ejemplo o siguiendo a un líder servicial. Cuando los principiantes ven a su maestro de escuela dominical, a sus padres, al pastor y otros líderes cristianos sirviendo a los demás, entenderán mejor cómo pueden servir también ellos.

DESARROLLO DE LA LECCIÓN

Introducción

Los principiantes tienen poca habilidad para servir a los demás. Entre ellos es más común la crítica y la burla que el ayudarse mutuamente. En esta lección usted tiene la oportunidad de sentar bases sólidas que ayudarán a desarrollar un carácter cristiano de servicio en la vida de los principiantes.

Ore para que Dios lo ayude al transmitir esta lección, y asegúrese de que sus alumnos la comprendan. Le recomendamos que realice algún ejercicio en relación al servicio (puede ser que ayuden a algún niño a hacer una tarea que no entiende, ya sea en la iglesia o en la escuela; ayudar a su mamá en la casa recogiendo los juguetes; poniendo la basura en su lugar, etc.).

Enfatice en la diferencia que existe entre los valores humanos y los espirituales; nosotros muchas veces valoramos las cosas y a las personas solo desde el punto de vista humano. Pensamos: "según lo que tengas vales". Sin embargo, si tenemos en cuenta los valores espirituales todo cambia. El valor de las personas tiene que ver con su servicio a los demás.

DESARROLLO DE LA HISTORIA BÍBLICA

Inicie preguntando: ¿Qué hace que una persona sea importante? (Si es necesario exprese brevemente a lo que se refiere). Dé tiempo para que sus alumnos contesten.

Continúe con la pregunta: ¿A cuántos de ustedes les gustaría ser importantes y por qué? (Deje que los niños contesten). Usando las respuestas de ellos como parámetro, dígales que la lección de hoy trata precisamente de eso: "Cómo llegar a ser alguien importante en la vida". Si puede, lleve fotos de personas importantes (presidentes, reyes, artistas de cine, políticos, etc.).

Explique que a los ojos del mundo esas personas son importantes pero, ¿por qué? (Permita que respondan).

Luego, dígales que si les preguntamos a estos personajes qué hace importante a una persona, sus respuestas podrían ser variadas. Después mencione: "Quiero presentarles al personaje más importante de toda la historia de la humanidad; es más, este personaje dividió la historia, de tal manera que los años se cuentan retroactivos antes de su nacimiento, y luego progresivos después de él. ¿Saben a quién me refiero?" (Déles tiempo para que respondan).

También responda usted: "Sí, su nombre es Jesús" (coloque una figura del rostro de Jesús sobre todas las otras fotos que llevó. Si no consiguió ninguna, puede poner los títulos en algunas hojas, anotar el nombre de Jesús en otra y poner esta sobre todas las demás). Luego solicite la atención de los niños. Dígales que en esta lección Jesús nos va a decir cómo llegar a ser los más importantes.

Ahora narre la historia bíblica. Procure ser creativo Puede cambiar el tono de voz cuando sea necesario. Procure hablar de forma diferente cuando se trate de otra persona. Haga lo posible por no leer (domine el pasaje bíblico para no cometer errores). Muévase, camine de un lugar a otro y haga movimientos, como si usted fuera el personaje del que está hablando. Que los niños vivan la lección.

APLICACIÓN A LA VIDA DIARIA

Es importante que los principiantes comprendan que como seguidores de Jesús tienen que vivir una vida de servicio. Este no es un concepto muy agradable para ellos, especialmente por el hecho de que durante la mayor parte de su vida han sido atendidos y servidos. Como usted sabe, la costumbre se hace ley, y a esta edad a veces les cuesta un poco entender estos conceptos, debido a que tienen que abandonar su zona de comodidad y arriesgarse inclusive a que los rechacen.

ANEXO

Reflectores para las personas importantes

Entregue a sus alumnos el centro que va en la hoja de trabajo ya recortado; así como tijeras y ganchos para papel.

Haga que coloquen el centro de la hoja de trabajo, y que luego lo hagan girar y enfoquen las cuatro diferentes situaciones de la hoja. Permita que algunos voluntarios digan lo que creen que está sucediendo en las ilustraciones.

Pregunte: ¿Las personas que hay en las figuras son importantes? ¿Por qué sí o por qué no? Anime a los niños a que participen y le digan lo que ven en cada situación, y qué les hace pensar que esa persona es o no alguien importante.

Explique: Cuando no conocemos a una persona, podemos darnos cuenta si esa persona es importante solo por ver lo que tiene: un automóvil lujoso, casas, joyas, buena ropa, etc. En la historia bíblica de hoy Jesús habla acerca de la verdadera grandeza.

Si quieres ser importante

Pida a los niños que corten las dos ruedas. La rueda que tiene la figura de Jesús va al frente, la que tiene las letras va detrás. También que corten los cuadros para que aparezca el diálogo de la hoja de abajo. Luego, que pongan el gancho en medio de las ruedas, y que la den vuelta para leer las declaraciones. Use este trabajo para repasar los puntos de la lección.

Premio al servicio

En la sección recortable del libro del alumno encontrará dos distintivos. Pida a los niños que los recorten y peguen sobre cartulina. Luego pregunte quiénes hicieron algo especial por otra persona durante la semana. Dígales que cuenten lo que hicieron (Por ejemplo: ayudar a mamá, secar los cubiertos, etc.). Coloque un distintivo en el pecho de los niños que ayudaron a otra persona

Tarjeta: ¡Algo especial para alguien especial!

Pida a los niños que piensen en dos personas especiales que no sean sus padres o hermanos. Luego indíqueles que recorten las tarjetas de la lección recortable y que las regalen a las personas especiales que pensaron. Solicite que cuenten a la clase por qué esas personas son especiales.

MEMORIZACIÓN

Escriba el texto en la pizarra (o llévelo escrito en hojas, colocando una palabra por hoja). Luego que escribió el texto completo (incluyendo la cita), pida a los alumnos que lo repitan. Invite a un voluntario a pasar al frente, que borre o quite una de las palabras y que todos repitan el texto incluyendo la palabra que falta. Después, que pase a otro y haga lo mismo. Continúe así hasta que hayan borrado o quitado todas las palabras. Si puede premie a los principiantes que lo hayan memorizado. Recuerde que los niños se estimulan cuando se los premia. Si usted lo desea, puede incluir el texto de la unidad pasada como forma de repaso. Enfatice sobre la importancia de aprender textos de la Biblia de memoria..

PARA TERMINAR

Ayude a los principiantes a no olvidar lo que deben llevar a su casa (hojas de trabajo, etc.). Agradezca a cada uno por haber asistido a la clase de hoy; anticipe algo de la siguiente lección, tratando de hacer una conexión y despertando el interés para que no falten. Pueden entonar un coro realizando movimiento o repasar la lección.

No olvide elevar una oración antes de salir del salón de clases. Hacer esto es muy importante porque los niños no solo aprenderán a orar, sino que lo verán como una parte esencial en su vida.

NOTAS:

LECCIÓN 31

JESÚS MUESTRA SU AMOR POR SUS AMIGOS

ASPECTOS GENERALES

Base bíblica: San Juan 21:1-17

Texto para memorizar: *Ustedes son mis amigos si hacen lo que yo les mando* (San Juan 15:14, *NVI*).

Objetivo de la lección: Que los principiantes sepan que Jesucristo nunca deja de amarnos.

PREPARACIÓN DEL MAESTRO

El capítulo 21 de San Juan muestra el profundo amor de Jesús por sus discípulos. Y también cómo ellos respondieron a este amor. Al principio de la historia los vemos regresando de Galilea para ir a pescar. Es probable que estuvieran buscando escapar del cuestionamiento y la crítica de la multitud en Jerusalén; o que hubieran regresado porque Jesús les pidió que fueran a Galilea y lo esperaran allí (San Mateo 28:7).

Otra razón podría ser que estuvieran desanimados por la muerte de su Maestro. Se sentían confundidos y decepcionados y habían decidido regresar a su antigua ocupación de pescadores. Cualquiera sea el caso, sus vidas estaban en medio de una tormenta emocional; su futuro se veía incierto y no sabían qué hacer.

Evidentemente, Pedro aún tenía un gran peso de culpa por haber negado a Jesús. Así que los discípulos regresaron a la pesca, al mismo lugar donde el Maestro los había encontrado y llamado a seguirlo.

La pesca milagrosa en San Juan 21:17 es paralelo al de la pesca milagrosa cuando Jesús llamó a sus discípulos a que lo siguieran (San Lucas 5:4-7). En las dos ocasiones habían estado pescando toda la noche sin poder atrapar nada (San Lucas 5:5; San Juan 21:3), y en ambas Jesús les pidió que tomaran sus redes y pescaran una vez más. Ambas veces las redes se llenaron de peces.

La repetición de milagros similares fue una clave para Juan el Bautista, porque pudo reconocer a Jesús.

En los versículos 15 al 17 Jesús le hizo a Pedro la misma pregunta tres veces: "¿Me amas?" También él lo había negado tres veces. Ahora, alrededor del fuego preparado por el Señor que lo amaba, Pedro tuvo que afirmar su amor por Jesús tres veces.

ADAPTACIÓN

La respuesta apropiada ante el amor que Dios nos muestra en Cristo es amarlo a él también. El amor de Jesús por sus discípulos y por nosotros no es un simple sentimiento. A ellos les demostró un amor poderoso que podía confrontarlos cuando hacían algo incorrecto, pero más fuerte para perdonarlos. Jesús no se dio por vencido con sus discípulos, aun cuando ellos le habían fallado en la prueba más grande que habían enfrentado hasta el momento.

Los principiantes conocen sus propios fracasos, y necesitan saber que Dios no se da por vencido con ellos. Así como Jesús amó, confrontó y perdonó a sus discípulos, de la misma manera no se rendirá cuando se trate de nosotros. Ese amor y compromiso del Señor nos inspira para que nosotros también lo amemos y nos comprometamos con él.

DESARROLLO DE LA LECCIÓN

Introducción

Los principiantes son muy condicionales para demostrar amor; solo se lo demostrarán a la persona que creen se lo ha ganado. Pero si esa persona les hace algo que los lastima o no les gusta, dejan de amarla. Por ello, esta lección los ayudará a conocer la manera en que Jesús nos ama,con un amor que no está condicionado por nuestra forma de amarlo a él.

DESARROLLO DE LA HISTORIA BÍBLICA

Enfatice el amor de Jesús por sus discípulos; un amor que no se rindió ante la negación de Pedro ni ante el aparente abandono de ellos. Explique lo parecido entre los milagros de la pesca cuando Jesús llamó a sus discípulos y cuando él los busca (lección 28). Los había llamado para que fueran pescadores de hombres, pero aquí están nuevamente pescando.

Resalte el punto de que Jesús no les reclamó ni los reprendió, sino por el contrario, vemos en él una gran ternura y amor por ellos. Preparándoles el fuego para que se secaran y comieran, vemos a un Jesús servicial (lección 30). Pregunte: ¿Qué hubieran hecho ustedes si les dejan encomendado a un grupo de amigos que hagan algo, y al regresar encuentran que han abandonado la tarea? (Permita que respondan).

Explíqueles que la forma en que Jesús responde nos deja asombrados. Él muestra amor hacia sus amigos. Recuerde incluir en su clase canciones que se presten al movimiento. Para esta lección puede volver a cantar: "Cristo me ama, la Biblia dice así".

Si utiliza este canción, prepare algunos visuales, como una silueta grande con forma de corazón (preferentemente rojo). Dentro de esa silueta escriba la primera frase de la canción: "Cristo me ama", la cual se repite tres veces.

Después haga la silueta de la Biblia (puede estar cerrada o abierta) y dentro de esta escriba la continuación del coro: "La Biblia dice así". Esta frase solo se repite una vez. Pida a dos voluntarios para que sostengan las siluetas mientras cantan.

APLICACIÓN A LA VIDA DIARIA

¡Qué gran lección pueden aprender los principiantes en la historia de hoy! Ellos necesitan aprender a perdonar, ser tolerantes, ser pacientes y mostrar amor hacia las personas que les fallan, tal como Jesús lo mostró. Pero a veces sucede todo lo contrario, son exigentes, impacientes, no les gusta perdonar, y si alguien les cae mal sencillamente ponen una barrera ante dicha persona.

San Juan 21:16

Para esta actividad necesitará las piezas para insertar en la hoja de trabajo, tijeras y pegamento. El versículo de esta hoja de trabajo proviene de la historia bíblica de hoy. Lea el versículo de su Biblia y explique lo que significa. (La Biblia muchas veces se refiere a las personas como ovejas; Jesús le dijo a Pedro que cuidara y amara a la gente tal como un pastor cuida y ama a sus ovejas). Haga que los niños recorten y peguen las piezas de la hoja de trabajo; tenga cuidado de que lo hagan correctamente. Cuando hayan terminado, repitan juntos el texto.

ANEXO

MEMORIZACIÓN

Utilizando el texto que hizo al principio de la unidad, repáselo con los niños. Por ser esta la última lección, haga énfasis en que todos lo aprendan. Si aún le queda tiempo, pida a cada niños que lo repita. Si usted cree que un versículo es fácil de aprender puede utilizar dos textos por unidad, o uno por semana. Si hace esto asegúrese de que tenga relación con la lección.

Jesús muestra su amor

Entregue a sus alumnos la hoja de trabajo, lápices de colores y marcadores. Pregúnteles qué objetos faltan en ese dibujo: la red llena de peces, pescados en la canasta del discípulo, pescado en la fogata de Jesús, panes en la canasta que está junto a Jesús (déles tiempo para que dibujen los elementos que faltan).

Pregunte: ¿Cómo muestra Jesús su amor por sus discípulos a través de los objetos que dibujaste? (Jesús vino a buscarlos, aun cuando ellos lo habían abandonado y negado anteriormente. Él los ayudó a que pescaran y les preparó el desayuno. No estaba enojado con ellos, sino por el contrario, perdonó a Pedro por haberlo negado). ¿Cómo respondieron los discípulos al amor de Dios? (Estaban felices de verlo; Pedro le dijo tres veces a Jesús que lo amaba).

PARA TERMINAR

Ayude a los principiantes a no olvidar lo que deben llevar a su casa (hojas de trabajo, etc.). Agradezca a cada uno por haber asistido a la clase de hoy. Haga un pequeño repaso de la unidad. Anticipe algo de la siguiente unidad o lección, tratando de hacer una conexión y despertando el interés para que no falten.

Si hizo los textos de los pasos (lección 28) en forma individual y aún los tiene en el salón, déle uno a cada niño para que lo lleven a su casa. El material visual que le quedó le puede servir para premiar a los alumnos, ya sea por buena puntualidad, asistencia, buen comportamiento, colaboración en clase, etc.

Finalice con una oración. Agradezca a Dios por el amigo maravilloso que tenemos en Jesús. Pídale que ayude a los niños a seguirlo, y que puedan reconocer quién es él. Que lo puedan servir y amar como el Señor lo hace por todas las personas.

NOTAS:

Año 1 Unidad VII

DIOS, EL PADRE

Bases bíblicas: Éxodo 19; Levítico 19:1-4; Oseas 1:1-2; 6:1-3; 14:1-2; San Lucas 15:11-24; San Juan 14:1-27; Hechos 2:1-4
Texto de la unidad: *Porque tú, Señor, eres bueno y perdonador, grande en misericordia para con todos los que te invocan* (Salmos 86:5).

PROPÓSITOS DE LA UNIDAD

Esta unidad ayudará a los principiantes a:

- ✘ Decir cómo es Dios, el Padre.
- ✘ Saber que Dios es fiel y santo; y que nos trata mejor de lo que merecemos.
- ✘ Confiar en que Dios es fiel a todas sus promesas porque nos ama, aun cuando nosotros muchas veces le fallamos.
- ✘ Experimentar el amor de Dios en sus vidas. Que sepan buscarlo cuando cometan algún error para pedirle perdón.
- ✘ Comenzar a entender que la Trinidad es la unidad de tres personas en un solo Dios.
- ✘ Saber que Dios siempre está con nosotros a través del Espíritu Santo.

LECCIONES DE LA UNIDAD

Lección 32: Dios es santo
Lección 33: Dios es fiel
Lección 34: Dios es amor
Lección 35: Dios siempre está con nosotros

POR QUÉ LOS PRINCIPIANTES NECESITAN ESTA UNIDAD

Los niños casi siempre confunden a Dios, a Jesús y al Espíritu Santo; pero no solo ellos, sino que algunos adultos también. La doctrina de la Trinidad es importante y esencial en la vida de todo cristiano. Dios en tres personas, pero siendo un solo Dios. Este es un concepto difícil de entender, pero la iglesia lo reconoce como verdad y fundamento de la fe cristiana.

Esta unidad introduce a los principiantes en este misterio: La Trinidad, enfocando la atención de ellos en Dios el Padre. Como ya se mencionó, este es un concepto difícil de explicar y entender para la mayoría de los cristianos. Sin embargo, es de suma importancia que los niños empiecen a entender cómo el Padre, Jesucristo y el Espíritu Santo se relacionan uno con otro.

Sabiendo que Dios el Padre es santo, fiel y amoroso, y que siempre está con nosotros a través del Espíritu Santo para ayudarnos, ello debe darnos un sentimiento de seguridad. Esta seguridad ayudará a los principiantes a estimular su amor y fe para con Dios.

La fidelidad es una cualidad que los alumnos necesitan aprender de Dios; aunque tal vez ellos ya tengan algún concepto de lo que esto significa.

A través del estudio de estas lecciones, los principiantes sabrán que cuando no actúan bien lastiman el corazón de Dios y afectan su relación con él.

LECCIÓN 32

DIOS ES SANTO

ASPECTOS GENERALES

Base bíblica: Éxodo 19; Levítico 19:1-4
Texto para memorizar: ***Porque** tú, Señor, eres bueno y perdonador, y grande en misericordia para con todos los que te invocan* (Salmos 86:5*)*.
Objetivo de la lección: Esta lección ayudará a los principiantes a saber que Dios es Santo.

PREPARACIÓN DEL MAESTRO

Dios es Santo, y por lo tanto nos llama a ser como él es. Quiere una nación santa que le brinde honor por sobre todas las cosas. En Éxodo 19 el Señor se está preparando para establecer un pacto con su pueblo, como una nación santa: "Ustedes serán para mí un reino de sacerdotes y una nación santa. Comunícales todo esto a los israelitas" (v. 6, *NVI*).

Ser santo significa estar o ser separado, apartado, vivir vidas que reflejen la verdadera naturaleza de Dios. La esencia de la santidad, tal como la encontramos en la Biblia, es que seamos conforme al carácter de Dios.

En el monte Sinaí Dios hizo un pacto con la nación de Israel. La parte que le tocó al Señor en ese pacto se pudo ver en los hechos que él realizó, que fueron el clímax, cuando los liberó de Egipto. La parte que le correspondía al pueblo era brindarle a él devoción total y obediencia a sus mandamientos. El resultado sería: una nación santa.

La nube, el humo y el fuego eran señales visibles de la presencia y protección divinas. Israel respondió a Dios declarando: "Cumpliremos con todo lo que el Señor nos ha ordenado" (v. 8, *NVI)*. Ellos tenían la libertad de rechazar la proposición del Señor, pero eligieron ser obedientes. Dios nunca obliga a nadie a que haga pacto con él. Sin embargo, crea una atmósfera que motive al ser humano para una respuesta positiva.

El pueblo había pasado a través de una preparación intensiva para poder estar con Dios en el monte Sinaí. Su preparación tomó forma de lección objetiva, lo cual los llevó a comprender la pureza del Señor. Todas esas regulaciones estuvieron allí para enseñarle al pueblo la necesidad de santidad, devoción total y obediencia absoluta que Dios solicitaba.

Permitió que vivieran esa experiencia para crear en el pueblo una profunda reverencia hacia Dios e inspirarlos a que obedecieran completamente sus mandamientos.

Levíticos 19:1-4. Este pasaje es parte de una larga sección, referida en general como un código de santidad. Este código daba indicaciones al pueblo acerca de cómo llevar una vida santa en su diario vivir. La palabra "santidad" es la palabra clave de este libro: (1) Dios es la fuente de toda santidad (vv. 1-2). (2) Dios es la medida de la santidad (v. 2). (3) Santidad es separación de la maldad y unión con Dios (vv. 3-4).

ADAPTACIÓN

Esta unidad (Dios el Padre) ayudará a los principiantes a que comiencen a entender cómo es Dios. En la lección de hoy aprenderán acerca de la santidad de Dios. Eso significa que él es perfecto, puro, sin pecado y sin ninguna clase o forma de maldad.

Dennis Kinlaw dice: "La santidad no debe ser considerada simplemente como otra cualidad o atributo de Dios. Si se la ve como atributo, debe ser considerada como el atributo de los atributos. Pero en realidad es la esencia misma del carácter de Dios, que determina la naturaleza de sus atributos. La santidad de Dios nos habla de la diferencia que existe entre él y su creación en términos de su trascendencia, majestad, perfección moral, ética y amor soberano".

Es importante saber que Dios es un Dios de amor santo. Esto nos ayudará a borrar la idea común de que él solo está esperando que nos equivoquemos para castigarnos. Los principiantes no deben tener la impresión de que es imposible agradar al Señor. Y él llamó a su pueblo a vivir vidas santas.

Vivir una vida santa es una opción que Dios nos presenta a todos para que la pongamos en práctica. Nos da de su gracia para que seamos santos así como él es santo. ¡Esta es una promesa emocionante, no una demanda irrazonable!

DESARROLLO DE LA LECCIÓN

Introducción

Es importante que los alumnos desarrollen un concepto adecuado de Dios a esta temprana edad. Y para eso es muy necesario que comprendan la santidad del Señor. No podemos pensar en Dios el Padre sin ligarlo con su santidad. Este puede ser un concepto nuevo para algunos de los principiantes; otros quizá ya lo hayan escuchado antes; tal vez algunos otros tengan un concepto o idea equivocada de lo que es la santidad.

Por lo tanto, es importante que usted, como maestro, se prepare especialmente para este tema. Recuerde que está forjando la base de la vida espiritual de sus alumnos. No tome esta tarea a la ligera. No solo está cubriendo un programa de escuela dominical, ni la clase es para entretener a los niños; está formando vidas y preparándolas para la eternidad. Tome con seriedad su labor; doble sus rodillas y hable con Dios para que lo ayude.

DESARROLLO DE LA HISTORIA BÍBLICA

Al exponer la lección hay que tener especial cuidado con el vocabulario que se utiliza. Tal vez haya alumnos nuevos. También recuerde que aunque los alumnos ya tengan un buen tiempo de asistir a la iglesia eso no significa que entienden bien los conceptos religiosos. Si utiliza palabras con simbolismo o conceptos religiosos, explique ampliamente su significado.

Explique el concepto de la palabra "santidad". Que sus alumnos comprendan que es la esencia misma de Dios. No es que él pueda llegar a serlo, o tenga la capacidad de serlo, sino que la misma Biblia lo dice: Dios es santo.

Explique a los principiantes que la santidad no es una opción, un adorno o una oportunidad, es un mandato, un requerimiento. La Biblia dice que "sin santidad nadie verá al Señor".

Deje claro el concepto de santidad. Si tiene dudas al respecto no vacile en hablar con su pastor. Estos son conceptos que deben quedarles claros a sus alumnos; una mala explicación o falta de claridad en su clase puede afectarlos en la forma de entender a Dios. Por lo tanto, es importante que se prepare muy bien para exponer este tema.

No olvide incluir canciones en su lección de hoy. Si usted lo desea pueden entonar el himno: "Santo, Santo, Santo, Señor omnipotente", o algún otro que tengan relación con la lección. Recuerde incluir movimientos a los cantos.

APLICACIÓN A LA VIDA DIARIA

Los principiantes aún no tienen un concepto claro en cuanto a la santidad y sus implicaciones. Dígales que esta tiene que ver con la forma en que se comportan en la vida. Que Dios está interesado en una santidad práctica, no una santidad de conceptos. No es cuánto saben sobre la santidad, sino cuánto de ella se aplica en la vida diaria.

Explíqueles que si Dios pide que seamos santos es porque tenemos la capacidad para serlo y la ayuda de Dios para cumplirlo. Dé algunos ejemplos prácticos para acentuar la enseñanza.

ANEXO

Rompecabezas misterioso

Entregue la hoja de trabajo a los niños, así como tijeras y cinta adhesiva. Si puede consiga sobres para que guarden las piezas de este rompecabezas. Déles tiempo para que recorten las piezas del mismo. Luego que escojan las palabras que describen a Dios y que las peguen juntas. Cuando las hayan pegado, que volteen el rompecabezas y traten de encontrar el mensaje secreto.

Hágales notar que si no colocan bien las piezas de enfrente el mensaje de atrás no se podrá leer claramente. Diga: "Porque Dios es Santo, él quiere que nosotros también seamos santos". Lea el pasaje de Levítico 19:1-4. Cuando finalice diga: "Según este pasaje bíblico, ¿qué espera Dios de la gente santa? (Que respeten a sus padres, que respeten el día de descanso asistiendo al templo para alabar a Dios, que no alaben a otros dioses, que amen y obedezcan a Dios). ¿Qué pueden hacer ustedes hoy para mostrar que honran y obedecen a Dios? (Todo lo ya mencionado).

Entregue a sus alumnos el sobre para que guarden las piezas del rompecabezas. Dígales que pueden enseñarlo a sus familiares o compañeros de clase en la escuela.

MEMORIZACIÓN

Para esta lección puede hacer un tren. En la locomotora coloque la cita bíblica, y en cada uno de los vagones ponga una palabra del texto (los vagones y la locomotora pueden ser del tamaño de una hoja).

Una vez que esté terminado, coloque este tren en una pared del salón de clases o en el pizarrón (no fije el papel con pegamento porque no podrá moverlo; pegue las piezas por la parte de atrás con cinta adhesiva doblada). Ponga el tren en orden y que repitan todo el texto. Después dé vuelta algunos de los vagones y que lo vuelvan a repetir, incluyendo las palabras que están ocultas. Siga este procedimiento hasta que todos los vagones estén dados vuelta.

PARA TERMINAR

Recuerde a sus principiantes a no olvidar todo lo que deben llevar a su casa (hojas de trabajo, etc.). Agradezca a cada uno por haber asistido. Haga un pequeño repaso de la clase. Anticipe algo de la siguiente lección, tratando de hacer una conexión y despertando el interés para que no falten a la próxima clase.

Finalice con una oración. Pida que los niños hagan un círculo y se tomen de la mano. Pregunte si tienen pedidos de oración e inclúyalos.

LECCIÓN 33

DIOS ES FIEL

ASPECTOS GENERALES

Base bíblica: Oseas 1:1-2; 3:1-2; 4:1-19; 6:1-3; 11:1-4; 14:1-2
Texto para memorizar: *Porque tú, Señor, eres bueno y perdonador; grande en misericordia para con todos los que te invocan* (Salmos 86:5).
Objetivo de la lección: Que los principiantes sepan que Dios es fiel a todas sus promesas porque nos ama aun cuando nosotros muchas veces le somos infieles.

PREPARACIÓN DEL MAESTRO

Para entender mejor el mensaje del libro de Oseas debemos conocer las circunstancias de su tiempo.

Política y económicamente, las naciones de Israel y Judá estaban viviendo una época de prosperidad. Ambas tenían reinos muy estables y podían vislumbrar el futuro con optimismo

Sin embargo, Israel se encontraba atravesando un tiempo de fracaso moral y espiritual. Habían mezclado o combinado la adoración de Baal con la adoración al verdadero Dios. La alabanza a este ídolo pagano (un dios cananita) diluyó la alabanza del pueblo a Jehová.

Dios utilizó ese momento para revelarse a sí mismo. Este es el caso de Oseas. A través de él y su experiencia podemos ver señales de cómo es el amor de Dios hacia el ser humano. La teología del amor de este prepara el camino para la teología de amor del Nuevo Testamento.

Oseas es el primer libro de los profetas menores. El mensaje a Israel, el pronunciamiento de la venganza de Dios para un pueblo débil y adúltero se templa con la promesa de la misericordia del Señor. Este profeta denuncia la idolatría de Israel, predice el juicio de Dios a través de la cautividad y deportación y proclama el final de la cautividad. También habla de la corrupción total de esa nación.

Dios dirige a Oseas para darle a Israel un ejemplo contemporáneo de amor y fidelidad. Este obedece al mandato y se casa con una mujer adúltera.

Como una futura demostración de amor y fidelidad, Dios instruye a Oseas para que compre a su esposa de nuevo (3:1-2). Obedecer a Dios requería no solo de un corazón amoroso, sino también de un acto amoroso. Oseas pagó el precio de un esclavo para tener a su esposa de regreso. Ese es un amor redentor.

Oseas deja de lado su tragedia personal para lidiar con las implicaciones que esto tenía con Israel como nación (4:1-19). Este profeta pudo ver la fatal naturaleza de la corrupción del pueblo, por eso trata de persuadirlos para que se arrepientan y sean salvos. También les anuncia que no escaparán de su terrible final.

Trayendo el tema del amor de un padre hacia su hijo, en lugar del amor de un esposo a su esposa, Oseas resalta el amor de Dios como de un Padre llamando a su hijo (Israel), quien se había alejado tras un dios falso, invitándolo a que regresara a él (11:1-4).

Oseas 6:1-3 y 14:1-2. Estos dos pasajes son un llamado al arrepentimiento. Si el hijo que se fue regresa arrepentido, Dios perdona sus pecados y lo vuelve a restaurar a su posición. Todo este libro tiene profundas implicaciones para nuestra relación personal con Dios. Nos desafía a confrontar falsos dioses personales y pensar en el juicio de Dios por no cumplir con los pactos hechos en el monte Sinaí y en el monte Calvario a través de la sangre de Cristo.

Nosotros, a pesar de que hemos recibido el amor incomparable de Dios a través de su Hijo Jesucristo, a menudo somos discípulos infieles. Se nos desafía en nuestra relación con las personas a amar a los que nos hacen daño y nos tratan mal. Dios es fiel y nos trata mejor de lo que merecemos.

ADAPTACIÓN

¿Qué entienden los principiantes por "fidelidad"? Quizá no mucho. Definir esta palabra es un aspecto clave de esta lección. ¿Por qué Dios es fiel con el ser humano? Porque lo ama sin condiciones, aun sin merecerlo. Su amor es tan fuerte y profundo que nadie puede comprenderlo.

Ayude a los principiantes a comprender que el amor de Dios es constante, confiable y fiel. Él nos trata mejor de lo que merecemos.

DESARROLLO DE LA LECCIÓN

Introducción

La fidelidad es una cualidad que los alumnos necesitan aprender de Dios —aunque tal vez ellos ya tengan algún concepto de lo que ella significa. Algunos la experimentan, de alguna manera, a través de las amistades.

DESARROLLO DE LA HISTORIA BÍBLICA

Asegúrese de que los niños hayan captado el significado de la fidelidad. Es probable que ellos hayan escuchado esta palabra en diferentes aplicaciones; por ejemplo a veces se utiliza para hablar del sonido (de alta fidelidad). Otras veces se usa para hablar de los esposos (si los dos son fieles). Y a veces para definir relaciones interpersonales (si son amigos fieles o no).

Le recomendamos buscar la definición en varios diccionarios, incluyendo uno bíblico. Prepárese bien para explicar esa cualidad, que al igual que la santidad nace en Dios; siendo él el ejemplo más exacto y grandioso de fidelidad en todas sus manifestaciones.

APLICACIÓN A LA VIDA DIARIA

Los principiantes necesitan aprender que nuestra respuesta a la fidelidad de Dios debe ser de gratitud. Invítelos a que tomen su ejemplo.

ANEXO

¿Qué es lo que estas personas merecen?

Entregue la hoja de trabajo a sus alumnos, así como también cartulina y marcadores. Antes de iniciar la clase escriba la palabra "fiel" sobre una cartulina. En la parte de atrás escriba la frase: "Dios siempre cumple sus promesas, aun cuando la gente no cumple lo que le promete a él".

En esta actividad permita que los alumnos describan lo que ven en cada figura. Que luego digan lo que merecen los niños que allí aparecen. Pregunte: ¿Merecen ser castigados? Los niños van a tener diferentes opiniones al respecto. Ayúdelos a encontrar las diferentes posibilidades para cada situación. La de los niños con el bate puede ser peor, porque tal vez ya les habían prohibido jugar en ese lugar para que no rompieran la ventana. El avión pudo ser roto a propósito.

Hable de la última figura (Jesús perdonando a Pedro después de que este lo negó tres veces). Pregunte: ¿Merecía Pedro que Dios lo perdone? (No, Jesús lo perdonó porque lo amaba y Pedro ya se había arrepentido de lo que había hecho).

Pregunte: Si Dios es santo y no admite el pecado, ¿por qué no destruye a la gente que peca? (Permítales que ellos respondan). Luego muestre la hoja con la palabra "fiel" que preparó de antemano, y usted también dé la respuesta: Porque Dios es santo también es fiel (muestre el otro lado de la hoja). Diga: Dios siempre cumple lo que promete, aunque nosotros seamos infieles.

Dios es fiel

Pregunte: ¿Qué nos dice esta hoja de trabajo acerca de Dios? (Que es fiel). ¿Cómo sabemos que es fiel? (Porque la Biblia nos da ejemplos de su fidelidad). Permita que los niños coloreen sus hojas de trabajo. Ayúdelos a doblar las escaleras. Diga que estos son los pasos que todos (incluyéndolos a ellos) deben dar para llegar a ser hijos de Dios.

Explique que ser hijo de Dios es ser cristiano y seguidor de él; es formar parte de su gran familia y tener la capacidad de amar y perdonar. Diga que cuando damos cada uno de estos pasos podemos estar seguros de que Dios es fiel, que nos perdona y nos da la bienvenida a su familia.

MEMORIZACIÓN

Al igual que en la lección anterior, haga unos moldes de vagones de tren; solo que esta vez hágalos más pequeños. Dentro de cada uno coloque el versículo para memorizar y déle uno a cada alumno. Luego, utilizando el molde grande que hizo para la pared, repitan el texto todos juntos.

PARA TERMINAR

Antes de salir fíjese que no se olviden lo que tienen que llevar a sus casas. Para la oración final, formen un círculo tomados todos de la mano; usted empiece a orar y que los niños repitan la oración.

NOTAS:

LECCIÓN 34

DIOS ES AMOR

ASPECTOS GENERALES

Base bíblica: San Lucas 15:11-24
Texto para memorizar: *Porque tú, Señor, eres bueno y perdonador, grande en misericordia para con todos los que te invocan* (Salmos 86:5*)*.
Objetivo de la lección: Que los alumnos experimenten el amor de Dios en sus vidas; que sepan buscarlo cuando cometan algún error para pedir perdón.

PREPARACIÓN DEL MAESTRO

Jesús contó la historia del hijo pródigo en los últimos seis o siete meses de su vida. Se encontraba en Perea, en el lado este del río Jordán. Estaba viajando a Jerusalén por última vez.

Algunas de las historias más amadas y conocidas de la vida de Jesús se encuentran en este libro de San Lucas (El hombre rico y Lázaro, el hijo pródigo, el buen samaritano y la de Zaqueo).

El capítulo 1 contiene parábolas acerca de tres pérdidas: una oveja, una moneda y un hijo. Las primeras dos tienen que ver con valores temporales (la oveja y la moneda perdidas); y la última con personas (el hijo pródigo). Pero todas tienen un valor eterno.

Jesús está contrastando el amor inclusivo de Dios con parábolas exclusivas (para que no todos las entendieran). Las leyes judías establecían la forma en que un padre debía repartir su herencia. El hijo mayor recibía una doble porción. No era común dividir la herencia antes de que el padre muriera, y menos aun que el menor la solicitara (lo cual se consideraba una falta de respeto hacia el padre).

En esta parábola el hijo menor dejó su país para irse a otro muy distante (tal vez fuera de las fronteras de Israel). Lo intenso de la desesperación de este joven se hace sentir en el hecho de que acepta trabajar como cuidador de cerdos; este trabajo era indigno para un judío.

La palabra "pródigo" significa, cuando se habla de una persona, que desperdicia y consume su hacienda en gastos inútiles, sin medida ni razón. O sea, un "malgastador" o "disipador". En esta historia el hijo fue pródigo en el uso de la herencia.

Cuando vuelve a su padre, este le pone un manto (el manto era una señal de honor, como la que se le da a un invitado especial). También le regala un anillo (el cual significaba autoridad). Y le pone calzado en sus pies (como señal de restauración de su posición de hijo; los esclavos y los sirvientes no usaban zapatos).

Cada detalle es una señal de la restauración a su posición anterior y su aceptación como hijo nuevamente. Los esclavos eran parte de la familia, los asalariados o jornaleros se contrataban solo por un día y se los podía despedir sin notificación alguna. Este hijo pródigo no estaba pidiendo su restauración a su posición anterior en la familia; estaba satisfecho aun si se le permitía tener la precaria posición de un jornalero.

"Muerto" y "vivo" son palabras que tienen implicaciones espirituales para el estado individual de las personas, antes y después de una conversión cristiana. "Perdido" y "encontrado" tienen implicaciones de búsqueda.

Fue el amor del padre lo que influenció a este joven a dar cada paso necesario para regresar. Este amor estuvo presente desde que el joven "volviendo en sí" se acordó de su padre, y fue lo primero que pensó: en volver. El amor de Dios sigue buscando a los pecadores hoy.

ADAPTACIÓN

Los principiantes necesitan saber que hay alguien que los ama, sin importar lo que hagan. Ellos saben cuándo han actuado mal. En esta lección aprenderán que cuando no actúan bien lastiman el corazón de Dios y afectan su relación con él. Por eso, deben arrepentirse y confesar su pecado al Señor.

Jesús contó esta historia para destacar el amor de Dios y su preocupación por cada área de nuestra vida. Muchos principiantes tienen un padre amoroso y pueden encontrar una buena relación con esta parábola. Como maestro, esté alerta para identificar a los niños que no tienen padres, y los que sí los tienen pero no son amorosos con ellos. En esta lección resalte cómo nuestro Padre Celestial es con nosotros.

Los alumnos tienen temor a perderse; la mayoría de alguna forma se ha perdido. O están alejados de sus padres (esos momentos de separación han causado miedo en ambos, padres e hijos). Si nunca se ha perdido ninguno, al menos saben de los peligros que ello representa.

Ayúdelos a cambiar este temor y dolor que les ocasionó el haberse perdido por el gozo que viene al ser encontrados, a fin de que puedan comprender mejor lo que es el amor de Dios.

DESARROLLO DE LA LECCIÓN

Introducción

Los principiantes saben distinguir cuando una persona los ama. Usted como maestro debe mostrarles amor; de lo contrario, ellos no querrán estar en su clase. Es importante que a esta edad empiecen a comprender las implicaciones espirituales que tiene el amor de Dios.

El amor de Dios demanda una respuesta. A través de la historia de hoy ellos podrán comprender que esta clase de amor conlleva que tomemos decisiones y realicemos acciones, como respuesta a ese amor del Señor. Lea San Juan 3:16 para reforzar el tema del amor sacrificial que Dios muestra por el hombre.

DESARROLLO DE LA HISTORIA BÍBLICA

No se olvide de incluir cantos en su clase. Para esta lección puede cantar: "Cristo me ama". Puede sustituir el nombre de "Cristo" por el de "Dios". Recuerde que los cantos deben incluir movimientos (si lo desea puede escribir este canto dentro de una silueta en forma de corazón, escriba de ambos lados).

En la lección de hoy resalte el concepto del amor de Dios, el cual es incondicional. Recuerde que hay varios tipos de amor: el amor "filial" (por los hermanos y amigos); el amor "eros" (erótico o sexual) y el amor "ágape" (que es el amor de Dios). Juan es conocido como el discípulo amado. Él dice que Dios es amor (no que sabe amar, o que tiene la capacidad, Juan define a Dios como amor).

La parábola del hijo pródigo es una enseñanza clara del amor incondicional de Dios, un amor que no espera nada a cambio, que no paga conforme a lo que merecemos, sino que aunque no lo merezcamos Dios nos sigue amando. Él es santo, es fiel y es amor.

Ayude a los principiantes a hacer un pequeño repaso de las características de Dios que han aprendido en esta unidad. Permita que expliquen con sus propias palabras lo que han aprendido. Eso los ayudará a planificar su próxima lección, la cual es la última de esta unidad. Si usted encuentra deficiencia en alguno de los conceptos, tome nota y prepárese para hacer un repaso de toda la unidad la próxima lección.

APLICACIÓN A LA VIDA DIARIA

Los principiantes necesitan comprender que el amor de Dios está disponible para ellos. Esta lección también debe darles el sentido correcto de lo peligroso que resulta alejarnos del Señor, así como de las consecuencias que esto puede traer a nuestra vida.

Haga énfasis en la seguridad que representa el amor de Dios para nosotros. Explíqueles que el Señor no mira la edad de las personas, a todos nos ama por igual.

ANEXO

El Padre amoroso

(Libro para doblar). Necesitará las cuatro hojas de trabajo para cada alumno, tijeras y engrapadora (o abrochadora).

Haga un ejemplar de este libro con anterioridad para aprender el procedimiento, y en la clase ayude a los niños; también este les servirá de ejemplo a ellos.

Ayúdelos a armar el libro y verifique que el orden de las hojas tenga la secuencia correcta antes de abrocharlo. (Si usted lo considera, pida asistentes para que ayuden a los niños; solo asegúrese de que ellos sepan hacer el trabajo). Utilice este libro para repasar la historia bíblica. Al finalizar, permita que los niños se lo lleven a su casa para contárselo a sus familiares y amigos.

MEMORIZACIÓN

Utilizando los vagones del tren que ha usado para esta unidad, quítelos de la pared donde están colgados y escóndalos alrededor del salón de clase o debajo de las sillas o bancos; esto lo debe hacer antes que los niños lleguen.

A la hora de la memorización, llame la atención de los alumnos al hecho de que el tren del texto ha desaparecido; luego pida la ayuda de ellos para encontrarlo. Conforme aparecen las piezas, vaya colocando a los niños en el frente y dígales que entre todos pongan el tren en orden. Repitan el texto varias veces.

PARA TERMINAR

Ayude a los principiantes a que no se olviden lo que deben llevar a su casa (hojas de trabajo, etc.). Agradezca a cada uno por haber asistido. Haga un pequeño repaso de la clase. Mencione algo de la próxima lección, tratando de hacer una conexión y despertando el interés para que no falten. Anuncie que la próxima clase es la última de esta unidad. Prepare el ambiente para hacer un repaso de esta. Pida a los niños que repasen lo que hasta ahora han aprendido.

Finalice con una oración. De nuevo, pida que los niños formen un círculo y se tomen de la mano. Pregunte si tienen pedidos de oración e inclúyalos.

LECCIÓN 35

DIOS SIEMPRE ESTÁ CON NOSOTROS

ASPECTOS GENERALES

Base bíblica: San Juan 14:1-27; Hechos 2:1-4
Texto para memorizar: *Porque tú, Señor, eres bueno y perdonador, grande en misericordia para con todos los que te invocan* (Salmos 86:5).
Objetivo de la lección: Enseñar a los principiantes que Dios siempre está con nosotros a través del Espíritu Santo.

PREPARACIÓN DEL MAESTRO

Este pasaje forma parte de una serie de discursos que tomaron lugar después de la Santa Cena. Esta era la última oportunidad que tenía Jesús de enseñar a sus once discípulos. Judas ya había abandonado el grupo luego de su traición.

Jesús no había tratado este asunto antes; ahora su preocupación era asegurarle a los once que siempre estaría con ellos a través del Espíritu Santo.

La palabra "consolador" es un término legal, pero tiene un sentido defensivo, "un consolador para defender", lo cual significa: "alguien que es llamado". El Espíritu Santo siempre estará con los creyentes; su trabajo es guiarnos a toda verdad y enseñarnos todas las cosas. También nos recuerda las palabras de Jesús cuando dijo: "Yo estaré con vosotros". Esto hace referencia a dos acontecimientos: (1) El aparecerse a sus discípulos (incluyendo también a otros creyentes) después de su resurrección. (2) Su venida como Espíritu Santo en el día de Pentecostés.

"Paz" o *shalom* era un saludo común entre los hebreos, pero que Jesús lo usara en este pasaje era inusual. El uso de esta expresión se refiere a la "salvación", al trabajo redentor que se haría por todas las personas que creyeran en él. Un profundo sentimiento de estar espiritualmente bien, basado en la relación que tenemos con Dios.

La palabra "paz" en la Biblia significa "todo aquello que contribuye a nuestro bien". Esto no significa ausencia de problemas, o conflictos. Sin embargo, nadie ni nada en esta vida puede quitarnos la paz que Jesús nos da.

El Pentecostés tenía lugar cincuenta días después del *sabatth* o la semana de pascua (Hechos 2:1-4). El Antiguo Testamento se refería al Pentecostés como la "fiesta de las semanas", porque eran siete semanas después de la fiesta de los primeros frutos. El Pentecostés es el evento más importante relatado en el libro de Hechos.

Los judíos que no vivían en Jerusalén viajaban hasta allí para esta celebración. Para ellos era más seguro viajar por el mar Mediterráneo en los meses de mayo o junio (meses probables para la fiesta) que ir en marzo o abril.

Cuando el Espíritu Santo vino, los discípulos se encontraban todos juntos en un lugar. Las señales visibles y audibles del viento y el fuego marcaron su venida. El fuego es símbolo de la presencia de Dios, el cual llena el corazón de pureza y poder.

ADAPTACIÓN

Los principiantes a menudo confunden a Dios, a Jesús y al Espíritu Santo. Esto es entendible, ya que hasta a algunos adultos también les sucede. La doctrina de la Trinidad es esencial en la creencia cristiana ortodoxa; pero no entenderla es algo común. Esta lección ayudará a los alumnos a conocerla. Dios en tres personas, pero siendo un solo Dios; algo difícil de entender y explicar, pero que la iglesia reconoce como verdad y fundamento de la fe cristiana.

Las buenas noticias consisten en el hecho de que Dios no nos ha dejado solos. Cuando Jesús preparó a sus discípulos para su partida les aseguró que Dios continuaría con ellos a través del Espíritu Santo. Ore al Señor y ayude a sus alumnos a que busquen la presencia del Espíritu Santo, Dios con nosotros.

DESARROLLO DE LA LECCIÓN

Introducción

Los principiantes tienen un sentido muy desarrollado de la seguridad. Aproveche esto para decirles que Dios nos asegura que estará siempre con nosotros. La forma en que lo hace es a través del Espíritu Santo, el cual es el cumplimiento de la promesa de Jesús a sus discípulos de que estaría con ellos todos los días hasta el fin del mundo.

DESARROLLO DE LA HISTORIA BÍBLICA

Prepárese bien al exponer esta lección de la Trinidad, ya que tal vez los alumnos tengan preguntas relacionadas al respecto. Le recomendamos estudiar el tema y si tiene alguna duda pregúntele a su pastor.

Inicie la clase explicando lo que significa la presencia de Dios hoy. Recuerde incluir canciones que se presten al movimientos de los niños y que tengan relación con la lección. Algunos pueden ser: "Dios está aquí", "Santo Espíritu, llena mi vida", etc.

APLICACIÓN A LA VIDA DIARIA

Lo importante y más relevante de esta lección es que los alumnos tengan la seguridad de que Dios siempre está con nosotros a través de su Espíritu Santo.

ANEXO

Tres en uno

Entregue a los niños las hojas de trabajo para que desarrollen esa actividad. Ellos ya han aprendido acerca de Dios, y de Jesús cuando estuvo aquí en la tierra. Hoy conocerán al Espíritu Santo y la forma en que él nos ayuda. Explique que cuando hablamos de Dios, de Jesús y del Espíritu Santo, nos referimos a la Trinidad (Dios en tres personas).

En la hoja de trabajo los alumnos ven cómo una persona puede ser tres en una sola. Esta mujer es la misma pero tiene tres diferentes áreas: esposa, mamá y abuela. Resalte esto y deje que los niños mencionen diversos roles que podemos cumplir siendo la misma persona (por ejemplo ellos son hijos, hermanos y primos; sin embargo, siguen siendo uno solo).

Déles tiempo para que hagan preguntas relacionadas con la lección. Esté preparado para responder sus preguntas.

El Espíritu Santo, nuestro ayudador

Necesitará cuatro cuadrados de papel construcción o cartulina, marcadores, cuatro sobres y cuatro pedazos de cinta adhesiva. Prepare con anterioridad los cuadros en cartulina, córtelos de regular tamaño y escriba en ellos una de las cuatro declaraciones (Dios, Padre, Hijo y Espíritu Santo), una en cada cuadrado. Después corte los cuadrados en cinco o seis piezas en forma de rompecabezas, y póngalos dentro de un sobre (un sobre para cada declaración).

Divida la clase en cuatro y déle a cada grupo un sobre y una cinta adhesiva. Luego pida que armen el rompecabezas y que peguen el mensaje secreto de la hoja de trabajo.

Utilice cada una de las declaraciones para repasar la lección. Explique cada una de ellas. Si puede, coloque los trabajos en la pared para que todos puedan verlos. Permita que los niños coloreen la hoja. Cada una de las declaraciones describe las funciones primordiales del Espíritu Santo en nuestra vida.

Deje que todos los niños participen dando ejemplos con sus propias palabras de cada una de estas declaraciones.

Pida a los niños que completen la actividad de la segunda página de la lección 35.

MEMORIZACIÓN

En una canasta coloque los vagones del tren que hizo para el texto de esta unidad. Pida que cada alumno (o los que estén interesados) tome uno de los vagones. Después dígales que lo coloquen en orden. Usted tome la locomotora que tiene la cita bíblica.

Luego, que el resto de los alumnos se formen detrás de los que tienen los vagones. Usted diríjalos para que marchen alrededor del salón de clase. Pueden hacerlo mientras cantan alguna canción. Haga algunas paradas (diga que el tren necesita combustible, o que van a recoger pasajeros o que ya llegaron a algún lugar). Cada vez que se detengan repitan el versículo.

Puede hacer esta actividad por grupos (niñas y niños), para ver qué grupo lo hace más rápido y ordenado. Lo importante es que usted se asegure que en esta última clase todos los niños memoricen el texto.

Si puede premie con algún sencillo regalo a los que aprendieron el texto. Recuerde que el principiante se motiva cuando se lo premia por algo que hizo.

PARA TERMINAR

Ayude a los principiantes a no olvidar lo que deben llevar a su casa (hojas de trabajo, etc.). Agradezca a cada uno por haber asistido a la clase; haga un pequeño repaso de la lección y de la unidad en general.

Anticipe algo de la siguiente unidad, tratando de hacer una conexión y despertando el interés para que no falten. Finalice la clase con una oración. Pida que los niños hagan un círculo y se tomen de la mano. Pregunte si tienen pedidos de oración e inclúyalos.

Si lo desea, permita que los niños se lleven algunos materiales que utilizaron durante las lecciones de la unidad.

Año 1 Unidad VIII

DAVID, DE PASTOR A REY

Base bíblica: 1 Samuel 16:1-13; 17; 18:1-11; 19:1-10; 20:1-42; 24 y 26; 2 Samuel 9.
Texto de la unidad: *...porque Jehová no mira lo que mira el hombre, pues el hombre mira lo que está delante de sus ojos, pero Jehová mira el corazón* (1 Samuel 16:7 – RV 1995).

PROPÓSITOS DE LA UNIDAD

Esta unidad ayudará a los principiantes a:

- ✘ Entender mejor lo que es confiar plenamente en Dios.
- ✘ Sentirse gozosos al saber que Dios valora el amor y obediencia de su pueblo hacia él.
- ✘ Darse cuenta que confiar en Dios nos permite ser valientes, fieles, misericordiosos y bondadosos, aun más de lo que nos imaginamos.
- ✘ Abrigar el deseo de seguir el ejemplo de David, que confió y obedeció al Señor.
- ✘ Aprender que Dios es poderoso y el único en quien deben depositar toda su confianza.
- ✘ Tener el deseo de buscar amistades que amen y confíen en Dios, así como lo hacen ellos.

LECCIONES DE LA UNIDAD

Lección 36: David es ungido
Lección 37: David confía en Dios
Lección 38: David y Jonatán son buenos amigos
Lección 39: David muestra misericordia
Lección 40: David cumple su promesa

POR QUÉ LOS PRINCIPIANTES NECESITAN ESTA UNIDAD

Los principiantes poseen una influencia muy fuerte de quienes los rodean. Tratan de imitar las actitudes de las personas a quienes admiran. Por eso es importante que conozcan a los "héroes de la fe".

David es el héroe ideal para los preescolares y principiantes. Su historia comienza cuando era un pastorcito, el más joven de ocho hermanos. A su corta edad se enfrentó con un gigante y lo mató. Desarrolló una fuerte amistad con un príncipe y logró escapar de un malvado rey. Después, él se convirtió en rey pero no olvidó su amistad con el príncipe. Esto tal vez suena como un cuento o una leyenda, sin embargo es una historia verdadera. Lo mejor de todo esto es la confianza que David tenía en Dios.

Estos héroes son extraordinarios. David fue uno de ellos. Sus alumnos podrán experimentar la base de su grandeza, y saber que ellos también pueden confiar en Dios.

LECCIÓN 36

DAVID ES UNGIDO

ASPECTOS GENERALES

Base bíblica: 1 Samuel 16:1-13
Texto para memorizar: *...porque Jehová no mira lo que mira el hombre, pues el hombre mira lo que está delante de sus ojos, pero Jehová mira el corazón* (1 Samuel 16:7 – RV 1995).
Objetivo de la lección: Que el alumno conozca que Dios no valora nuestra apariencia, sino nuestro amor y obediencia a él.

PREPARACIÓN DEL MAESTRO

Cuando escudriñamos las Escrituras, en este pasaje del primer libro de Samuel nos percatamos de que Dios rechazó a Saúl como rey de Israel, aun cuando lo había elegido tiempo atrás. Dios le ordenó a Samuel que ungiera al nuevo rey que había elegido, uno de los ocho hijos de Isaí.

Samuel tenía miedo y era consciente de lo que le sucedería si Saúl descubría que se estaba preparando para ungir a un nuevo rey. El Señor lo dirigió a ayunar y presentar un sacrificio durante su visita a Belén, ya que esas costumbres sacerdotales otorgaban cobertura para la misión que se le encomendaba.

Samuel evaluó a cada uno de los hijos de Isaí según su parecer; el mayor era grande y fuerte, por lo que pensó que ese sería el elegido del Señor. Pero Dios le habló diciéndole: "No mires a su parecer, ni a lo grande de su estatura, porque yo lo desecho; porque Jehová no mira lo que mira el hombre, pues el hombre mira lo que está delante de sus ojos, pero Jehová mira el corazón" (v. 7).

Después de rechazar a los siete primeros hijos, Isaí llamó a su octavo hijo que estaba en el campo cuidando a las ovejas. Nadie hubiera esperado que el futuro rey de Israel procediera de una ciudad tan pequeña como Belén y que, de pronto, un insignificante pastor de ovejas se convirtiera en el rey del pueblo de Dios.

Al verlo Samuel, Dios le dijo: "Levántate y úngelo, porque este es" (v. 12). Y así fue como Samuel ungió a David como rey de Israel en una ceremonia que se usaba para designar a sacerdotes, profetas y reyes. La popularidad de la expresión: "El Señor ungió" refleja una iniciativa divina, la cual denota la exclusiva relación íntima entre el Dios de Israel y el rey que fue nombrado, a quien se le entregaba el poder y la autoridad para reinar en su nombre. El rey era el representante de Dios en la tierra, el cual debía ser un fiel reflejo de su persona.

ADAPTACIÓN

Con frecuencia, nosotros, al igual que Samuel, juzgamos a las personas de acuerdo a su apariencia y nos dejamos llevar por nuestras propias opiniones. De igual manera, los niños, aún siendo pequeños, son muy conscientes de lo importante que es el tema de la apariencia. Sus peinados y vestuario pueden convertirse en la única llave de ingreso para sentirse aceptados ante la sociedad y sus amigos.

Dios tiene una perspectiva totalmente diferente del ser humano. No nos juzga por el nivel social que poseemos, ni mucho menos por nuestro atractivo físico o nivel intelectual. Él nos conoce como realmente somos.

Durante esta etapa de desarrollo, los niños comienzan a conformar su apariencia bajo la presión ejercida por su contexto social. No podemos evitar que esto suceda, pero sí podemos darles tranquilidad y fortaleza, poniendo en sus corazones el fundamento de que Dios, como ser supremo de la humanidad, no nos juzga ni valora de acuerdo a nuestra apariencia. De esta forma, e intencionadamente, incorporamos a su vida el preciado valor del interior de las personas.

DESARROLLO DE LA LECCIÓN

Introducción

Voto para el rey

Prepare con anticipación la hoja de actividades del libro del alumno correspondiente a esta lección, y un lápiz para cada niño. Dialogue con ellos sobre la forma que utilizan cuando eligen a los líderes para sus propios juegos; cómo los eligen y qué características tienen. Pídales que cuenten lo que saben acerca de lo que las personas buscan cuando eligen a un líder.

Lea las instrucciones que se encuentran en la parte superior de la actividad, y déles tiempo para que los niños voten por un rey. Pida algunos voluntarios que cuenten por quién votaron y por qué decidieron elegirlo.

DESARROLLO DE LA HISTORIA BÍBLICA

Prepare con anticipación una corona y ocho cartelitos sujetados con una cuerda en los extremos, de modo que los niños puedan colgárselos al cuello. Escriba una frase diferente en cada uno de ellos, por ejemplo: el más lindo, el más famoso, el más alto, el más flaco, el más inteligente, el más fuerte, el mejor deportista, el de corazón más puro.

Pida a los alumnos que deseen participar que elijan un cartel y que se lo cuelguen al cuello. A medida que usted relata la historia, vayan pasando uno por uno, simulando ser los hijos de Isaí. Tome en cuenta que el niño que lleve el cartel que dice: "el de corazón más puro" debe quedar último.

Dígales que la historia bíblica trata acerca de cuando Dios eligió a un nuevo rey para su pueblo. Que pongan atención para saber cómo hizo Dios para elegir al nuevo rey.

Pregunte: ¿Habrá elegido Dios a la misma persona que nosotros votamos para que fuera rey? Enseguida lo sabremos.

Mientras relata la historia, en el momento de la elección del nuevo rey de Israel, invite a los niños que representan a los hijos de Isaí a que pasen al frente, y que todos lean lo que dice su cartel. Haga énfasis en que esa característica no es exactamente la que Dios está buscando para elegir un nuevo líder. Continúe sucesivamente con cada uno de los niños hasta llegar al último y así coronar al niño que representa a David.

APLICACIÓN A LA VIDA DIARIA

Para finalizar la lección, prepare un espejo de mano, preferentemente grande. En la parte posterior pegue un corazón rojo. Diga a sus alumnos que ha traído a la clase un "espejo mágico" que nos muestra de un lado lo que el hombre mira y del otro lo que mira Dios.

Permita que participen todos sus alumnos, pasando uno a la vez. Mientras el niño ve su rostro reflejado en el espejo, pídale que nombre algunas de las características que las personas ven en él. Por ejemplo: ojos grandes, cabello largo, etc. Luego de que cada niño haya participado, invítelos a ver lo que Dios ve en cada uno de ellos y muéstreles la parte posterior donde se encuentra el corazón. Pregunte: ¿Qué es lo que Dios ve en ti? (El corazón).

ANEXO

Lo que Dios ve y lo que las personas ven

Necesitará la hoja de actividad del libro del alumno, tijeras, sobres y marcadores. Siga las instrucciones que se encuentran en la hoja para preparar y usar este juego.

Para iniciar deberá usar un juego de cartas para cada uno de los niños, o jugar solo con un grupo de estas y hacer pasar a los alumnos por turnos. Es probable que cada niño saque cartas con diferentes combinaciones. Esto afirmará la verdad de que las apariencias externas no son una guía segura de lo que es la persona en su fuero íntimo.

Explique a los principiantes que es difícil conocer cómo es una persona con solo mirarla. Un extraño puede parecer muy amable, pero ser realmente muy peligroso. Tal vez algunos niños no tienen los juguetes más lindos o la mejor ropa, sin embargo, pueden ser los mejores amigos. Es bueno saber que Dios no nos valora por lo que somos externamente, lo que a él realmente le importa es lo que somos por dentro.

Un nuevo rey

Elabore o consiga dos dibujos de Samuel ungiendo a David. Refuércelo pegándole una cartulina por detrás y córtelo a manera de rompecabezas.

Divida la clase en dos grupos. El objetivo del juego es llegar a armar más rápido el rompecabezas contestando correctamente cada una de las preguntas por turnos. A quien tenga una respuesta correcta se le dará una pieza, y así hasta terminar.

Puede sustituir el rompecabezas, y hacer un juego de preguntas y respuestas o competencias por equipos:

- ✘ ¿Quién fue el primer rey de Israel? (Saúl).
- ✘ ¿Dios estaba contento con Saúl? ¿Por qué sí o por qué no?
  (No, porque Saúl no amaba ni obedecía a Dios).
- ✘ ¿Quién era Samuel? (Un profeta de Dios).
- ✘ ¿Quién era el rey en ese momento? (Saúl).
- ✘ ¿En qué lugar Dios le dijo a Samuel que encontraría al nuevo rey? (En Belén, en la casa de Isaí).
- ✘ ¿Qué le dijo Dios a Samuel que hiciera en Belén? (Preparar un sacrificio y ungir al nuevo rey).
- ✘ ¿Qué le preguntaron los líderes de la ciudad a Samuel cuando entró a esta? (Si venía en son de paz).
- ✘ ¿Cuántos hijos tenía Isaí? (Ocho).¿A quién creía Samuel que Dios iba a elegir como rey? (A Eliab, el hijo mayor de Isaí).
- ✘ ¿Qué le dijo Dios a Samuel sobre Eliab? (No mires su apariencia, porque Dios mira el corazón).

- ✘ ¿Qué dijo Dios sobre los otros hijos mayores de Isaí? (Yo no he elegido a ninguno de ellos).
- ✘ ¿A quién eligió Dios para que fuera rey, y qué trabajo hacía? (A David, quien era pastor de ovejas).
- ✘ ¿Qué es más importante, la apariencia externa de las personas o lo que son por dentro? (Lo que son por dentro, su corazón).

Desafío para la semana. Mi corazón

Prepare un molde de un corazón (puede hacerlo de cartulina), de modo que los niños puedan reproducirlo. Distribuya hojas de papel de color rojo o trozos de cartulina, un lápiz y tijeras para cada uno. Guíelos a elaborar un corazón para que lo lleven a sus hogares, como recordatorio de que:

- ✘ Dios conoce el corazón de las personas.
- ✘ La buena apariencia, los juguetes y la ropa no es lo más importante de las personas.
- ✘ Debemos esforzamos por tener un corazón puro y limpio todos los días.

Pida a los principiantes que durante la semana escriban dentro del corazón todo lo bueno que Dios vio en ellos.

MEMORIZACIÓN

Descubrir el versículo

Necesitará la hoja de actividades del libro del alumno. En la clase ayude a los niños a descubrir juntos el versículo para memorizar con la ayuda de los dibujos. Las ilustraciones les ayudarán a comprender y retener el texto a los que todavía no saben leer. Diga que este versículo es parte de la historia bíblica del día. Es lo que Dios le reveló al profeta Samuel acerca de lo que él valora en las personas.

Recuerde a los niños que la palabra "hombre" en este versículo no solo se refiere a los adultos, sino a todas las personas en general.

PARA TERMINAR

Ayude a sus alumnos a concluir con los trabajos pendientes, y dígales que durante esta unidad aprenderán sobre la historia de David. Anímelos a traer algún invitado a la próxima clase y a contarle a su familia la enseñanza bíblica de hoy.

Pregunte quién tiene alguna petición para que oren por ella, y pida a un voluntario que haga la oración final, incluyendo las peticiones que se hayan mencionado.

NOTAS:

LECCIÓN 37

DAVID CONFÍA EN DIOS

ASPECTOS GENERALES

Base bíblica: 1 Samuel 17
Texto para memorizar: *...porque Jehová no mira lo que mira el hombre, pues el hombre mira lo que está delante de sus ojos, pero Jehová mira el corazón* (1 Samuel 16:7 – RV 1995).
Objetivo de la lección: Enseñar a los principiantes a comprender que Dios es poderoso, y el único en quien deben depositar toda su confianza.

PREPARACIÓN DEL MAESTRO

Este capítulo (1 Samuel 17) hace referencia a un tipo de guerra que algunas veces se practicaba en los tiempos bíblicos. A pesar de que los ejércitos se preparaban para pelear unos contra otros, cada uno seleccionaba un contrincante para un duelo que determinaría la victoria para su pueblo. El ejército del contrincante ganador también ganaba la batalla, eliminando así la necesidad de luchar unos contra otros.

En esta ocasión, el pueblo filisteo tenía como guerrero a un gigante muy fuerte llamado Goliat. Este amenazaba y provocaba al pueblo de Israel desafiándolos para que enviaran a un guerrero que le hiciera frente.

En las culturas ancestrales, por lo general, el rey era el guerrero más fuerte del pueblo. Casi siempre los líderes populares se convertían en reyes de los pueblos, por la sencilla razón de que sobresalían en el campo de batalla, o por haber ganado algún duelo que les entregó la victoria y los libró de una sangrienta lucha.

El rey Saúl era una figura importante para Israel, era el hombre más alto del pueblo, y tal vez muchos esperaban que peleara contra Goliat en nombre de los israelitas. Pero él, en vez de aceptar el desafío y enfrentar al gigante filisteo, ofreció como recompensa a su hija, riquezas y la cancelación del pago de impuestos a quien se atreviera a pelear.

Muchos se sentían tentados por este ofrecimiento, pero ninguno tenía el valor de enfrentar a ese gigante guerrero tan poderoso, pues sabían que significaba una muerte segura.

David había ido al campo de batalla a cumplir un encargo que su padre le había hecho: llevar alimento a sus hermanos y comprobar que estuvieran a salvo. Mientras estaba allí, escuchó que Goliat desafiaba al pueblo de Dios y decidió enfrentarse a él. Hasta el momento nadie había aceptado la oferta del rey, y David fue el primero en ofrecerse para tal desafío.

Saúl recibió a David y, sorprendido por su débil apariencia, rechazó la posibilidad de enviarlo al combate, ya que si él perdía todo el pueblo de Israel se convertiría en esclavo de los filisteos. Pero David, ungido con el poder de Dios, convenció a Saúl, quien finalmente aceptó su ofrecimiento.

Aunque el rey le ofreció su espada y la armadura real, David no se preparó con ningún sistema complejo de artillería, sino que sus armas de guerra eran muy simples a la vista de todo el ejército: su fe y confianza puesta en Dios, su honda y cinco piedras lisas.

De todas ellas, el arma más poderosa en la cual tenía toda su esperanza era la confianza en su Dios, la cual había aprendido desde la niñez. Esto se muestra claramente cuando le dijo a Saúl: "Jehová, que me ha librado de las garras del león y de las garras del oso, él también me librará de manos de este filisteo" (v. 37).

El joven David era muy consciente de que esa batalla no era suya, sino de Dios, ya que Goliat no había desafiado solo al pueblo de Israel sino a Dios mismo; y sería él quien se encargaría de defender a su pueblo.

ADAPTACIÓN

Durante esta etapa de su desarrollo, los principiantes se enfrentan con una serie de problemas que muchas veces nosotros, como maestros, ignoramos.

Dependiendo de su entorno social, familiar y económico, sus conflictos varían y frecuentemente están generados por los adultos o diferentes circunstancias que ellos no pueden controlar, tales como divorcios, separaciones, peleas, adicciones, falta de protección y descuido, abusos, maltrato, etc. Estos problemas son los causantes de que los niños sufran limitaciones síquicas, emocionales y físicas que se reflejan en un retraimiento, falta de atención, rechazo a las expresiones de cariño, temor a la oscuridad, etc.

Si bien es cierto que no todos los miembros de su clase padecen alguno de estos problemas, sí existen circunstancias que en menor grado pueden afectar su sano desarrollo.

Es importante que usted, como maestro, conozca la personalidad y el trasfondo de cada uno de sus alumnos, para poder satisfacer mejor sus necesidades, no solo espirituales sino afectivas, y muchas veces hasta materiales.

Mediante estas lecciones, los niños podrán fortalecer su confianza en Dios para encontrar las posibles soluciones a sus problemas. Los conflictos en los que se ven envueltos pueden ser muy grandes para su nivel de comprensión. He ahí su tarea de guiarlos y enfocarlos a depositar su fe y confianza en Dios, sabiendo que él es más grande que todos los problemas que enfrenten.

DESARROLLO DE LA LECCIÓN

Introducción

Dé la bienvenida a sus alumnos y dígales que se preparen para escuchar la historia de un jovencito que luchó contra un enorme gigante. Pregúnteles si se imaginan de qué tamaño son los gigantes.

Para ayudar a los niños a comprender lo grande que era Goliat, consiga una vara de medir o cinta métrica, tres pedazos de papel, cinta adhesiva y marcadores.

Con la ayuda de la cinta métrica, en una pared mida 2.74 mt., y en la parte de arriba pegue un trozo de papel que diga: "Goliat era tan alto que llegaba hasta aquí". Si lo desea deje que los niños se acuesten en el piso formando una línea (pie con cabeza), para mostrar cuántos niños caben en 2.74 metros. Después mida a un joven de su congregación, y en el lugar donde termine, pegue un papel que diga: "muchos adultos crecen hasta esta altura".

Compare, junto con su grupo, la estatura de Goliat con la de las personas normales, y explique que este gigante vestía una armadura que pesaba más de 62 kg. (125 libras). Esta cantidad es casi el peso promedio de dos principiantes.

En el tercer trozo de papel escriba: "la armadura de Goliat pesaba más que dos de ustedes juntos". Coloque este papel a la altura de donde podría encontrarse el pecho de Goliat.

Cuando hayan terminado la actividad, siente a sus alumnos y pregunte: ¿Cómo te sentirías si una persona del tamaño y la fuerza de Goliat quiere pelear contigo? Deje que los niños comenten sus respuestas y dígales: hoy descubriremos lo que le dio valentía a David para pelear contra ese peligroso gigante.

DESARROLLO DE LA HISTORIA BÍBLICA

Entregue a sus alumnos la hoja de actividad "David confía en Dios", correspondiente a esa lección y dígales: si comparas la apariencia física de David con la de Goliat, ¿cómo lo describirías? (mucho más pequeño, más delgado, más débil, etc.). Si miraras solo la apariencia física, ¿quién crees que ganaría la batalla? (Goliat). En este momento deben estar muy atentos mientras relata la historia, para que descubran quién ganó la batalla y por qué.

Puede utilizar diferentes formas para presentar el desarrollo de la historia. De acuerdo a sus posibilidades, relate la misma junto con el uso de algunas figuras que le ayuden a representar los personajes bíblicos.

Si no cuenta con material visual, le sugerimos que realice una representación de los personajes con algunos voluntarios de su clase, para que actúen a medida que usted relata la historia. Lleve algunos disfraces, una espada de juguete, una honda hecha de tela, etc. Lo importante es que sus alumnos comprendan la enseñanza y recuerden que cuando confían en Dios pueden vencer todos sus problemas.

APLICACIÓN A LA VIDA DIARIA

Entregue hojas blancas y lápices a sus alumnos. En la parte superior de la hoja deben escribir como título: "Dios es más poderoso que..." (Déles tiempo para que en la parte restante hagan dibujos o escriban cuáles son los problemas o temores que pueden vencer si ponen su confianza en Dios).

Establezca una relación entre el joven David y ellos, haciendo hincapié en que, aun siendo pequeños, pueden enfrentarse a grandes desafíos cuando Dios está de su lado.

ANEXO

David confía en Dios

Provea lápices de colores a sus alumnos e indíqueles que, usando su hoja de actividad, marquen lo que hace fuerte a Goliat, y conversen sobre lo que hace fuerte al pequeño David.

Si desea, mientras sus alumnos trabajan usted puede hacer un repaso de la historia bíblica para reforzar el aprendizaje y aclarar dudas.

Un recordatorio de confianza

Cuando hayan terminado el dibujo de David y Goliat, sus alumnos deben dar vuelta la hoja para trabajar con la siguiente actividad. Necesitará lápices y colores.

Lean todos juntos la afirmación que dice: "Dios es más grande que cualquier persona o problema". Luego pida a los niños que escriban sus nombres sobre la línea. En el espacio en blanco deben dibujar algo que les muestre cómo confiar en Dios.

MEMORIZACIÓN

Escriba las palabras que conforman el texto bíblico en diferentes tarjetas y escóndalas dentro del salón. Indique a los niños que deben buscarlas y, conforme las vayan encontrando, tendrán que armar el texto y repetirlo todos juntos en voz alta. Prémielos dándoles tiempo para que jueguen su juego favorito.

PARA TERMINAR

Durante esta clase los niños reafirmaron la idea de que a Dios no le importa el tamaño ni la apariencia de las personas. Motívelos a sentirse protegidos y amados por el Señor y a confiar en su cuidado amoroso. Ore con ellos antes de despedirlos e invítelos a la próxima reunión.

LECCIÓN 38

DAVID Y JONATÁN SON BUENOS AMIGOS

ASPECTOS GENERALES

Base bíblica: 1 Samuel 18:1-11; 19:1-10; 20:1-42
Texto para memorizar: *...porque Jehová no mira lo que mira el hombre, pues el hombre mira lo que está delante de sus ojos, pero Jehová mira el corazón* (1 Samuel 16:7).
Objetivo de la lección: Desarrollar en los principiantes el deseo de tener amigos que amen y confíen en Dios.

PREPARACIÓN DEL MAESTRO

En 1 Samuel 18:1-11 se relata la amistad de David y Jonatán, la cual está considerada como una de las relaciones más nobles de la Biblia. En este primer encuentro vemos el vínculo entre estos dos varones como amigos genuinos y verdaderos. Jonatán "amaba a David como a sí mismo", e hizo un pacto con él entregándole su capa y su armadura. Esta actitud podría simbolizar la transferencia a David de los derechos de Jonatán de ocupar el trono.

En 1 Samuel 20:1-42 se nos relata dos temas muy importantes: el primero, la amistad de estos nobles jóvenes, y el segundo, el temor de David por la locura de Saúl.

David y Jonatán entendían el peligro al que se enfrentaban, así que decidieron prometerse ante Dios de resguardar su lealtad y amistad intacta, pese a las adversidades. El amor que sentía el uno por el otro era genuino; y aunque sabían que tal vez no volverían a verse, confiaban en que Dios estaba en el control de las circunstancias.

En medio del conflicto, David y Jonatán se encontraron valientemente para despedirse, asegurando así el amor que se tenían y el pacto que existía entre ellos.

David había estado huyendo como fugitivo durante muchos años de la espada de Saúl. Mientras, Jonatán valientemente convivía cada día con un padre al que ya no le tenía confianza, y cuyo deseo más profundo era matar a su mejor amigo. Esto debió haber sido un conflicto doloroso para él. No obstante, Jonatán amaba y honraba a su padre. Si bien él podía haberse preocupado por sus propios intereses y buscar junto con su padre la muerte de David, sabía que estaba haciendo lo correcto. Jonatán se inclinó hacia una decisión piadosa y ganó la admiración de innumerables generaciones.

A David se lo ve como el héroe de esa época. Y en Jonatán encontramos un ejemplo digno de reconocimiento como modelo de un hombre leal y piadoso.

ADAPTACIÓN

Los niños buscan por diferentes medios ser aceptados por sus semejantes. La gran mayoría de ellos invierte muchas horas al día fuera de su casa jugando con sus vecinos y compañeros de escuela. Es por eso que la elección de los amigos puede influenciar drásticamente en sus vidas. Seleccionar amistades que los ayuden a crecer en el camino del Señor es muy importante durante esta etapa de su desarrollo.

Esta lección ayudará a los principiantes a reconocer la importancia de amar a Dios y elegir amigos que también lo hagan.

DESARROLLO DE LA LECCIÓN

Introducción

Solicite que varios voluntarios cuenten al resto de la clase sobre sus mejores amigos. Incluso pueden llevar una fotografía o invitarlos a participar con ustedes.

Es importante que digan por qué lo escogieron como mejor amigo, y lo que más disfrutan hacer juntos.

Al terminar felicite a los que participaron. Dígales que la historia de hoy se trata acerca de dos amigos muy especiales que se querían mucho.

DESARROLLO DE LA HISTORIA BÍBLICA

Deje que los niños se sienten como deseen, incluso pueden colocarse cerca de sus amigos del salón, y mencióneles que la historia bíblica es acerca de David y su amigo Jonatán. Que pongan atención y escuchen por qué la amistad de ellos dos era tan fuerte.

Relate la historia sosteniendo su Biblia en la mano. Preferentemente no lea todo el pasaje, sino solo los versículos clave.

De acuerdo con sus posibilidades, utilice algunas figuras para ilustrar el relato. En una cartulina grande escriba la palabra "amigos", recorte las letras que la forman y pida a los niños que cada vez que usted la mencione durante la narración de la historia, ellos deben pegar una de las letras en el pizarrón.

También le sugerimos que les muestre a sus alumnos una tela con la que simule una capa y también una espada de juguete.

Comente lo que estos símbolos reales representaban. Una opción para este momento es que los niños realicen con sus propios diseños unas coronas en cartulina y una espada, y las intercambien con un amigo de la clase como un obsequio.

APLICACIÓN A LA VIDA DIARIA

A través de esta historia, los principiantes entendieron que la amistad es un sentimiento que Dios nos ha dado y que debemos cultivar. Cuando amamos a nuestros amigos estamos obedeciendo un mandamiento de Dios.

David amaba a Jonatán sin importarle que fuera el hijo del hombre que deseaba matarlo. Así también nosotros debemos amar a nuestros amigos, aunque a veces estos cometan errores.

ANEXO

¿Quién es un buen amigo?

Entregue las hojas de actividad del libro del alumno, así como lápices de colores.

Indique a sus alumnos que observen el dibujo con detenimiento, y elijan a cuáles de esos niños les gustaría tener como amigos. Luego que coloreen a los que eligieron.

Cada uno de ellos debe mostrar sus dibujos al resto de la clase y contarles el motivo por el cual escogieron esos amigos.

Una historia de amistad

Observe junto con su grupo los dibujos que se encuentran en la parte superior de la hoja del alumno; tenga a mano colores o crayones. Pregúnteles lo que ellos creen que está sucediendo en el dibujo. Propicie una discusión sobre esa situación usando las siguientes preguntas:

- ✘ ¿De qué diferentes formas podría terminar esta historia?
- ✘ ¿Qué habría sucedido si Sebastián hubiera aceptado ir al estanque?
- ✘ ¿Qué habría sucedido si Sebastián no hubiera aceptado ir al estanque?
- ✘ Si Sebastián hubiera aceptado hacer lo que Antonio quería, ¿hubiera sido correcto o incorrecto?
- ✘ ¿Un verdadero amigo haría algo peligroso solo para complacer a su amigo? ¿Por qué?

Deje que los niños terminen el dibujo dándole un final feliz a la historia.

Aclare que en la historia bíblica Jonatán se levantó en contra de su padre para defender a David; él guardaba secretos con su amigo y desobedeció las órdenes de su padre de matarlo.

Asegúrese de que los principiantes entiendan que Jonatán y David eran adultos, no niños. Los niños deben obedecer las instrucciones de sus padres, porque es un mandamiento de Dios.

Sin embargo, tome en cuenta que no todos los padres de los alumnos que asisten a la escuela dominical son cristianos. Ponga especial cuidado en explicarles que cuando los padres piden hacer algo incorrecto o que no agrada a Dios, deben orar y pedir consejo.

Enfatice que no deben ocultar los secretos de sus amigos cuando se trate de algo peligroso (decir malas palabras, fumar, robar, etc.).

Selección de nuevos amigos

Provea lápices a los niños y lea las instrucciones del libro del alumno para esta actividad.

Dígales que elegir un amigo es muy importante y puede ser una decisión difícil. Pregunte: ¿Recuerdan lo que el texto para memorizar nos enseñó sobre este tema? (Que no debemos elegir a nuestros amigos por la apariencia física, sino por sus sentimientos). Hay veces que nos toma tiempo conocer cómo es una persona por dentro. Aquí hay algunas ideas que nos ayudarán a elegir buenos amigos.

Déles tiempo para que llenen los espacios en blanco usando las palabras de la derecha.

Regalos de amistad

Necesitará hojas blancas, crayones, marcadores, estampas o dibujos para pegar en las hojas, tijeras y pegamento.

Ayude a sus alumnos a elaborar sencillas tarjetas o cartas para regalar a sus amigos. Pueden decorarlas a su gusto, y escribir en ellas el texto para memorizar y un mensaje especial.

Cuando las terminen, que las pongan en sobres y las repartan a quien ellos hayan elegido.

MEMORIZACIÓN

Puede realizarse en grupos o individualmente. Necesitará el versículo escrito en cartulina, y también tijeras. Dependiendo si la actividad será individual o por grupos, entregue el versículo a los niños para que lo recorten palabra por palabra (o tráigalo preparado de antemano). Permita que pongan pongan todas las palabras en el orden correcto mientras lo memorizan.

PARA TERMINAR

Haga un repaso breve de lo que han aprendido en estas lecciones sobre la vida de David, e invite a sus alumnos a la siguiente clase para que aprendan de qué manera este jovencito le mostró misericordia a una persona que lo trataba mal.

Interceda por los pedidos de oración de sus alumnos y pida a Dios que los ayude a ser buenos amigos siempre.

LECCIÓN 39

DAVID MUESTRA MISERICORDIA

ASPECTOS GENERALES

Base bíblica: 1 Samuel 24 y 26
Texto para memorizar: *...porque Jehová no mira lo que mira el hombre, pues el hombre mira lo que está delante de sus ojos, pero Jehová mira el corazón* (1 Samuel 16:7 – RV 1995).
Objetivo de la lección: Enseñar a los principiantes el deseo de Dios de que mostremos amor y misericordia a todas las personas, aun a las que nos ofenden y lastiman.

PREPARACIÓN DEL MAESTRO

Cuando David y Saúl estuvieron a punto de encontrarse (23:26), el rey era el agresor y David un fugitivo vulnerable. En cambio, ahora David está seguro en su escondite y Saúl es el que está en peligro sin saberlo.

David tuvo oportunidad, motivo y tiempo para lastimar a Saúl, pero se negó a hacerlo aun sabiendo que el rey lo mataría si llegaba a encontrarlo. Cuando le mostró el pedazo cortado de su capa, el rey reconoció que había escapado de la muerte por la misericordia de David quien, según sus propias palabras, era más justo que él.

En 1 Samuel 26 encontramos una vez más a Saúl persiguiendo a David. Este joven astuto entró en el campamento del rey, robó su lanza y su cántaro de agua y salió de allí ileso. La lanza simbolizaba la seguridad y la autoridad de Saúl, y ahora este emblema de poder estaba en las manos de su enemigo.

Dios produjo un sueño profundo en Saúl y todo su campamento. Esta acción sobrenatural de Dios de hacer dormir a todos profundamente es una muestra de la manera en la cual él estaba intercediendo por David y, en consecuencia, en contra de Saúl.

Los capítulos 24 y 26 revelan la pureza del corazón de David y la misericordia que mostró hacia su adversario. En ambos capítulos se ve la protección de Dios sobre la vida de David, y el hecho de que la venganza le pertenece al Señor. Por lo tanto, no debemos lastimar a otros, aun cuando estén obrando de manera equivocada.

En la sociedad en la que vivimos es común que las personas hagan justicia por mano propia o busquen revancha. Sin embargo, los hijos de Dios tenemos una forma diferente de pensar.

David tuvo dos oportunidades de matar a Saúl ¿Quién lo culparía? Pudo haber sido en defensa propia. Pero mostró misericordia y rechazó hacerle daño a Saúl porque era el ungido de Dios.

ADAPTACIÓN

Los principiantes tienen un fuerte sentido de justicia, y son sensibles cuando se los trata injustamente. Muchos sienten que deben responder de la misma forma en la que son agredidos, y guardan resentimientos o pensamientos negativos.

La misericordia que David mostró hacia Saúl les mostrará otra manera de resolver los conflictos. Ayúdelos a entender que la forma de actuar de David fue un signo de fortaleza y no de debilidad.

David pudo mostrar misericordia porque sabía que Dios es el único juez. Esta verdad puede significar una nueva experiencia para ellos. Los niños desean ver la justicia inmediatamente. Su concepto de temporalidad es limitado y quieren respuestas a corto plazo. Saber que en el tiempo pertinente Dios juzgará a todos por sus hechos les abrirá una nueva perspectiva.

DESARROLLO DE LA LECCIÓN

Introducción

¿Y qué pasó después?

Dé a sus alumnos la hoja de actividad correspondiente a esta unidad y también lápices de colores.

Pídales que observen los dibujos y lean los diálogos. Comenten sus impresiones acerca de lo que piensan que sucede en la historia. En el cuadro blanco dibujen el final que les gustaría que tuviera.

Hable con ellos acerca de lo que significa vengarse de alguien que los ha lastimado. Dígales que en la historia de hoy aprenderán lo que hizo David cuando tuvo la oportunidad de vengarse del rey que quería matarlo.

DESARROLLO DE LA HISTORIA BÍBLICA

Repase con sus alumnos lo que han aprendido acerca de la vida de David durante las últimas semanas.

Ubíquelos en el contexto de la historia. David estaba huyendo porque el rey Saúl quería matarlo. Llevaba mucho tiempo escondido en cuevas, lejos de su familia. Sin embargo, no tenía rencor en su corazón hacia Saúl.

Relate la historia bíblica y si le resulta posible muestre ilustraciones que lo ayuden a ejemplificar los acontecimientos. Si desea, use la hoja del libro del alumno como material visual.

APLICACIÓN A LA VIDA DIARIA

Con anterioridad, recorte dos corazones rojos para cada miembro de su grupo, únalos por los bordes dejándolos abiertos ampliamente en la parte superior formando una especie de sobre. Recorte también varios corazones más pequeños que entren dentro de estos.

Durante la clase pida a sus alumnos que lo ayuden a escribir en el pizarrón una lista de las cualidades que tenía David. Agregue a esta lista otras cualidades que a Dios le gusta ver en la vida de las personas: amabilidad, honestidad, confianza, etc.

Reparta a los niños los corazones pequeños para que escriban en ellos las cualidades que quieren que Dios vea en sus propios corazones. Podrán elegir alguna de las cualidades de la lista de David o también de la nueva lista. Coloquen los corazones pequeños dentro de los más grandes y asegúrese de que hayan escrito sus nombres en el sobre correspondiente.

Anímelos a imitar buenos ejemplos como el de David, y de esta manera agradarán a Dios.

ANEXO

David muestra misericordia

Necesitará las hojas de trabajo de esta lección, tijeras y pegamento. Indique a sus alumnos que recorten la tira de dibujos de la sección recortable para esta sección. Después hagan un corte en las líneas negras paralelas hacia el centro de la hoja. Ayúdelos a introducir por la parte trasera la tira de dibujos por entre las líneas negras. Anímelos a mover la tira y observar las dos formas en las que David mostró amabilidad y misericordia hacia Saúl.

Repaso

Permita que los niños repasen la historia usando la página de actividades que acaban de realizar. Cuenten lo que sucedió, y piensen qué pudo haber sucedido si David hubiera actuado distinto.

Recuérdeles que David eligió no lastimar al rey sino mostrarle misericordia, aun cuando Saúl estaba tratando de matarlo.

Use estas preguntas para reforzar el aprendizaje:

- ✘ ¿Por qué estaba persiguiendo Saúl a David?
- ✘ ¿En dónde estaba Saúl cuando David cortó un trozo de su capa?
- ✘ ¿Qué fue lo que David se llevó del campamento de Saúl?
- ✘ ¿Por qué David tiene misericordia?
- ✘ ¿Nosotros también debemos tener misericordia a las personas que nos lastiman?

MEMORIZACIÓN

Necesitará una cartulina, tijeras, pegamento o cinta adhesiva.

Con anterioridad, elabore una corona del tamaño de la cabeza de los niños, para que ellos puedan ponérsela. Use la siguiente actividad para ayudarlos a memorizar el texto de 1 Samuel 16:17.

Siente a sus alumnos en círculo y elija a uno para que se ponga de pie en el centro. Dígale que cierre los ojos y que diga "¡ya!". Entonces los demás se pasarán la corona uno al otro. Luego, cuando diga "¡alto!", el niño que se haya quedado con la corona en las manos deberá ponérsela y decir el versículo. Después tomará el lugar en el centro para dar las instrucciones.

Si lo desea deje que los niños elijan a alguien para que lo ayude a recordar el texto para memorizar.

PARA TERMINAR

Invite a sus alumnos a ser misericordiosos durante la semana con las personas que no los tratan correctamente. Recuérdeles que el ejemplo de David nos enseña a vivir de acuerdo a la voluntad de Dios, siendo amables con quienes nos rodean, inclusive con aquellos que nos ofenden.

Como introducción a la siguiente lección "David cumple su promesa", anuncie a sus alumnos que les llevará una sorpresa la próxima semana. No tiene que ser algo costoso, puede ser una golosina, un separador de libros (señalador) o un lápiz.

Para finalizar, dirija a su grupo en oración e interceda por las peticiones específicas de cada uno. De ser posible, contáctelos durante la semana y converse con los padres sobre cómo están aplicando sus hijos las verdades bíblicas a su vida diaria.

LECCIÓN 40

DAVID CUMPLE SU PROMESA

ASPECTOS GENERALES

Base bíblica: 2 Samuel 9
Texto para memorizar: *...porque Jehová no mira lo que mira el hombre, pues el hombre mira lo que está delante de sus ojos, pero Jehová mira el corazón* (1 Samuel 16:7 – RV 1995).
Objetivo de la lección: Que los principiantes aprendan que deben cumplir lo que le prometen a Dios, así como lo hizo David.

PREPARACIÓN DEL MAESTRO

A pesar de los conflictos con los descendientes del rey Saúl, David nunca olvidó la promesa de amistad que había hecho con Jonatán. Pero Jonatán ya había muerto.

David estaba buscando a alguien de la familia real para favorecerlo, y cumplir así el pacto que había hecho con su amigo. Siba, un hombre que había sido siervo de la casa de Saúl, le dijo a David que aún vivía un hijo de Jonatán, que estaba lisiado de los pies y se llamaba Mefi-boset.

Mefi-boset tenía cinco años cuando su padre murió (2 Samuel 4:4). Cuando su nodriza escuchó que Jonatán había muerto, tomó al niño y huyó para ponerlo a salvo; pero mientras huía apresuradamente, el niño se le cayó y quedó cojo para el resto de sus días.

Cuando Mefi-boset supo que el rey lo andaba buscando, tal vez tuvo temor por su vida. En los reinos antiguos, generalmente los nuevos reyes aseguraban su derecho al trono eliminando a todos los descendientes de los reyes anteriores. Para David mismo no fue sencillo ocupar el trono de Israel, ya que tuvo constantes enfrentamientos con Is-boset, uno de los hermanos menores de Jonatán (2 Samuel 1–4).

Sin embargo, el rey David cumplió la promesa que le había hecho a Jonatán y misericordiosamente le dio a Mefi-boset todas las tierras que habían pertenecido a su abuelo Saúl.

David no solo le dio a Mefi-boset las tierras que habían pertenecido a su familia, sino que lo invitó a ser parte de la suya pidiéndole que comiera a su mesa "como uno de los hijos del rey".

ADAPTACIÓN

En nuestra sociedad las promesas se rompen fácilmente. los líderes políticos, personajes de televisión, incluso los miembros de nuestras familias, no cumplen las promesas que hacen. Tal vez para muchas personas no sea un tema relevante. De hecho, muchos de los alumnos o nosotros mismos nos hemos enfrentado a una promesa rota.

Pero las promesas no se hicieron para romperse, porque hacerlo implica serias consecuencias: perder la confianza y nuestra integridad.

Los hijos de Dios también hacemos promesas. La diferencia es que cuando las cumplimos estamos obedeciendo sus leyes. Cumplir con nuestra palabra implica compromiso e integridad. Ayude a sus alumnos a reconocer en David un ejemplo de integridad al cumplir su promesa.

DESARROLLO DE LA LECCIÓN

Introducción

Pregunte a los niños si recuerdan la promesa que les hizo la semana pasada. Expréseles lo importante que es para usted cumplir sus promesas.

Reparta el pequeño obsequio que les llevó y hablen sobre lo que ellos hubieran sentido si usted hubiera roto su promesa.

Tomando como base las respuestas, conversen acerca de la importancia de cumplir con lo que prometemos. La historia de hoy nos cuenta sobre una importante promesa que David le había hecho a Jonatán, la cual cumplió aun cuando este ya había muerto.

DESARROLLO DE LA HISTORIA BÍBLICA

Recuerde a sus alumnos la lección en la cual aprendieron acerca de la amistad entre David y Jonatán. Haga énfasis en la promesa que ambos hicieron antes de despedirse.

Mientras narra la historia bíblica permita que los niños cuenten sus experiencias sobre el tema y úselas como ejemplo.

Como material de apoyo puede usar figuras que representen a David y Mefi-boset, o bien elabore con anticipación el librito que se encuentra en la hoja de trabajo del alumno y úselo para ilustrar la historia.

APLICACIÓN A LA VIDA DIARIA

Por medio de la historia de hoy sus alumnos aprendieron la importancia que tiene cumplir las promesas que hacen. Exhórtelos a imitar el buen ejemplo de David y a ser honestos haciendo aquello para lo cual se comprometieron.

Dígales: Cuando prometemos algo estamos dando nuestra palabra y la gente deposita su confianza en nosotros. ¿Qué sucede si no cumplimos lo que prometemos?

Escuche las respuestas y concluya remarcando que a Dios le agrada que sus hijos cumplan sus promesas.

ANEXO

La promesa de un amigo

Necesitará la hoja de actividades del libro del alumno, tijeras y engrapadora (abrochadora) o pegamento.

Ayude a los niños a recortar, doblar y pegar o abrochar el librito "La promesa de un amigo", como se indica en las instrucciones del libro del alumno. Antes de pegar el libro, ponga especial cuidado en que las hojas estén acomodadas de acuerdo al orden de la historia.

Después de que haya terminado, haga las siguientes preguntas:

- ✘ ¿Qué fue lo que más les gustó sobre la historia de hoy?
- ✘ ¿Qué creen que Dios quiere que aprendamos acerca de esta historia? (Escuche las respuestas y conversen al respecto).

Para concluir la actividad, permita que los niños escriban su nombre y lleven su librito a casa, para contar a otros la historia de David y Mefi-boset.

Cumplimiento de las promesas

Acomode a los niños formando un círculo y dígales: David cumplió la promesa que le había hecho a su amigo Jonatán, cuidando de su hijo Mefi-boset. Ahora nosotros vamos a pensar en las promesas que hemos hecho y debemos cumplir. Voy a empezar contando una promesa que yo hice y que quiero cumplir; después voy a pasar esta pelota a alguno de ustedes. Esa persona debe contar una promesa que deba cumplir. Cuando haya terminado pasará la pelota a alguien más que no haya participado todavía.

Use este juego como una manera en la cual sus alumnos puedan expresar sus ideas.

Juego de repaso

Haga las siguientes preguntas a manera de repaso siguiendo estas instrucciones: divida la clase en dos grupos. Cada uno debe asignar un capitán para dar la respuesta, después de haberla consultado previamente con su equipo. Cada respuesta correcta tendrá un valor de 5 puntos. Si algún grupo no sabe la respuesta, el equipo contrario tendrá la posibilidad de responderla para acumular más puntos.

1. ¿Cuál era el trabajo de David cuando vivía en Belén?
2. ¿Cómo se llamaba el siervo de Dios que ungió a David como rey?
3. ¿A quién se enfrentó David armado con su honda y cinco piedras?
4. ¿Qué sentimientos tenía el rey Saúl hacia David?
5. ¿Cómo se llamaba y de quién era hijo el mejor amigo de David?
6. ¿Dónde se escondían David y sus hombres?
7. Cuando el rey Saúl entró a la cueva, ¿qué le querían hacer los hombres de David?
8. ¿Qué hizo David en lugar de matar a Saúl?
9. ¿Cómo se llamaba el hijo de Jonatán al cual David ayudó?
10. Repite el texto para memorizar

MEMORIZACIÓN

Puesto que esta es la última clase de la unidad, preparare algunos premios para aquellos que hayan aprendido el texto para memorizar. Puede entregar coronas como las que hizo la semana pasada, o corazones de papel con el versículo escrito en su interior. Dé tiempo para que todos aquellos que lo deseen repitan individualmente el texto y cuenten a los demás lo que han aprendido.

PARA TERMINAR

Junto con su clase, repase brevemente las lecciones que estudiaron durante esta unidad y conceda tiempo para que expresen cuál de las historias les impactó más.

Enfatice la importancia de tomar en cuenta el buen ejemplo de David en su vida diaria. David, al igual que ellos, era tan solo un muchacho cuando Dios lo escogió para que fuera rey de su pueblo. Sin embargo, este sencillo pastorcito se convirtió en un rey muy poderoso y respetable.

También ellos pueden hacer algo grande en las manos del Señor.

Anímelos a depositar su confianza en Dios y obedecer su Palabra.

Antes de despedirlos, ore con ellos y repitan juntos el texto para memorizar.

Año 1 Unidad IX

JESÚS NOS ENSEÑA CÓMO VIVIR

Bases bíblicas: San Lucas 2:41-52; 9:51-56; San Marcos 4:35-41; 12:38-44
Texto de la unidad: ...*Amarás al Señor tu Dios con todo tu corazón, con toda tu alma y con toda tu mente* (San Mateo 22:37 – RV 1995)

PROPÓSITOS DE LA UNIDAD

Esta unidad ayudará a los principiantes a:

- ✘ Descubrir lo que Jesús enseñó por medio de su palabra y ejemplo.
- ✘ Aprender a amar y confiar en Dios obedeciendo a nuestros padres.
- ✘ Agradar a Dios siguiendo el ejemplo de Jesús y obedeciendo sus enseñanzas.
- ✘ Darse cuenta de que es mucho más fácil amar y obedecer a Dios siguiendo el ejemplo de Jesús.
- ✘ Aprender a confiar en el Señor cuando tienen miedo.
- ✘ Aprender a perdonar a los que les han hecho daño.
- ✘ Darle a Dios los mejores regalos: su amor y servicio.

LECCIONES DE LA UNIDAD

Lección 41: Jesús obedece a sus padres
Lección 42: Jesús calma la tormenta
Lección 43: Dios perdona
Lección 44: Jesús honra a una viuda

POR QUÉ LOS PRINCIPIANTES NECESITAN ESTA UNIDAD

Esta unidad ayudará a los alumnos a ver la conexión entre las "actitudes" y las "acciones". Descubrirán que Jesús mostró que algunas actitudes y acciones son agradables a Dios, como la confianza, la obediencia a los padres, el perdón y el amor sincero.

También aprenderán sobre la importancia de ser obedientes a sus padres. Dios lo consideró tan importante que lo incluyó en los Diez Mandamientos. Jesús, el mismo Hijo de Dios, fue obediente a sus padres terrenales, José y María.

En la lección 42 (Jesús calma la tormenta) los alumnos verán cómo Jesús tiene control de todas las situaciones al calmar la tormenta. Ellos, por su corta edad, tienen miedo ante muchas circunstancias. El estudio de esta lección los ayudará a no sentir temor y a confiar en Dios.

Por otra parte, las relaciones sociales de los principiantes se amplían a medida que crecen. Han dejado la seguridad de su casa y asisten a la escuela durante varias horas al día; su mundo se ha abierto a nuevas formas de relacionarse.

Aprender a tener una buena relación con otras personas no siempre es fácil para ellos. Por ese motivo, es importante enseñarles cómo ser amables con los demás (amigos, familiares, vecinos, etc.).

A través del estudio de estas lecciones, los niños buscarán la mejor forma de ser como Jesús.

LECCIÓN 41

JESÚS OBEDECE A SUS PADRES

ASPECTOS GENERALES

Base bíblica: San Lucas 2:41-52
Texto para memorizar: ...*Amarás al Señor tu Dios con todo tu corazón, con toda tu alma y con toda tu mente* (San Mateo 22:37 – RV 1995).
Objetivo de la lección: Ayudar a los principiantes a que sepan que Dios desea que le obedezcan.

PREPARACIÓN DEL MAESTRO

En San Lucas 2:41-52 se nos narra uno de los únicos eventos de la niñez de Jesús que aparecen en la Biblia, aparte de su nacimiento y la visita de los magos. Hay muchas historias acerca de su infancia en algunos escritos que no están basados en las Escrituras. Lo que distingue estas historias de los Evangelios es su énfasis en la singularidad de Jesús como niño. Muchos lo muestran exhibiendo poderes extraordinarios.

Esta historia contrasta vigorosamente con esas leyendas. Cuando Jesús tenía 12 años de edad se desarrollaba en todas las áreas de su vida, incluyendo su conocimiento acerca de la misión que tenía en la tierra y su relación con el Padre. La gente estaba maravillada de su gran conocimiento (San Lucas 2:47). Sin embargo, este pasaje nos muestra claramente que los maestros de la ley no eran conscientes de que el jovencito a quien le estaban haciendo tantas preguntas era plenamente divino y humano.

Cuando José y María encontraron a Jesús, su reacción fue de alivio. Jesús parecía sorprendido de que sus padres no supieran en dónde se encontraba. Aun así, leemos que él se sometió a la autoridad de sus padres. Los obedeció, dándonos ejemplo de la sumisión que debemos tener hacia nuestros padres terrenales.

ADAPTACIÓN

En nuestros días la obediencia parece estar pasada de moda. Algunos libros, la televisión y las revistas muestran a los padres como figuras negativas. El respeto hacia ellos y a su autoridad parece estar bajo presión.

Los principiantes necesitan saber la importancia que conlleva obedecer a los padres. Dios consideró esto tan importante que lo incluyó en los Diez Mandamientos. Los escritores del Nuevo Testamento también reafirman la importancia de esta obediencia. Sus alumnos podrán descubrir que Jesús, el mismo Hijo de Dios, obedeció a José y María. Como la historia lo muestra, no siempre le resultó fácil, sin embargo, fue obediente.

DESARROLLO DE LA LECCIÓN

Introducción

Un trabajo que hacer

Haga este juego para que los niños manifiesten qué tareas o labores realizan en sus casas. Deben seguir las indicaciones. Después de dar la mayoría de las instrucciones, pida que algunos voluntarios complementen la actividad dando indicaciones adicionales:

- ✘ Pónganse de pie los que hacen su cama.
- ✘ Aplaudan si lavan los platos y los vasos.
- ✘ Brinquen tres veces si están al cuidado de alguna mascota.
- ✘ Dense una palmada en la espalda si tienen que cuidar a un hermano o hermana menor.
- ✘ Muevan sus manos si recogen sus juguetes.
- ✘ Toquen la punta de sus zapatos si sacan la basura.
- ✘ Salten en un pie dos veces si limpian su habitación.
- ✘ Digan "sí" si ayudan a poner la mesa antes de comer.

Después del juego pregúnteles: ¿Cómo se sienten cuando sus padres les piden que hagan alguna de estas tareas? Anime a los niños a ser honestos con sus respuestas.

Diga: "Algunas veces es fácil obedecer a nuestros padres, pero otras no es tan sencillo. Veamos lo que Jesús nos enseñó acerca de la obediencia".

DESARROLLO DE LA HISTORIA BÍBLICA

Mostrar material visual durante el desarrollo de la lección es muy estimulante para los niños, ya que de esta manera ellos pueden ver, no solo escuchar, la historia bíblica.

Si no cuenta con material visual en su clase, elabórelo con anticipación. Puede usar recortes de revistas o periódicos donde se muestren lugares donde haya mucha gente, desfiles, festejos, etc. De esta manera puede representar la situación en la que estaban José y María cuando perdieron de vista a Jesús.

Narre la historia de tal forma que sus alumnos

puedan imaginar el momento por el cual Jesús y su familia estaban pasando.

APLICACIÓN A LA VIDA DIARIA

Hemos tomado como base esta historia para mostrar a los niños que Jesús, siendo el Hijo de Dios, siempre fue obediente durante el tiempo que vivió en el mundo. La necesidad de obedecer es un hecho muy importante en la vida de los principiantes.

Remarque el hecho de que la obediencia, aunque no siempre les guste, es una parte vital de la disciplina y del desarrollo armonioso de las personas.

Recordatorios de obediencia

Proporcione a sus alumnos su hoja de actividad, lápices de colores, tijeras, pegamento y sobres. Si no tiene sobres, puede elaborarlos usando hojas blancas y pegamento.

Lea en voz alta las instrucciones y ayude a los niños a recortar sus "recordatorios de obediencia". Pídales que los guarden en el sobre y los lleven a su casa para conversar sobre ello con sus padres, y juntos decidan cómo pueden ser obedientes. Luego, que escriban en los espacios en blanco lo que decidieron hacer. Este será un recordatorio constante que los ayudará a ser obedientes.

ANEXO

Jesús obedece a sus padres

Para esta actividad necesitará un pizarrón y tiza (= gis, yeso) o papel y marcadores.

Antes de la clase dibuje un rectángulo y divídalo en siete partes iguales. Marque el primer cuadrado como Jerusalén y el último como Nazaret. Ya en clase diga: "Veamos si podemos llevar a Jesús desde Jerusalén hasta Nazaret contestando preguntas sobre la historia". Haga las siguientes preguntas y cada vez que contesten correctamente ilumine una sección del rectángulo. Si ellos fallan en alguna, respóndala usted y pase a la siguiente pregunta. Siga jugando hasta iluminar todas las secciones. Si es necesario, repita las preguntas:

- ✘ ¿En dónde celebraban José, María y su familia la fiesta de la pascua? (En Jerusalén).
- ✘ ¿Qué le sucedió a Jesús en este viaje? (Se quedó atrás).
- ✘ ¿Qué hicieron José y María cuando se dieron cuenta de que Jesús no estaba con ellos? (Regresaron a Jerusalén a buscarlo).
- ✘ ¿Cómo creen que se sentirían ellos al no poder encontrar a Jesús? (Temerosos, decepcionados, preocupados).
- ✘ ¿En dónde encontraron a Jesús? (En el templo).
- ✘ ¿Qué estaba haciendo Jesús en el templo? (Conversando con los maestros de la ley, haciendo y contestando preguntas.)
- ✘ ¿Qué era lo sorprendente de las respuestas que Jesús les daba? (Que eran respuestas muy sabias).
- ✘ ¿Qué le dijo María a Jesús? (Te hemos estado buscando por todas partes).
- ✘ ¿Cómo respondió Jesús a su madre? (¿No sabían que debo estar en la casa de mi Padre?)
- ✘ ¿Qué le pidieron María y José a Jesús? (Que regresara a casa con ellos).
- ✘ ¿Qué hizo Jesús? (Obedeció).

MEMORIZACIÓN

Escriba en el pizarrón algunas letras de las palabras que forman el texto para memorizar. Escriba las letras restantes en trozos de papel que colocará dentro de una bolsa. Pida que algunos voluntarios saquen las letras de la bolsa y vean si corresponden a las que faltan en el texto.

Deben colocar la letra en el lugar correspondiente dentro del texto. Cuando hayan concluido léanlo juntos y repítanlo varias veces.

Cuando obedecer es peligroso

Algunos padres usan la enseñanza bíblica sobre la obediencia para abusar de sus hijos. Mientras usted trabaja con los niños, sea sensible y paciente a los que respondan molestos, o que cada vez estén más inquietos. Si algún niño manifiesta que está siendo abusado, reporte sus sospechas al pastor o al director del ministerio infantil.

Efesios 6:1-4 enumera las responsabilidades de los hijos hacia los padres, y de los padres hacia los hijos cuando dice: "Hijos, obedeced en el Señor a vuestros padres, porque esto es justo. Honra a tu padre y a tu madre que es el primer mandamiento con promesa, para que te vaya bien y seas de larga vida sobre la tierra. Y vosotros, padres, no provoquéis a ira a vuestros hijos, sino criadlos en disciplina y amonestación del Señor".

Es triste que el abuso infantil se dé en cualquier hogar, sin importar la raza ni la condición social. Manténgase en oración por los alumnos de su clase y por sus familias.

PARA TERMINAR

Asegúrese de que todos hayan terminado sus trabajos y lleven sus pertenencias a su casa. Exhórtelos a obedecer a sus padres durante la semana y a repasar el texto para memorizar. Forme un círculo y ore por cada uno de sus alumnos mencionando sus nombres antes de despedirlos.

LECCIÓN 42

JESÚS CALMA LA TORMENTA

ASPECTOS GENERALES

Base bíblica: San Marcos 4:35-41

Texto para memorizar: ... *Amarás al Señor tu Dios con todo tu corazón, con toda tu alma y con toda tu mente* (San Mateo 22:37 – RV 1995).

Objetivo de la lección: Que los principiantes aprendan a confiar en Dios cuando sienten miedo.

PREPARACIÓN DEL MAESTRO

El lugar donde se desarrolla esta historia bíblica es el mar de Galilea, un lago de agua dulce que mide 26 km de largo y 14 de ancho. Está situado en el valle del Jordán a 200 m. bajo el nivel del mar. Se encuentra rodeado de cerros y cuestas. Cuando el viento sopla, las colinas forman una especie de embudo que llega al agua y el viento se desata con toda su fuerza. El mar de Galilea es famoso por sus tempestades repentinas e imprevistas; aun pescadores de mucha experiencia pueden ser sorprendidos por las tormentas.

La mayoría del ministerio terrenal de Jesús se ubicaba en las cercanías de este lago. Algunos de sus discípulos, como Simón Pedro, eran pescadores experimentados y entendían bien el peligro de estar en el lago durante una tormenta intensa. Este conocimiento aumentó sus temores. Ellos no podían entender cómo Jesús podía dormir durante la tormenta.

El pasaje de San Marcos 4:35-41 nos hace dos preguntas: (1) ¿Quién es Jesús? y (2) ¿Confiarías en él?

La firmeza y brevedad de la orden de Jesús hacia el viento y el mar expresa la seguridad de Aquel que tiene todo bajo su gobierno. El control de Jesús sobre las fuerzas de la naturaleza demuestra su autoridad divina.

Las palabras: "calla, enmudece" nos dan una gran esperanza. En los peores problemas, desde el preocuparse por el día de mañana hasta tener que enfrentarse a la muerte, estas mismas palabras pueden dar sostén a todos aquellos que escuchan la voz del Hijo de Dios.

ADAPTACIÓN

Los niños durante esta etapa de su desarrollo tienen muchos miedos. Esta lección los ayudará a trabajar constructivamente con ellos y aprenderán a confiar en Dios.

Es importante reconocer que el miedo no necesariamente es malo. Es una buena emoción dada por Dios que nos puede proteger de muchos tipos de peligro. Sin embargo, cuando el miedo nos paraliza o amenaza nuestra confianza en Dios allí se vuelve peligroso.

El milagro de calmar la tempestad nos muestra claramente la autoridad de Jesús sobre la creación. Esta autoridad nos debe inspirar confianza en él. Eso no significa que los niños que confían en Dios son invulnerables y están protegidos de todo peligro, sino que es Dios quien tiene la autoridad sobre todo cuanto existe y está con ellos, sin importar a lo que se tengan que enfrentar.

DESARROLLO DE LA LECCIÓN

Introducción

Para la introducción necesitará hojas y lápices de colores o crayones.

Pregunte a sus alumnos a qué le tienen miedo. Dé tiempo para que respondan y déles las hojas para dibujar. Pídales que grafiquen alguna situación en la cual hayan sentido miedo. Permita que algunos voluntarios comenten acerca de sus dibujos al resto de sus compañeros.

Diga: Hoy aprenderemos acerca de una ocasión en donde los discípulos de Jesús tenían miedo. Veamos lo que él les dijo acerca del miedo.

DESARROLLO DE LA HISTORIA BÍBLICA

Provea a los niños hojas de papel reciclado o usadas, conos de papel, hojas de periódico y bolsas de papel o celofán que ya no vaya a utilizar. Dígales que pueden usar estos materiales para hacer los ruidos de la tormenta durante la historia bíblica. Arrugando el papel y las bolsas pueden hacer el sonido de los truenos, y soplando por los conos el del viento.

Mientras relata la historia, permita que durante el momento de la tormenta los niños hagan los diferentes sonidos y expresen lo que sentirían si estuvieran en una situación parecida.

Anímelos a disfrutar del silencio y la calma que sintieron sus discípulos cuando Jesús ordenó a la tormenta detenerse. Invite a sus niños a participar como actores. Estas actividades les gustan mucho y les ayudan a reforzar el conocimiento.

Prepare una fila de sillas y pegue con una cinta el periódico alrededor simulando las paredes de la barca.

Algunos niños serán los discípulos y pueden usar escobas como remos, mientras que uno representará a Jesús que estará durmiendo y tapado con una manta. Los demás niños pueden seguir haciendo los sonidos de la tormenta.

Mientras tanto, narre la historia bíblica y que sus alumnos sean quienes la escenifiquen.

APLICACIÓN A LA VIDA DIARIA

Compare el miedo que sentían los discípulos durante la tormenta con el miedo que sienten sus alumnos al enfrentar situaciones difíciles; por ejemplo, estar en un cuarto oscuro, entrar a una nueva escuela, dormir solo en un cuarto, etc.

Es bueno que les recuerde que Dios es el creador de todo cuanto existe y que él ejerce control absoluto sobre su creación, incluyendo todo aquello que los atemoriza.

Invítelos a confiar en el poder y la protección de Dios en los momentos de temor.

ANEXO

La tormenta se calma

Proporcione a sus alumnos la hoja de actividad, tijeras y pegamento. Recorten la tira de la "confianza" de la sección recortable correspondiente a esta lección.

Lea junto con su grupo el párrafo que se encuentra en la hoja de actividad y doblen la hoja por la línea punteada. Después ayúdelos a recortar con mucho cuidado las líneas negras para hacer diez aberturas, desdoblen la hoja e inserten la tira a través de dichas aberturas empezando por el lado derecho.

Muéstreles cómo mover la tira de un lado a otro para simular las olas del mar.

Recordatorio de confianza: Mensaje Oculto

Tenga a mano su Biblia abierta en Salmos 56:3 y diga a sus alumnos que busquen ese texto.

Den vuelta la hoja de actividad y dígales: Todos nosotros debemos ejercitar diariamente nuestra confianza en Dios para que sea cada vez mayor. El rey David, de quien estudiamos la unidad pasada, era un hombre que había puesto su confianza en Dios, y él habló de esta confianza cuando escribió este hermoso salmo que vamos a leer ahora.

Permita que un voluntario lea, y luego haga las siguientes preguntas:

- ✘ ¿David dijo: "Yo nunca siento temor"? (No, dijo: "en el día en que temo).
- ✘ ¿Qué podemos aprender sobre lo que David dijo acerca de tener miedo? (Todos sentimos miedo alguna vez y eso no es incorrecto, sino algo natural. Sin embargo, lo incorrecto es dejarnos dominar por el temor).
- ✘ ¿Qué hacía David cuando tenía miedo? (Confiaba en Dios).
- ✘ ¿Qué piensan que Dios quiere que hagamos cuando sentimos temor? (Que confiemos en él).

Dé tiempo a sus alumnos para que escojan su color favorito e iluminen los espacios que tienen un punto. De esta forma podrán encontrar el mensaje oculto.

Barquitos de confianza

Para esta actividad puede usar cualquier clase de material reciclado (hojas de periódico, recortes de tela, hojas de colores, cartones o envases de leche limpios, etc.), pegamento, tijeras, cinta adhesiva, plastilina y lápices de colores.

Entregue a sus alumnos los materiales y anímelos a usar su imaginación para crear un barquito como aquel en el que viajaba Jesús durante la tormenta. Si necesitan ayuda colabore con ellos.

Cuando hayan finalizado, pueden hacer una pequeña exposición de barquitos e invitar a los hermanos de la congregación a visitarla.

MEMORIZACIÓN

Para el momento de repaso y memorización del texto bíblico, siente a sus alumnos mirando hacia el frente y pídales que mantengan los ojos cerrados. Escriba el texto para memorizar en el pizarrón. Cuando haya terminado, que los niños abran los ojos y lo lean. Que cierren los ojos de nuevo y usted borre algunas palabras clave. Dígales que descubran qué sucedió y si pueden repetir todo el texto. Continúe así hasta borrarlo todo.

Déles la oportunidad para que los alumnos lo repitan de memoria, individualmente y en grupos pequeños.

PARA TERMINAR

Antes de dar por finalizada la clase asegúrese de entregar todos los trabajos que sus alumnos hayan realizado en clase, e invítelos a asistir a la próxima. Menciónele el tema de la historia bíblica siguiente y oren por las necesidades del grupo.

LECCIÓN 43

DIOS PERDONA

ASPECTOS GENERALES

Base bíblica: San Lucas 9:51-56
Texto para memorizar: ...*Amarás al Señor tu Dios con todo tu corazón, con toda tu alma y con toda tu mente* (San Mateo 22:37 – RV 1995).
Objetivo de la lección: Esta lección ayudará a los principiantes a perdonar a las personas que han actuado mal con ellos.

PREPARACIÓN DEL MAESTRO

Jesús estaba por terminar su misión en la tierra e iba camino a Jerusalén, donde sufriría el castigo por los pecados de todo el mundo. Durante el viaje envió a sus discípulos a hacer preparativos para detenerse a descansar en una aldea samaritana.

Cuando los samaritanos supieron que Jesús y sus discípulos se dirigían a Jerusalén, el centro político y religioso del pueblo judío se negó a permitirle pasar la noche dentro de su aldea. Este era un desaire muy serio. La hospitalidad hacia los viajeros era una parte integral de estas culturas antiguas. La enemistad entre judíos y samaritanos tenía una larga historia debido a los constantes conflictos raciales y culturales.

Los discípulos estaban enojados por el trato que los samaritanos les habían dado, y animaban a Jesús a castigarlos por su agravio. Pero él les demostró una vez más que era el Hijo de Dios. Ellos siempre habían escuchado que el Mesías terminaría con la enemistad entre los pueblos. Sin embargo, creían que sería a través de castigos y órdenes severas.

Cuando los samaritanos rechazaron a Jesús y a sus apóstoles, a ellos les parecía lógico que él los castigara severamente. En cambio Jesús tenía otros planes y los reprendió; ellos sabían que él era el Cristo, pero no habían comprendido que su misión era perdonar y redimir, no destruir, y que había venido al mundo lleno de gracia y perdón, no de castigo y juicio.

ADAPTACIÓN

Las relaciones sociales de los principiantes se amplían a medida que crecen. Han dejado la seguridad de casa y asisten a la escuela durante una buena parte del día. Su mundo se ha abierto a nuevas formas de relacionarse.

Aprender a tener una buena relación con otras personas no siempre es fácil para ellos. Conforme van teniendo amigos, es probable que se enfrenten a diferentes conflictos.

La amabilidad es una forma saludable de tratar con los conflictos. Ser amable con los demás (amigos, familiares y algunas veces enemigos) es esencial al construir y mantener relaciones sociales.

Para los niños pequeños es difícil ser amable con los que los han tratado mal. Por lo general, reaccionan con agresividad y no piensan antes de actuar. Siguen sus impulsos y se guían por las emociones. Otras veces no saben cómo responder y se sienten inferiores y sin protección.

Esta lección es muy similar a la que los niños estudiaron sobre David, quien decidió tratar con amabilidad al rey Saúl, que era su enemigo. Estudiar de nuevo el tema los ayudará a reforzar lo que aprendieron, y a conocer este principio bíblico desde la perspectiva del Nuevo Testamento.

DESARROLLO DE LA LECCIÓN

Introducción

¡Tú decides!

Este juego le ayudará a preparar a los principiantes para escuchar la historia bíblica y relacionarla con su vida diaria. Por turnos, los niños deben representar al Director de una escuela. Usted representará a un maestro que le pregunta a él qué debe hacer con los siguientes niños:

1. Un niño de quinto grado robó el dinero del almuerzo de un niño más pequeño.
2. Un niño de cuarto grado corrió muy rápido y tiró a una niña que usaba muletas.
3. Una niña de primer grado le escondió los lápices a una compañera del salón.
4. Un niño de segundo grado les contó a todos los secretos de su amigo.
5. Una niña de tercer grado se burló de la ropa de un niño de otra clase.

Tenga cuidado de no mencionar nombres; solo diga "un niño o una niña". El alumno que represente al director deberá decidir el castigo que merece el niño que se portó mal. Después de que se hayan dicho todos los castigos, pregunte a sus alumnos qué sentirían si ellos fueran alguno de los niños mencionados en esos ejemplos y tuvieran que cumplir con el castigo que el Director les asignó.

Dígales que cuando una persona lastima a otra muchos quieren que sea castigada. Algunas veces la persona que fue lastimada decide vengarse de quien la trató mal. Nosotros llamamos a eso "ojo por ojo y diente por diente". Pregunte: ¿Pueden darme un ejemplo de eso? Permita que el grupo responda.

Mencione que en la historia bíblica de hoy algunas personas trataron mal a Jesús, y que aprenderán lo que él hizo al respecto.

DESARROLLO DE LA HISTORIA BÍBLICA

Ubique a sus alumnos en el contexto en el que se desarrolla la historia de hoy. Jesús y sus discípulos estaban realizando un largo viaje. Habían caminado muchos kilómetros por caminos pedregosos y ya estaban cansados y hambrientos. Durante todo su recorrido, el Maestro había sanado enfermos, expulsado demonios y ayudado a cientos de personas, por lo que era lógico que su cuerpo se sintiera agotado y quisiera descansar.

Además, Jesús sabía que serían los últimos días que pasaría en la tierra antes de sufrir en la cruz el castigo por los pecados del mundo y su corazón estaba afligido.

Relate la historia bíblica a sus niños e invítelos a que la lean en su propia Biblia.

APLICACIÓN A LA VIDA DIARIA

Esta historia es un claro ejemplo de la humildad y sencillez de Jesús. Perdonar es difícil, seamos niños o adultos; sin embargo, esta actitud es aún más difícil en la vida de los niños cuando les enseñamos que deben perdonar pero no perciben un espíritu perdonador en nuestras actitudes. Además, la sociedad ha fomentado, sobre todo en los varones, la idea de que el perdón, en lugar de la venganza, es solo para las personas débiles.

Los principiantes deben saber lo que Jesús enseñó acerca del perdón para que ellos lo puedan aplicar a su vida. Saber que Jesús, siendo el Hijo de Dios, perdonó a sus transgresores los ayudará a desarrollar un espíritu de perdón desde su temprana edad.

ANEXO

¿Quién lo dijo?

Dé a sus alumnos su hoja de actividades, colores y lápices.

Repasen la historia bíblica leyendo las frases que se encuentran dentro de los globos, y decidan qué personaje la dijo. Permita que los niños lean las frases de izquierda a derecha y unan los globos con los personajes y la ciudad (tal frase la dijeron los pobladores de la aldea samaritana).

¿Qué estás pensando?

Según las ilustraciones de la hoja de actividades del libro del alumno, inicie un debate sobre lo que está sucediendo en cada dibujo. Sus alumnos pueden construir una historia basada en la ilustración, y conversar acerca de cómo deben actuar los niños a los que se los está maltratando. Haga las preguntas que se formulan e invite a sus alumnos a contestarlas, tomando como base lo que escucharon en la historia bíblica.

Guíelos a que, mientras argumenten sus puntos de vista, recuerden que Jesús nos enseña a perdonar, aun cuando las personas no sean amables con nosotros.

Letras desordenadas

Prepare con anticipación en hojas o cartulinas las letras que forman la palabra "perdón", y tenga cinta adhesiva. Cada letra debe estar repetida, según la cantidad de equipos (de seis personas cada uno) que puedan participar durante la clase. Divida a los niños en grupos de seis, y entrégueles seis letras en forma desordenada. Con ayuda de la cinta adhesiva deben pegarse las letras en el pecho.

Cuando estén listos formarán un círculo, mientras se escucha algún tema musical o se toca la pandereta. Cuando la música termine, los equipos deberán formar la palabra "perdón". El equipo que lo haga primero ganará el juego y colocará la palabra que formó en el pizarrón o en un lugar visible dentro del salón.

MEMORIZACIÓN

Para esta actividad necesitará escribir el texto para memorizar en tiras de papel o cartulina y ponerlas dentro de una caja o bolsa.

Mézclelas y permita que sus alumnos vayan sacando una por una para ordenar el texto. Si lo hacen sin su ayuda felicítelos, y si está dentro de sus posibilidades prémielos con una golosina.

PARA TERMINAR

A manera de repaso, escriba en el pizarrón con letras grandes: ¿Qué es perdonar?, y dibuje alrededor círculos, nubes, globos u otra figura fácil de hacer con las siguientes palabras dentro: pelear, vengarse, amar al otro, olvidar, seguir siendo amigo, ayudar, golpear, tratar con amabilidad.

Indique a sus alumnos que pasen a borrar las palabras que no muestren una actitud de perdón. De esta forma solo quedarán escritas aquellas actitudes que ponen en práctica lo que Jesús enseñó acerca del perdón.

Invite a un voluntario para que haga la oración final.

LECCIÓN 44

JESÚS HONRA A UNA VIUDA

ASPECTOS GENERALES

Base bíblica: San Marcos 12:38-44
Texto para memorizar: ... *Amarás al Señor tu Dios con todo tu corazón, con toda tu alma y con toda tu mente* (San Mateo 22:37 – RV 1995).
Objetivo de la lección: Que los principiantes comprendan que el amor y el servicio a Dios son los mejores regalos que le pueden dar.

PREPARACIÓN DEL MAESTRO

Durante su ministerio, Jesús enfatizó en numerosas ocasiones la grandeza de las personas humildes o desposeídas. A través del Nuevo Testamento encontramos muchos pasajes que nos recuerdan que él engrandecía a las personas humildes y las usaba para su servicio. Por ejemplo, cuando escogió el almuerzo de un jovencito para alimentar a cinco mil personas, el día en el que tomó como ejemplo a un niño para mostrar a sus discípulos quién es el más grande, y el momento en el que compara la generosidad de una viuda pobre con la arrogancia y vanagloria de los fariseos.

La vida misma de Jesús es un ejemplo de humildad, quien vino a este mundo de manera sencilla y sin lujos, nunca pretendió recibir honores, al contrario, demostró cada día de su vida su naturaleza de siervo humilde.

Cierto día Jesús estaba sentado delante del arca de la ofrenda y observaba a las personas del pueblo echar su dinero dentro de la misma, entre ellos, los fariseos y los hombres ricos haciendo alarde de lo mucho que ofrendaban a Dios. Él sabía que en el corazón de estos hombres no había sinceridad y que lo único que deseaban era llamar la atención de los allí reunidos.

Una viuda muy pobre se acercó al arca y depositó dos pequeñas monedas de poco valor. Sin embargo, Jesús comparó su ofrenda con la de los líderes religiosos. Ellos habían dado grandes cantidades de dinero, calculaban sus donativos de acuerdo a las leyes de las ofrendas y los diezmos. Sin embargo, esta mujer había dado todo su sustento, lo único que le quedaba para vivir.

Jesús sabía la sinceridad de la ofrenda de esta mujer y su confianza en la provisión de Dios para sus necesidades. Esto sirvió de enseñanza para sus discípulos, y reafirma una vez más que el reino de los cielos no se gana por obras sino por fe y amor.

ADAPTACIÓN

Los niños de esta edad no tienen dificultades para aceptar el amor y la misericordia de Dios en su vida. Si bien es cierto que les surgen muchas dudas y preguntas, su fe es sincera y desinteresada. Ellos son conscientes del amor y el cuidado divinos.

Y les gusta hacer algo para agradar a Dios, por ejemplo: cantar, orar y alabar juntos en el templo. Pero, en ocasiones, se sienten limitados por su edad en cuanto a lo que pueden hacer. No tienen mucho dinero para ofrendar, ni pueden contribuir en gran manera a los proyectos de la iglesia o trabajar como ministros o misioneros.

Esta lección ayudará a sus alumnos a comprender que a Dios le importa más el amor sincero y desinteresado que las ofrendas materiales. Es probable que los niños se identifiquen con la viuda pobre que no tenía una gran ofrenda para ofrecer a Dios. Sin embargo, Jesús consideró esta acción como un regalo de amor y sinceridad. A través de esta lección, aprenderán diferentes formas de mostrar su amor a Dios.

DESARROLLO DE LA LECCIÓN

Introducción

Entregue a cada alumno una hoja en blanco y lápices de colores para que dibujen la mejor ofrenda que ellos consideren que le pueden dar a Dios.

Conforme vayan terminando, pegue los dibujos en alguna pared o en el pizarrón y permita que los niños pasen al frente y expliquen a sus compañeros lo que dibujaron. Cuando hayan comentado todos los dibujos, dígales que en la lección de hoy aprenderán acerca de una persona que realmente amaba a Dios y le dio un hermoso regalo.

DESARROLLO DE LA HISTORIA BÍBLICA

Muestre a sus alumnos en la mano derecha dos monedas de poco valor, y en la izquierda un billete. Pregúnteles: ¿Cuál de estas dos ofrendas creen que le agrada más a Dios? (Dé tiempo para que respondan y aclare las preguntas o dudas que surjan relatando la historia bíblica).

Ubique a sus alumnos en el contexto histórico donde se desarrolla la historia. Explique que los judíos se reunían en las sinagogas para adorar a Dios así como hoy nosotros vamos al templo. Dentro de la sinagoga había un cofre donde se recogía el dinero; las personas depositaban allí sus diezmos y ofrendas para el Señor.

En ese tiempo unos hombres muy estudiosos, llamados fariseos o maestros de la ley, no actuaban de acuerdo con la voluntad de Dios. Ellos también iban a la sinagoga y depositaban su ofrenda, pero no lo hacían honestamente.

Es importante que aclare bien a sus alumnos que para Dios no es importante la cantidad o el valor de nuestra ofrenda, sino la sinceridad y el amor con que lo hacemos. Los fariseos daban ofrendas de mucho valor, pero no por amor a Dios, sino para que la gente del pueblo los admirara. En cambio, la viuda pobre quería demostrarle a Dios su amor y su fe a través de esas sencillas moneditas.

APLICACIÓN A LA VIDA DIARIA

Relacione la verdad bíblica con el contexto diario de sus alumnos. Permita que sean ellos quienes den ejemplos de las maneras en las cuales pueden dar regalos a Dios (orando, alabándole, leyendo a otros su Palabra, obedeciendo sus mandamientos, etc.).

Anímelos a ser siempre sinceros y a ofrecer a Dios lo mejor de ellos mismos de todo corazón.

ANEXO

¡Ella dio todo lo que tenía!

Dé a sus alumnos su hoja de actividad correspondiente a esta lección, tijeras y un sobre o bolsa de plástico para cada uno.

Pregunte a qué se refiere la ilustración de su hoja de actividad. Después de repasar la historia bíblica, ayúdelos a recortar sobre las líneas para hacer un rompecabezas.

Mientras los niños realizan la actividad, refuerce la verdad bíblica de esta lección haciéndoles algunas preguntas:

1. ¿Cuánto ofrendaron los maestros de la ley? (Mucho dinero por que eran ricos). Explique que ellos deseaban ser observados mientras daban sus ofrendas y hacían mucho ruido cuando depositaban las monedas en el arca para que la gente dijera: "Miren todo lo que ellos dan, realmente aman a Dios".
2. ¿Cuánto ofrendó la viuda? (Dos pequeñas monedas, todo lo que tenía para vivir).
3. ¿Por qué creen que la viuda dio todo lo que le quedaba? (Porque realmente amaba a Dios).
4. ¿Cómo pudo vivir si ya no tenía dinero? (Porque confiaba que Dios cuidaría de ella).

Pida a los niños que pongan sus piezas sobre la mesa y armen el rompecabezas para descubrir el texto que se encuentra en la parte posterior del dibujo (San Marcos 12:43).

Después de leer el texto guarden los rompecabezas en los sobres para llevarlos a su casa y contar la historia de la viuda a sus familiares.

¿Qué puedo dar?

Prepare cartulinas rojas, o algún papel similar, tijeras, crayones o marcadores y cinta adhesiva, y repártalos a sus alumnos con un corazón dibujado en ellos. Pida que los recorten y escriban dentro alguna de las siguientes frases:

- ✘ Cuando ores, dile a Dios cuánto lo amas.
- ✘ Escribe una carta para alguien enfermo.
- ✘ Ayuda a tus padres en las tareas de la casa.
- ✘ Obedece a Dios.
- ✘ Sé amable con las personas que te tratan mal. Ayuda a tu maestra.
- ✘ Lee la Biblia.

Cuando todos terminen, ayúdelos a pegar el corazón en alguna parte visible del salón, como un recordatorio de los regalos que pueden ofrecer a Dios.

MEMORIZACIÓN

Hoy es la última lección de la unidad, y seguramente la mayoría de sus alumnos han aprendido el texto de memoria.

De ser posible, converse con su pastor para que los principiantes reciten el texto y las enseñanzas de esta unidad a la congregación durante el culto.

PARA TERMINAR

Haga un breve repaso de lo aprendido a lo largo de las cuatro lecciones de esta unidad. Conceda tiempo para que sus alumnos recuerden las historias bíblicas y las enseñanzas. Invítelos a la siguiente clase y haga una introducción a la siguiente unidad.

Ore por las necesidades de sus alumnos. Póngase en contacto con sus familias para saber como están aplicando en el hogar lo que han aprendido en la escuela dominical.

Año 1 Unidad X

UN DIOS FIEL Y UN SIERVO FIEL

Bases bíblicas: 1 Reyes 17:1-16; 18; 19; 2 Reyes 2:1-18
Texto de la unidad: ... *La oración eficaz del justo puede mucho* (Santiago 5:16 – RV 1995).

PROPÓSITOS DE LA UNIDAD

Esta unidad ayudará a los principiantes a:

- ✗ Descubrir que en cada situación Dios es fiel.
- ✗ Reconocer que las personas fieles ayudan en la obra de Dios.
- ✗ Crecer en su confianza en Dios.
- ✗ Querer ser fieles siervos de Dios.
- ✗ Descubrir la forma en que Dios provee para sus necesidades.
- ✗ Acudir a Dios en momentos de necesidad.

LECCIONES DE ESTA UNIDAD

Lección 45: Dios provee a Elías
Lección 46: ¿Quién es Dios?
Lección 47: Dios fortalece a Elías
Lección 48: Dios continúa su labor

POR QUÉ LOS PRINCIPIANTES NECESITAN ESTA UNIDAD

A esta edad los niños buscan héroes a quien imitar y admirar. La Biblia está llena de héroes valiosos; Elías es uno de ellos. Dios demostró a través de la vida de él que tiene el control de todo cuanto existe.

Elías fue un héroe, pero también era un ser humano como nosotros. Muchas veces se sentía agotado, se había vuelto un hombre temeroso, sin ánimo y con desaliento. En otras ocasiones se sintió solo; incluso le dijo a Dios: "Basta ya, Jehová" (1 Reyes 19:4). Santiago 5:17 dice que él era un hombre como nosotros. Este balance entre heroísmo y humanidad puede hacer de Elías alguien real para los principiantes.

El verdadero héroe en la historia de Elías es Dios. Ayude a los niños a reconocer que él siempre está actuando, sin importar lo mala que sea la situación. Los principiantes algunas veces se sienten desanimados, por lo tanto necesitan fiarse de un Dios que tiene el control.

Dios mostró su poder sobre el mal en el monte Carmelo. Cuando Elías estaba cansado de huir de Jezabel, el Señor le dio descanso, sustento y aliento. También le mostró que él tiene el control, aun cuando las circunstancias cambian.

Ayude a sus alumnos a crecer en su confianza de que en cada situación Dios puede hacer su voluntad. Él es el autor de la vida; hizo el mundo y todo lo que en él habita.

LECCIÓN 45

DIOS PROVEE A ELÍAS

ASPECTOS GENERALES

Base bíblica: 1 Reyes 17:1-16
Texto para memorizar: ... *La oración eficaz del justo puede mucho* (Santiago 5:16, RV 1995).
Objetivo de la lección: Ayudar a los principiantes a descubrir las diferentes formas en las que Dios provee para sus necesidades.

PREPARACIÓN DEL MAESTRO

Los tres incidentes narrados en este capítulo 17 muestran el triunfo del poder de Dios. El problema que tienen en común es la muerte. La solución, que se dio a través de un milagro, es la vida. Esta lección se enfoca en los primeros dos incidentes. Dios proveyó para las necesidades de Elías de diferentes maneras. Combinó formas ordinarias con otras extraordinarias para librarlo de la muerte. Para Elías estos acontecimientos dentro de su ministerio sirven como un período de preparación.

La disposición de Elías cambia de ser pasiva a activa. En la primera historia él solo obedece y Dios lo alimenta. En la segunda, él cuenta lo que Dios va a hacer, permanece bajo su protección y es testigo de su gran poder.

¿Por qué Dios mandaría los cuervos para que alimentaran a Elías? Estos animales se distinguen por su falta de limpieza, tal vez la comida hubiera sido insalubre para él.

También es muy probable que si ellos llevaban la comida no se la hubieran dado a Elías tan fácilmente. Pero Dios estaba al control de la situación y les ordenó a los cuervos que le llevaran pan y carne a su siervo.

En contraste con la carne que le llevaron los cuervos, Dios usó un recurso muy natural para darle agua. Le dijo que bebiera de un arroyo. Después de que hubo tomado el agua, como había una tremenda sequía, el arroyo se secó. Pero el mismo que ocasionó la sequía dispuso todo para que Elías tuviera un techo y una mesa.

Después, Dios mandó a Elías a Sarepta de Sidón, a la casa de una viuda. En ese lugar, nuevamente le proveyó para que tuviese de comer, multiplicando de manera increíble los alimentos de la viuda mientras ella cuidaba de Elías. El aceite y la harina para hacer pan son elementos ordinarios, pero el hecho de que fueron inagotables es extraordinario.

ADAPTACIÓN

Muchos niños no son conscientes de cómo sus necesidades diarias se van supliendo. Ven la comida en la mesa y tener un techo como algo muy natural. A veces les preocupa más el estilo de alguna prenda de vestir que el calor y protección que el hogar les puede dar; no toman en cuenta las provisiones de Dios.

Ayude a los principiantes a reconocer que Dios es el dador de la vida al haber creado el mundo y todo lo que en él habita. Muchas personas ven cómo el Señor les provee para que no tengan necesidades de una forma extraordinaria y milagrosa.

Use esta lección para ayudar a sus alumnos a comprender que es Dios quien suple todo lo que les hace falta, según la forma en que él decida hacerlo: ordinaria o extraordinaria.

DESARROLLO DE LA LECCIÓN

Introducción

¿Qué necesitamos?

Entregue a los alumnos la hoja de actividad y dígales: "Estos dibujos nos muestran todo tipo de elementos que la gente necesita y quiere. Encierren en un círculo lo que necesitamos para sobrevivir y estar bien". Después, que marquen con una X aquello que disfrutamos pero que podemos prescindir para vivir. Dé tiempo a los niños para que desarrollen esta actividad. Recuérdeles que encierren en un círculo solo lo que es necesario, no lo que hace la vida más fácil.

Pregunte: ¿Cómo obtenemos todo lo que necesitamos? (Escuche sus respuestas. Ellos tratarán de explicar cómo su familia los obtiene). Guíe la discusión a que los niños se pregunten de dónde proviene la comida que podemos comprar en las tiendas, de dónde viene el agua, etc. Ayúdelos a descubrir que Dios nos da todo lo que nos hace falta porque él creó la tierra y lo que hay en ella.

Dígales: "Ahora podemos entender que Dios nos da el agua, el aire, el sol, la comida y las plantas; así como los animales de donde obtenemos los alimentos, porque él hizo todo esto; pero a veces nos olvidamos de su amor y de la manera en que nos cuida. En la historia bíblica de hoy conoceremos a una persona a la que el Señor alimentó de manera extraordinaria, pero a la vez sencilla. Veamos si pueden descubrir la diferencia entre las dos".

DESARROLLO DE LA HISTORIA BÍBLICA

Considere invitar con anterioridad a un miembro de su congregación para que represente a Elías y narre la historia bíblica. Déle la cita bíblica de estudio para que pueda prepararse adecuadamente.

Si lo prefiere, narre e ilustre la historia usando algunas láminas o dibujos que usted mismo puede elaborar basándose en el desarrollo de la historia.

APLICACIÓN A LA VIDA DIARIA

Para aplicar esta lección a la vida diaria, lleve a la clase algunas revistas en donde aparezcan fotos de familias, niños y actividades familiares. Déselas a los alumnos para que ellos las vean y también para que busquen todo aquello que Dios nos provee para que podamos vivir, como comida, agua, la familia, los padres, etc. Mientras los niños encuentran las fotografías, pídales que se las pasen a los demás. Termine la introducción agradeciéndole a Dios por proveernos todo lo bueno para nosotros.

ANEXO

¿Cómo cuidó Dios a Elías?

Permita que los niños recorten las figuras de la sección recortable y las peguen en la hoja de actividad como corresponde. Después repase la lección con estas preguntas:

- ✘ ¿Dónde aparece Elías en el dibujo? (Cerca del arroyo de Querit).
- ✘ ¿De qué manera ayudó Dios a Elías, tal como lo hace con otras personas? (Le dio el agua de un arroyo y el calor de los rayos del sol).
- ✘ ¿Qué manera inusual utilizó Dios para cuidar a Elías? (Los cuervos le llevaron comida).

Pídales que dibujen un cuadro alrededor de esa figura.

Termine con la siguiente conclusión: "Dios cuidó a Elías de dos maneras diferentes: una ordinaria y otra extraordinaria. Así también cuida de nosotros porque nos ama y desea que seamos felices.

Proyecto: "Hagamos un milagro"

Recuerde a los principiantes las formas tan especiales en las que Dios cuidó a Elías. Dígales que también ellos pueden ayudar a los demás, y que piensen de qué forma pueden llevar alimento a personas que lo necesiten.

Propóngales recolectar varias bolsas o cajas de comida. Que les pidan a sus padres alimentos imperecederos para dárselos a una familia que los necesite. Hable con su pastor sobre este proyecto, y que él le informe acerca de las necesidades dentro de su iglesia y su comunidad.

Fije un plazo de varias semanas para que los niños lleven estos artículos. Señale algún lugar en donde se juntarán todos los alimentos y ponga una fecha especial para entregar todo lo que los niños juntaron.

Busque la forma en la que sus alumnos lo puedan ayudar a repartir los alimentos. Enfatice diciéndoles que ellos pueden ayudar de una forma muy sencilla y ordinaria a satisfacer las necesidades de alguna familia. La familia que reciba esta ayuda sentirá que fue algo extraordinario.

MEMORIZACIÓN

En una cartulina blanca, o en un trozo de papel de buen tamaño, escriba con letras grandes el texto para memorizar junto con la cita bíblica. Dé a los alumnos la oportunidad de decorar este cartel. Provéales lápices de colores, marcadores y lo que necesiten para pintarlo y adornarlo a su gusto. Cuando hayan terminado pónganlo en un lugar visible del salón para que todos puedan leer el texto las veces que lo deseen.

PARA TERMINAR

Esta es la primera de cuatro lecciones que hablan acerca del profeta Elías. Invite a sus alumnos a familiarizarse con este héroe bíblico leyendo sobre su vida durante la semana.

Anímelos a reconocer la provisión de Dios para ellos y sus familias todos los días y darle gracias por ello.

Guíelos en oración dando gracias a Dios por su cuidado y por suplir sus necesidades. Ore por las peticiones específicas dentro del grupo.

NOTAS:

LECCIÓN 46

¿QUIÉN ES DIOS?

ASPECTOS GENERALES

Base bíblica: 1 Reyes 18
Texto para memorizar: ... *La oración eficaz del justo puede mucho* (Santiago 5:16 – RV 1995).
Objetivo de la lección: Ayudar a los principiantes a que comprendan que Dios es único y poderoso.

PREPARACIÓN DEL MAESTRO

Dentro de la historia del pueblo de Israel, encontramos que muchas veces ellos se inclinaban a servir a otros dioses. El atractivo de adorar a ídolos falsos parecía irresistible. A las personas las seducía la adoración al dios cananita de la fertilidad. Sin embargo, su lealtad estaba dividida. Declaraban creer en Jehová, pero practicaban la adoración a Baal.

Elías hizo un llamado al pueblo a que fueran leales únicamente a Dios. Les preguntó: "¿Hasta cuándo vacilaréis vosotros entre dos pensamientos? Si Jehová es Dios, seguidle; si Baal, id en pos de él" (v. 21).

Este profeta conocía muy bien la respuesta a su desafío; había experimentado innumerables veces la mano poderosa de Dios en su vida, y sufría a causa de la desobediencia e idolatría del pueblo.

Lo que sucedió en el monte Carmelo es un ejemplo extraordinario de la fe y la confianza que Elías tenía en Dios. Él era el único profeta de Jehová que aún vivía, y había resuelto demostrarle al rey y al pueblo la omnipotencia de Dios.

El culto y la adoración a Baal estaba respaldada por los más altos niveles del gobierno, incluyendo a la reina. Sus sacerdotes y profetas se contaban por cientos. Sin embargo, esto no era importante para Elías; él servía al Dios viviente, lo conocía personalmente y sabía que era él quien controlaba la situación.

La fe de Elías nos hace pensar que era un héroe, y hasta cierto punto es así. Sin embargo, Santiago 5:17 nos recuerda: "Elías era hombre sujeto a pasiones semejantes a las nuestras". Esto implica que nosotros también podemos tener la fe de él y demostrar con valor que Aquel a quien servimos es el único y verdadero Dios.

ADAPTACIÓN

Los principiantes están interesados en aprender más de Dios. A esta edad muchos niños aceptan fácilmente lo que los demás les dicen acerca del Señor. Ellos están conociendo diferentes ambientes en los que se enfrentan a personas con nuevas ideas y formas de pensar. En la escuela conocerán diferentes religiones, incluso algunas que adoran a otros dioses.

Es muy importante que, dentro de todo este cúmulo de nuevas expresiones religiosas a las que se enfrenten, ellos puedan estar seguros de que Dios es el único Señor. Necesitan ver al Señor en acción y escuchar historias donde él se muestre a sí mismo como Omnipotente. La confrontación de Elías con los sacerdotes de Baal les ayudará a comprender el poder y la soberanía absoluta de Dios.

DESARROLLO DE LA LECCIÓN

Introducción

Pegue una cartulina grande o papel blanco en una pared del salón o en el pizarrón, en forma de mural. En el centro de este escriba la pregunta: "¿Quién es Dios?" Pida a sus alumnos que pasen a escribir o dibujar sus respuestas (algunas serían: Dios es nuestro Padre, es poderoso, es el creador de todo, etc.).

Observen juntos el mural y conversen sobre lo que escribieron. Como introducción, dígales que la historia de hoy nos habla de un día especial en el cual Dios demostró que él era el único Dios sobre la tierra.

DESARROLLO DE LA HISTORIA BÍBLICA

Con papel reciclado o periódico elabore dos figuras de altares, como el que se muestra en la hoja de trabajo del alumno. También puede dibujar algunos cortes de carne que representen el holocausto.

Péguelas en el frente y narre la historia bíblica usando las figuras como referencia. Cuando llegue a la parte donde Dios envía fuego del cielo, coloque sobre el altar de Elías una figura de llamas de fuego que puede hacer con papel de color rojo o celofán.

Es muy importante que sus alumnos siempre sean conscientes de que todas las historias que se presentan en la clase están tomadas de la Biblia, que es la palabra de Dios. Anímelos a leer la historia en sus propias Biblias a manera de repaso.

APLICACIÓN A LA VIDA DIARIA

A través del ejemplo de Elías, los niños han

aprendido la importancia de reconocer a Dios como el único ser supremo del universo. Es importante que durante este tiempo identifiquen que el Dios a quien ellos alaban es el mismo al cual el profeta Elías servía.

Busque revistas, libros o ilustraciones que muestren manifestaciones naturales del poder de Dios (por ejemplo: un rayo, una cascada, la erupción de un volcán, etc). Y muéstrelas a sus alumnos, remarcando que nuestro Dios poderoso controla la naturaleza y manifiesta su poder de diversas formas.

Provéales hojas blancas y lápices de colores, para que dibujen la forma en la cual ellos pueden percibir el poder de Dios en su vida.

ANEXO

¡Dios muestra que él es el único Dios!

Mientras reparte a sus alumnos su hoja de trabajo, haga un breve repaso de lo aprendido durante la clase. Pídales que doblen hacia abajo por la línea punteada la parte superior de la hoja, para que vean de qué forma respondió Dios la oración de Elías.

Pregúnteles: ¿Por qué creen que Baal no respondió las oraciones de sus profetas? Escuche las respuestas y comente que, aunque los profetas de Baal eran muchos, no tenían poder porque su dios era falso. Nosotros sabemos que Dios es el único Dios verdadero. Cuando él mostró su poder enviando fuego del cielo para consumir el sacrificio, el pueblo decidió creer en él, se arrodillaron y dijeron: "¡Jehová es el Dios, Jehová es el Dios!"

Santiago 5:16

Dé tiempo para que los alumnos completen el versículo bíblico de su hoja de actividades usando las palabras que se encuentran dentro de las manos.

Cuando hayan terminado, repitan todos juntos el texto y luego háganlo de manera individual.

Preguntas de repaso

Divida a la clase en dos grupos y haga las siguientes preguntas. El grupo que conteste ganará cinco puntos por respuesta correcta. Si no sabe la respuesta, el otro grupo podrá contestar y ganar los puntos respectivos. El que logre acumular la mayor cantidad de puntos será el ganador. Si nadie sabe la respuesta de alguna pregunta, será necesario hacer un breve repaso sobre ese episodio de la historia bíblica:

- ✘ ¿En qué lugar pidió Elías que se reunieran todos los profetas de Baal?
- ✘ ¿Cómo se llamaba el rey perverso que gobernaba al pueblo de Israel?
- ✘ ¿Cuánto tiempo había dejado de llover?
- ✘ ¿Cómo se llamaba el mayordomo del rey Acab? ¿Cuál fue el desafío que le puso el profeta Elías a los profetas de Baal?
- ✘ ¿Qué sucedió cuando los profetas de Baal oraban? ¿Qué sucedió cuando Elías oró?
- ✘ ¿Cuál fue la reacción del pueblo al ver la respuesta de Dios?
- ✘ ¿El Dios de Elías es el mismo que nosotros conocemos?
- ✘ ¿De qué forma muestra Dios su poder actualmente?

MEMORIZACIÓN

Ayude a los niños a comprender mejor el texto para memorizar, buscando en un diccionario bíblico el significado de las palabras que lo componen, porque tal vez para algunos son palabras desconocidas o difíciles de entender. Por eso es importante aclarar sus dudas. Ellos deben tener una mejor comprensión de lo que están estudiando. En este caso defina las palabras: "oración", "eficaz" y "justo".

Cuando termine su explicación utilice la hoja de actividades para repasar el texto junto con su grupo.

PARA TERMINAR

Propicie un tiempo de preguntas y respuestas a manera de repaso final. Invite a sus alumnos a seguir aprendiendo acerca del profeta Elías en la próxima clase, y guíelos en oración. Es muy importante que ellos comprendan que la oración es parte fundamental de la vida del cristiano y que usted les dé el ejemplo. Anímelos a llevar pedidos de oración a la clase para que intercedan juntos por ellas.

Den gracias a Dios porque él escucha y contesta las oraciones de su pueblo.

NOTAS:

LECCIÓN 47

DIOS FORTALECE A ELÍAS

ASPECTOS GENERALES

Base bíblica: 1 Reyes 19
Texto para memorizar: ... *La oración eficaz del justo puede mucho* (Santiago 5:16 – RV 1995).
Objetivo de la lección: Enseñar a los principiantes que pueden acudir a Dios en momentos de necesidad.

PREPARACIÓN DEL MAESTRO

Elías atravesó por un período de gran desesperación después de que venció a los profetas de Baal. En los capítulos 18 y 19 de 1 Reyes podemos notar un dramático cambio de actitud en la conducta del profeta, quien pasó de la valentía al temor de una manera inesperada.

Después de acabar con los profetas de Baal, Elías se convirtió en el blanco de la reina Jezabel. Huyó de Israel lleno de miedo y desesperación. Se dirigió hacia el sur y llegó a Berseba, en la frontera sureste con Judea. Abandonando la cuidad y despidiendo a su sirviente, Elías volvió su espalda a su ministerio profético, pensando que ya había "tenido lo suficiente". En Judea estaba fuera del alcance de Jezabel, pero aún estaba en la tierra de Jehová.

Dios no iba a aceptar la renuncia de Elías, sino por el contrario, tenía preparado más trabajo para él (vv. 15-18). El Señor fue muy paciente con Elías, a pesar de que él huyó. Tampoco lo condenó por sentirse frustrado y andar cabizbajo. Por el contrario, estuvo pendiente de sus necesidades y le proveyó descanso, comida, su dirección y protección.

Después de enviar un ángel para fortalecerlo, Dios le permitió a Elías alejarse aun más en el desierto, e incluso se encontró con él personalmente en el monte Horeb. Es muy importante que nos demos cuenta cómo Dios, a pesar de manifestarse por medio del fuego, del viento y de un terremoto, en esta ocasión le habló a Elías de manera suave y dulce y (vv. 11-13). El profeta estaba temeroso, inseguro, había dejado atrás su ministerio y a su gente. Pero Dios no lo dejó solo y le demostró que continuaba con él.

ADAPTACIÓN

Algunos principiantes se enfrentan a diferentes problemas que les generan ansiedad y temores, como divorcios, padres desempleados, violencia en las escuelas, hogares y vecindarios. Todos estos factores afectan la vida de los más jóvenes. Incluso hay situaciones que parecen ser triviales para los adultos, pero pueden ser peligrosas para la estabilidad emocional de un niño pequeño.

Sentirse cabizbajos o deprimidos no es inusual. Es una parte normal de la experiencia humana. La mala nutrición, el descanso inadecuado y las circunstancias dramáticas pueden desencadenar estas reacciones. Esta lección ayudará a los niños a reconocer que los sentimientos de soledad, tristeza y desaliento son algo normal.

Descubrirán que incluso héroes como Elías experimentaron esas situaciones. Por último, la lección enseña a los alumnos qué hacer cuando se sientan así. Transmita en ellos la seguridad de que Dios los ayudará cuando se sientan tristes, solos o desanimados.

DESARROLLO DE LA LECCIÓN

Introducción

¿Cuándo te sientes triste?

Prepare con anticipación un círculo de papel con una carita triste dibujada.

En clase, siente a los niños formando un círculo y entrégueles la carita triste. La actividad consiste en ir pasando de mano en mano el papel hasta que usted, o algún otro alumno, diga: "Alto". El niño que tenga la carita triste en sus manos deberá responder a una de las siguientes preguntas. Repitan las instrucciones hasta que la mayoría de los niños hayan participado del juego.

Según el tamaño del grupo, permita que los alumnos contesten el mayor número de preguntas. Si desea añada más, de acuerdo al contexto de su clase:

- ✘ ¿Qué tipo de situaciones hacen que los niños se sientan tristes, solos, desanimados o temerosos?
- ✘ ¿Qué pueden hacer los niños para superar estas pruebas?
- ✘ ¿Qué puede desanimar a personas como Elías?
- ✘ ¿Qué deben hacer estas personas cuando se sientan desanimadas?

Reflexione con ellos haciendo énfasis en que el profeta Elías hizo cosas muy valiosas para Dios. Diga: "En la historia de hoy Elías no se sintió como un héroe. En esta ocasión se sentía triste, solo y desanimado. Veamos por qué se sintió así y de qué manera Dios decidió ayudarlo.

DESARROLLO DE LA HISTORIA BÍBLICA

Usando las actividades del libro del alumno de la clase pasada, haga un breve repaso de lo aprendido en esa lección. Elías había derrotado a los profetas de Baal y Dios había demostrado su soberanía absoluta.

El profeta estaba atravesando un tiempo de angustia y desesperación. La reina lo buscaba para matarlo y él se sentía muy angustiado.

Relate la historia a sus alumnos mientras lee algunos versículos clave en la Biblia. Si tiene a mano material visual será de gran ayuda. En caso de que no cuente con él trate de hacer el relato más real modulando su voz mientras lo narra.

Entregue a los niños las hojas de trabajo y apóyese en los dibujos para ilustrar mejor el desarrollo de la historia bíblica.

APLICACIÓN A LA VIDA DIARIA

Hoy sus alumnos aprendieron que hasta los hombres de fe como Elías experimentaron momentos de temor y angustia; ayúdelos a identificarse con la historia, y a entender que aun en medio de los problemas más difíciles Dios está presto para ayudarlos.

Déle a cada niño un pedazo de papel, y pídale que allí escriba lo que le causa temor o angustia. Lleve preparado un recipiente con una etiqueta que diga: "Dios tiene todo bajo control". Cuando todos los niños hayan escrito, dígales que dejen en el recipiente sus papeles, como una forma de depositar sus temores en las manos de Dios. Ore por ellos e invítelos a confiar en el Señor cuando se sientan tristes.

Lamentablemente, la depresión es un serio problema que está creciendo entre nuestros niños. Muchos de ellos pueden pasar por situaciones difíciles en la vida que estén más allá de lo que pueden soportar. Si siente que alguno de sus alumnos está pasando por alguna depresión ore por él. Busque el consejo de su pastor o del director de escuela dominical.

Sus alumnos deben saber que cuando se sientan cansados, hambrientos o tristes, pueden mejorar su estado de ánimo comiendo, descansando o conversando con alguien de confianza. Algunas veces puede resultar difícil para ellos confiar en Dios. Dígales que cuando se sientan así busquen con mucha fe al Señor en oración, sabiendo que él contestará sus peticiones.

Ore para que todos los alumnos de su clase se sientan animados toda la semana. Pregunte si hay pedidos de oración y ore por los mismos.

Tarjetas de ánimo

Para esta actividad necesitará papel para dibujar, marcadores o colores, pizarrón, tiza, sobres, tijeras (opcional), pegamento y artículos para decorar como calcomanías, cuerdas, hilos, o algunos recortes. Antes de la clase escriba en el pizarrón: "Echad toda vuestra ansiedad sobre él, porque él tiene cuidado de vosotros" (1 Pedro 5:7).

Invite a los alumnos a hacer pequeñas tarjetas para animar a alguien que esté pasando por algún momento difícil. Entregue un trozo de papel a cada uno y pídales que lo doblen por la mitad. Pueden hacer un dibujo en la parte de enfrente o usar los artículos para decorar. Después, ayúdelos a escribir una frase en la parte interior de la tarjeta. Pueden ser frases como: "Me preocupo por ti" o "Con todo mi cariño".

Muestre a los niños el versículo que usted escribió en el pizarrón. Explique que las palabras de Dios son para dar ánimo y fortaleza a los que se sienten tristes, solos o desanimados. Permita que escriban el versículo en sus tarjetas. Anime a sus alumnos a regalar las tarjetas que hicieron a alguna persona que esté atravesando un momento difícil.

ANEXO

Elías estaba triste

Busquen en la sección recortable el material correspondiente a esta lección, e indique a sus alumnos que lo recorten y lo peguen en el cuadro correspondiente en sus hojas de trabajo.

Repasen la historia bíblica mientras realizan esta actividad.

¿Cómo te sientes?

Pida a sus alumnos que coloreen la carita que representa cómo se sienten. Luego lea en voz alta las preguntas de la parte inferior de la hoja, y permita que ellos contesten haciendo una marca en la columna de respuestas correspondiente. Si alguna de las respuestas fue "sí" deben recortar la tira de colores del lado izquierdo para cubrir la pregunta y contársela a alguien para que los aconseje.

MEMORIZACIÓN

Para repasar el texto bíblico solicite a sus alumnos que se acomoden formando un círculo. Colóquese en el medio y arroje una pelota suave a alguno de los niños. El que la reciba deberá decir en voz alta el texto y regresársela. Repitan el juego hasta que todos los miembros de su clase hayan participado.

PARA TERMINAR

Concluyan la clase entonando algún coro acerca de la confianza en Dios, y anime a los niños a refugiarse en el Señor en momentos de necesidad y a contarles a otros lo que aprendieron sobre Elías en este día.

LECCIÓN 48

DIOS CONTINÚA SU LABOR

ASPECTOS GENERALES

Base bíblica: 2 Reyes 2:1-18
Texto para memorizar: *... La oración eficaz del justo puede mucho* (Santiago 5:16 – RV 1995).
Objetivo de la lección: Ayudar a los principiantes a reconocer que Dios está con ellos y continúa bendiciéndolos.

PREPARACIÓN DEL MAESTRO

Elías se fue de este mundo en forma dramática e inusual. Este hecho está ampliamente relacionado con el ministerio que se le asignó. La imagen del fuego apareció en varias ocasiones a lo largo de su vida: en el monte Carmelo (1 Reyes 18:38), en el monte Horeb (1 Reyes 19:12) y en la montaña de Samaria (2 Reyes 1:10, 12). Sin embargo, en esta ocasión el fuego no descendió del cielo para destruir el mal; descendió para llevar a Elías a la presencia de Dios, quien era el mensajero de Dios para su pueblo. Y cuando se fue, la gente comenzó a preguntarse quién sería el nuevo escogido que hablaría de parte de Dios.

Muy pocas personas aceptan los cambios cuando llegan a sus vidas. Nos habituamos a hacer siempre lo mismo, de tal manera que cuando hay necesidad de cambiar algo esto nos perturba.

El cambio que sufrió la vida de Eliseo cuando el profeta Elías lo llamó para que fuera su sucesor cambió la dirección del destino de este sencillo hombre de campo. Eliseo aceptó el desafío del Señor de servirlo y, dejando todo atrás, respondió a su llamado.

Ahora su maestro y guía estaba a punto de ser arrebatado por Dios. Eliseo se enfrentaba a un nuevo cambio aún más grande: ser la voz de Dios en la tierra.

Pero este hombre de fe decidió confiar en el Señor y cumplir la misión que se le había otorgado.

ADAPTACIÓN

Los principiantes se enfrentan a muchos cambios en el transcurso de su vida. Cambian de maestros en la escuela, sus familias se mudan a otras ciudades y conocen a nuevos vecinos, sus compañeros de estudios cambian en el transcurso de los años, etc. Otros se enfrentan a cambios más profundos: la muerte de algún miembro de la familia, el divorcio de sus padres y nuevos matrimonios. Pero a pesar de estos cambios a los que todos nos enfrentamos en el transcurso de la vida, Dios continúa bendiciendo a su pueblo con su presencia.

Mientras los principiantes se enfrentan a estas experiencias de cambio, ayúdelos a saber que Dios siempre estará con ellos y continuará llevando a cabo sus planes de bendición para todos sus hijos.

DESARROLLO DE LA LECCIÓN

Introducción

Antes de iniciar la clase, escriba en el pizarrón algunas líneas de las letras que forman la palabra "cambio".

Cuando llegue el tiempo de la historia bíblica, diga a sus alumnos que hay una palabra misteriosa que nos ayuda a introducir la lección de hoy. Déles tiempo para que descubran las letras del abecedario que forman la palabra misteriosa.

Converse acerca de lo que significa la palabra "cambio" (algo diferente, desconocido, nuevo, etc.). Propicie una conversación en la que los niños expresen qué tipo de cambios han experimentado en su vida y si les han gustado o no.

Coménteles que esta historia bíblica habla de los grandes cambios que experimentaron el profeta Elías y su nuevo amigo Eliseo.

DESARROLLO DE LA HISTORIA BÍBLICA

Con anterioridad, recorte una cartulina por la mitad. Escriba el nombre "Elías" en una parte y "Eliseo" en la otra.

En clase diga: "En esta historia hay dos personas que tienen los nombres muy parecidos". Muestre las cartulinas y señale las letras que son iguales en ambos nombres, y luego las que son diferentes.

Narre la historia bíblica y si es posible use ayudas visuales. Si lo desea puede apoyarse en la hoja de trabajo del libro del alumno como recurso didáctico. También puede hacer dibujos o pedirle a alguien que le ayude a dibujar algunas de las escenas más significativas del relato, y pegarlas en una cartulina para hacerlas más resistentes.

Permita que sus alumnos hagan todas las preguntas que deseen y trate de aclararlas lo mejor posible. Anímelos a leer en sus Biblias la historia y a comentar lo que les pareció más emocionante del relato.

APLICACIÓN A LA VIDA DIARIA

Señale los grandes cambios que se produjeron en la vida de Elías y Eliseo. Haga énfasis en que ellos fueron parte de un plan perfecto de Dios.

Sus alumnos deben reconocer que, aunque a veces pasan por períodos difíciles de cambios y ajustes, pueden confiar en que Dios es inmutable y los ayudará a no tener temores, aun en los momentos de mayor necesidad.

Escriba en el pizarrón la frase: "¿Sabías que?", y provéales hojas blancas para que también la escriban como título. En la parte inferior deben escribir lo que ellos aprendieron durante la clase, por ejemplo:

- ✘ ¿Sabías que Dios me ayuda cuando voy a una nueva escuela?
- ✘ ¿Sabías que Dios está conmigo cuando nos mudamos a otra ciudad?
- ✘ ¿Sabías que Dios nunca cambia y su poder es eterno?

Si lo desean pueden hacer dibujos para decorar sus hojas.

ANEXO

Cuando suceden cambios

Dé a sus alumnos la hoja de trabajo correspondiente a esta unidad, colores o marcadores. Dígales: Hoy estamos hablando acerca de los cambios que enfrentamos en nuestra vida. Esta actividad nos ayudará a reforzar lo que aprendimos.

Conceda un tiempo para que ellos digan lo que piensan acerca del significado de las ilustraciones. Estas representan algunas situaciones de cambio que se pueden dar en la vida de las personas, por ejemplo: mudanza a una nueva casa, escuela o iglesia; cambios de pastor o de amigos; e incluso la muerte de un ser querido; el divorcio de los padres o un nuevo matrimonio.

Sus alumnos deben seguir las instrucciones y encerrar con un círculo la ilustración que represente algún cambio que hayan tenido en su vida.

Elías y Eliseo se despiden

Den vuelta la hoja de trabajo y entrégueles tijeras, pegamento o cinta adhesiva.

Lea en voz alta las instrucciones que vienen en el libro del alumno para realizar esta actividad. Ayúdelos a hacer los cortes por las líneas punteadas para evitar accidentes.

Juego de repaso

Escriba las siguientes preguntas en tiras de papel e introdúzcalas en un recipiente. Pida a los niños que uno por uno pasen y tomen una tira, deben leer la pregunta y contestarla para ganar algún pequeño premio (un señalador de libros, una golosina, un lápiz, etc.). Puede añadir más preguntas según el número de alumnos que tenga dentro de su clase:

- ✘ ¿Quiénes le dijeron a Eliseo que Elías sería arrebatado por Dios?
- ✘ ¿Qué le pidió Eliseo a Elías antes de irse al cielo?
- ✘ ¿Qué separó a Elías de Eliseo?
- ✘ ¿Cómo se llevó Dios a Elías?
- ✘ ¿Qué fue lo que Elíseo hizo con el manto que se le cayó a Elías?
- ✘ ¿Qué río cruzaron Elías y Elíseo?
- ✘ ¿Qué podemos hacer cuando aparecen cambios en nuestra vida?
- ✘ ¿Quién controla todo lo que sucede en nuestra vida?
- ✘ Repite de memoria el texto para memorizar de esta unidad (Santiago 5:16).

MEMORIZACIÓN

Por ser esta la última lección de la unidad, trate de hacer arreglos con el director de escuela dominical, o con el pastor, para que su clase participe dentro del culto diciendo el texto para memorizar. Pueden hacerlo de forma individual o colectiva. Esto será un estímulo para sus alumnos y un reconocimiento a su esfuerzo.

PARA TERMINAR

Haga un repaso general de lo aprendido en las cuatro lecciones de la unidad. Elaboren un periódico mural sobre la vida de Elías, y que sus alumnos escriban o dibujen lo más importante que aprendieron acerca del ministerio de este profeta.

Resalte todas las enseñanzas bíblicas y relaciónelas con la vida diaria de sus alumnos.

Ore por su grupo y pídale a Dios que la palabra que ha sido sembrada en sus tiernos corazones pueda dar fruto en abundancia.

Año 1 Unidad XI

LOS REGALOS DE NAVIDAD

Bases bíblicas: San Lucas 1:26-38; 2:1-7, 8-20; San Mateo 1:18-25; 2:1-12; San Juan 3:16
Texto de la unidad: *De tal manera amó Dios al mundo, que ha dado a su Hijo unigénito, para que todo aquel que en él cree, no se pierda, mas tenga vida eterna* (San Juan 3:16).

PROPÓSITOS DE LA UNIDAD

Esta unidad ayudará a los principiantes a:

- ✘ Apreciar el regalo de Dios que es Jesús.
- ✘ Entender que María y José se dieron a sí mismos para ser los padres terrenales de Jesús.
- ✘ Sentir el gozo de dar, siguiendo el ejemplo de los pastores y los hombres sabios.
- ✘ Aprender que los mejores regalos no son cosas materiales.
- ✘ Saber que la Navidad es un tiempo para celebrar el nacimiento de Jesús.
- ✘ Comprender que estas lecciones los impulsarán a contar a los demás las buenas nuevas del nacimiento de Jesús.
- ✘ Obedecer y adorar a Jesús, el Hijo de Dios.

LECCIONES DE LA UNIDAD

Lección 49: Los regalos de María y José
Lección 50: El regalo de Dios
Lección 51: El regalo de los pastores
Lección 52: Los regalos de los magos

POR QUÉ LOS PRINCIPIANTES NECESITAN ESTA UNIDAD

La Navidad es el tiempo favorito del año para la mayoría de los niños principiantes y preescolares. Sienten una gran admiración por esta época del año. Es muy fácil para ellos perderse o confundirse entre las celebraciones seculares, por lo que necesitan una enseñanza clara de lo que verdaderamente significa la Navidad.

Deben saber que Dios fue el ejemplo supremo de alguien que da, cuando nos regaló a su único Hijo Jesucristo. Dedique tiempo para leer las historias directamente de la Biblia. Cada lección contiene un monólogo creativo de un personaje de la historia. Estos ayudarán a los niños a imaginarse a ellos mismos en los eventos que hubo durante el nacimiento de Jesús.

Los alumnos se emocionarán con el ángel, el temor y la admiración de un pastor, y la quietud de un hombre sabio. Estos personajes ayudarán a los niños a aprender sobre el gozo del dar. Además aprenderán que el mayor gozo de la Navidad es dar su amor a Jesús y a las personas.

Transmita al corazón de cada alumno que la Navidad debe ser la celebración más importante del año.

Celebramos el mejor regalo nunca antes dado: ¡Dios nos regaló a su Hijo Jesucristo!

Motívelos a que ellos también le den un regalo importante a Jesús: su propia vida. Aproveche el estudio de estas lecciones para que los principiantes entreguen su vida al Señor.

LECCIÓN 49

LOS REGALOS DE MARÍA Y JOSÉ

ASPECTOS GENERALES

Base bíblica: San Lucas 1:26-38; San Mateo 1:18-25

Texto de la unidad: *De tal manera amó Dios al mundo, que ha dado a su Hijo unigénito, para que todo aquel que en él cree, no se pierda, mas tenga vida eterna* (San Juan 3:16).

Objetivo de la lección: Que los alumnos entiendan que los mejores regalos no son las cosas materiales.

PREPARACIÓN DEL MAESTRO

En la tradición judía los compromisos matrimoniales duraban todo un año. La prometida vivía con sus amigas o con su familia hasta que llegaba el tiempo de la boda. Estos compromisos de boda eran algo muy serio. Todas las pertenencias de la novia se las transferían al futuro esposo.

Para romper con ese compromiso debía haber una separación. Si la futura esposa cometía adulterio esto significaba su deshonra, y debía morir apedreada. En San Lucas 1:26-38 vemos que el ángel Gabriel se apareció ante María en Galilea, una joven virgen comprometida con José, y le dijo que ella daría a luz un hijo. ¡Imagine el conflicto que enfrentaba! ¿Qué haría José? ¿Qué diría la gente del pueblo? ¿Cómo podría suceder esto?

A pesar de lo que esto le costaría, María aceptó el mensaje amablemente y decidió obedecer la voluntad de Dios. Ella tenía que ponerle por nombre Jesús. Muchos nombraban a sus hijos Josué, o Jeshua, con la esperanza de que fuera el esperado Mesías o un líder del pueblo israelita. Pero en esta ocasión, Dios demandó que el niño se llamara Jesús porque él sería el Redentor, el tan esperado Mesías anunciado por las profecías.

Después de escuchar esta noticia, María respondió en obediencia al Señor: "Yo soy la esclava del Señor.. Que suceda tal como me lo has dicho" (v. 38 BLA). Ella se entregó completamente a los planes del Dios, sin importarle las consecuencias que esto pudiera acarrearle.

San Mateo 1:18-25 hace referencia al momento en el que José se entera del embarazo de su prometida, y en lugar de deshonrar o apedrear a María decide separase de ella en secreto porque la amaba y no quería exponer su vida.

En la hora de desesperación de José, un ángel se le apareció en un sueño y le dijo que María estaba esperando al Hijo de Dios que salvaría al pueblo de sus pecados. José creyó e hizo todo conforme Dios le había dicho que hiciera por medio del ángel.

Esto cumplió la profecía del profeta Isaías, quien había dicho: "He aquí la virgen concebirá y dará a luz un hijo, y llamará su nombre Emmanuel" (7:14) —que significa "Dios con nosotros"—. El mensaje que el ángel les dio a María y a José era muy similar. A los dos les dijo que el niño sería el Hijo de Dios y que lo llamarían Jesús. Ellos aceptaron y se entregaron para ser los padres terrenales de Jesús.

ADAPTACIÓN

Nuestra cultura es abrumadoramente materialista en todos los aspectos. Tristemente, la Navidad es una de las épocas más materialistas del año. Preguntas como: ¿Qué regalo quieres para Navidad? o ¿Qué te regalaron para Navidad? bombardean a los niños desde que comienzan a hablar.

Quizá algunos principiantes se sienten tristes al no poder comprar regalos o al no recibir tantos como ellos desearían. Los niños necesitan una nueva perspectiva acerca de esto. Ayúdelos a saber que los mejores regalos no se pueden comprar, sino que solo se pueden dar. El mejor regalo que sus padres o cualquier otra persona les pueden dar es amor, no un juguete. Como resultado, los niños aprenderán a dar amor a Dios, a sus padres y a los demás.

DESARROLLO DE LA LECCIÓN

Introducción

Haga una breve introducción a la unidad haciendo énfasis en que durante estas cuatro lecciones estudiaremos acerca de los regalos de la Navidad, y que es importante que asistan fielmente. Escriba en el pizarrón la siguiente pregunta: ¿Cómo podemos saber que nuestros padres nos aman y se preocupan por nosotros?

(Los niños darán respuestas como: nos compran ropa y comida, juegan con nosotros, nos ayudan con la tarea de la escuela, nos leen historias, nos llevan al doctor cuando estamos enfermos, nos dan un hogar y un lugar donde dormir, etc.).

Muestre una caja envuelta como regalo. Diga: Esta caja nos recuerda que nuestros padres nos dan muchos regalos. Algunos los recibimos en nuestro cumpleaños o en Navidad. Otros regalos que nos dan son amor, cuidado, ayuda y consuelo. La historia bíblica de hoy trata acerca de dos padres muy especiales. Escuchen y vean cuáles fueron los regalos que ellos le dieron a su bebé.

DESARROLLO DE LA HISTORIA BÍBLICA

Cuente a sus alumnos la historia de María y José, y de cómo ellos se prepararon para recibir a su nuevo hijo. Usted puede hacer que los niños actúen la historia. Recuérdeles que Dios los escogió como padres terrenales de Jesús porque respondieron con madurez, integridad y fidelidad. Ellos proveerían un buen hogar para su Hijo. Enfatice el amor que le dieron y el cuidado con que María y José atendieron al niño Jesús.

Invite a una pareja de su iglesia que acaban de ser padres o que tengan un bebé, y permita que le cuenten a su grupo la manera en la que cuidan y protegen a su pequeño hijo. Los niños pueden hacer preguntas y participar con ellos.

Anime a sus alumnos a pensar en lo que pueden hacer para sus padres en esta Navidad. Dígales: "Así como María y José, la mayoría de los padres se entregan para amar y cuidar a sus hijos. ¿Cómo podemos hacer nosotros para mostrar amor a nuestros padres y a aquellos que nos cuidan?"

Si a ellos no se les ocurre nada, déles algunas sugerencias. Pueden ser: limpiar su cuarto, sacar la basura, recoger sus juguetes, etc. Instruya a los niños a que hagan estos "regalos de amor" a sus padres durante la Navidad y todo el año.

APLICACIÓN A LA VIDA DIARIA

Relacione la historia bíblica con la vida diaria de sus alumnos. Recuérdeles que los regalos más importantes no son obsequios materiales, sino expresar nuestro amor y cariño a las personas que nos aman.

Diga a los niños que así como José cuidó con mucho amor a Jesús, así también nuestro Padre celestial nos ama y cuida, y desea que nosotros también lo amemos de la misma forma.

Pregunte: ¿Cuál creen que es la prueba más grande del amor de Dios para nosotros? La respuesta es que él envió a su único Hijo Jesús a este mundo para ser el Mesías prometido, nuestro Salvador.

Dios también demanda que amemos a nuestro prójimo. Conceda un tiempo en el cual los niños digan quién es su prójimo. Haga hincapié en la importancia de amar a todos por igual. Recuerde, la idea principal de esta lección es que los niños aprendan que la Navidad no es solo una época para hacer regalos materiales, sino para celebrar con gozo el nacimiento de Jesús y el amor de Dios para con todos nosotros.

Reflexione con sus alumnos e invítelos a hacer un compromiso de ser más amorosos con sus padres y con Dios. Ore con ellos y déle gracias a Dios por su amor y cuidado.

ANEXO

¡Levántate, ángel!

Entregue a sus alumnos la hoja de actividad, tijeras y pegamento. Ayúdelos a recortar la figura del ángel y decorarlo a gusto. Peguen por la parte de atrás los bordes del vestido uno con el otro, de modo que se pueda parar.

Mientras trabajan en la elaboración del ángel, repase los aspectos más relevantes de la historia bíblica.

Tarjetas de Navidad

Prepare su material con anticipación. Necesitará cartulinas blancas u hojas, sobres, estampillas, figuras, recortes de motivos navideños, pegamento, tijeras, tiras de colores, brillantina, marcadores y colores.

Entregue a sus alumnos las hojas o las cartulinas recortadas del tamaño de una hoja carta. Pídales que realicen una tarjeta navideña para sus padres, sus abuelos o quien ellos deseen. Pueden usar todos los materiales que necesiten para decorar las tarjetas a gusto. Cuando hayan finalizado, déles tiempo para que escriban el texto para memorizar y un mensaje. Guarden las tarjetas en los sobres y que los niños las lleven a su casa para obsequiarlas.

MEMORIZACIÓN

Recorte varios círculos grandes y decórelos, representando esferas navideñas. Escriba dentro el texto para memorizar dividido en frases cortas. Pegue las esferas en el frente y leálo junto con sus alumnos. Posteriormente, mezcle las esferas y dé tiempo para que sean los niños quienes ordenen el texto de nuevo y así poder seguir repasándolo. Repita el ejercicio varias veces.

PARA TERMINAR

Entonen un canto antes de despedirse y haga un breve repaso de la lección. Invite a los niños a asistir la próxima semana. Anímelos a traer un invitado a quien contarle las buenas nuevas de Navidad.

Ore por las peticiones de sus alumnos y manténgase en contacto con ellos durante la semana.

LECCIÓN 50

EL REGALO DE DIOS

ASPECTOS GENERALES

Base bíblica: San Lucas 2:1-7; San Juan 3:16
Texto de la unidad: *De tal manera amó Dios al mundo, que ha dado a su Hijo unigénito, para que todo aquel que en él cree, no se pierda, mas tenga vida eterna* (San Juan 3:16).
Objetivo de la lección: Ayudar a los principiantes a que sepan que la Navidad es un tiempo para celebrar el nacimiento de Jesús.

PREPARACIÓN DEL MAESTRO

El emperador César Augusto ordenó que se hiciera un censo de todo el imperio romano. Este censo se hizo siendo Cirenio el gobernador de Siria. Todos tenían la orden de ir a la ciudad en donde habían nacido para que los anotaran y arreglar el pago de sus impuestos. José y María eran descendientes del rey David. Por este motivo José debía regresar a Belén. Tuvieron tres días de viaje desde Nazaret. Mientras estaban en Belén llegó el tiempo del nacimiento de Jesús. Y así se cumplió lo dicho por el profeta Miqueas (Miqueas 5:2).

María y José buscaron alojamiento inútilmente. Las posadas y mesones estaban llenos. Sin embargo, algunos mesones en aquel tiempo tenían establos para guardar los animales de los viajeros; estos algunas veces eran cuevas frías y oscuras, pero fue ahí donde Dios mostró su inmensa misericordia hacía la humanidad con el nacimiento de su Hijo Jesús. María envolvió al recién nacido en pañales y lo acostó en un pesebre. Ahí recostaba el mayor regalo de Dios para todos, ¡su Hijo Jesús!

Se considera a San Juan 3:16 como el versículo de oro de la Biblia y el corazón del evangelio. Muestra el don de Dios de dar en toda su extensión. ¡Nos dio a su Hijo para que tuviéramos vida eterna!

ADAPTACIÓN

Es probable que los principiantes no comprendan que la Navidad es la celebración del nacimiento de Jesús. Esta fecha debería ser la más importante para los niños, pero algunas veces, debido a razones equivocadas, no es así. Recibir regalos y las celebraciones sociales se vuelven prioridad en las personas.

La Navidad debe ser la celebración más importante del año. Celebramos el mejor regalo nunca antes dado. ¡Dios dio a su Hijo! ¡Ayude a los principiantes a descubrir en Jesús el mejor regalo de todos!

DESARROLLO DE LA LECCIÓN

Introducción

Invite a sus alumnos a expresar lo que más les gusta de la Navidad. Algunos darán respuestas como recibir juguetes o ropa, ver a la familia o hacer algo especial con sus padres. Permita que expresen libremente sus respuestas. Usted rápidamente podrá discernir lo que ellos perciben sobre la Navidad.

Escriba en el pizarrón: "¿Qué hace tu familia para celebrar la Navidad?" Invítelos a contar acerca de las celebraciones religiosas que han experimentado en su familia, como ir a la iglesia o leer la historia del nacimiento de Jesús en la Biblia. Pregúnteles cómo se imaginan que comenzó la Navidad. Después de escuchar sus respuestas, dígales que Dios mandó a su Hijo como el regalo mas preciado para que fuera nuestro Salvador, y que los cristianos celebramos el nacimiento de Jesús en Navidad.

DESARROLLO DE LA HISTORIA BÍBLICA

Ubique a sus alumnos en el contexto de la historia. Narre el viaje que realizaron José y María para llegar a Belén y los problemas que enfrentaron para poder conseguir alojamiento. Es importante que comprendan que el nacimiento de Jesús se dio en medio de circunstancias especiales e inesperadas. Él no recibió honores ni atenciones como los reyes de la tierra, al contrario, vino al mundo de una forma humilde para mostrar su calidad de siervo.

Para visualizar la historia de este día, puede utilizar algún material didáctico si lo tiene. De no ser así, elabórelo usted mismo o compre algunas figuras que se usan en las navidades tradicionales (hay algunas muy económicas), para representar a los personajes de la historia (María, José y el ángel). Aproveche todos los recursos que la época le proporciona.

Si lo desea, puede invitar a un joven de la congregación que le ayude a narrar la historia bíblica disfrazado de José. Que mencione a la clase su experiencia durante el viaje y el nacimiento de Jesús. Los niños podrán participar activamente haciéndole preguntas al personaje bíblico y escuchando el relato de su propia voz.

APLICACIÓN A LA VIDA DIARIA

Después de haber escuchado el relato bíblico, es casi seguro que sus alumnos habrán cambiado su manera de pensar acerca de la Navidad. Refuerce esta idea en sus mentes y corazones, hablándoles acerca de que el nacimiento de Jesús es el principio del plan de Dios para salvar a la humanidad de sus pecados. Ese plan los incluye a ellos también. Dios envió a su único Hijo, Jesucristo, como un regalo de amor para nosotros y esa es la razón por la cual celebramos la Navidad.

ANEXO

Cuadro del nacimiento

Proporcione a su grupo la hoja de actividad, tijeras, pegamento o cinta adhesiva.

El primer paso es doblar la parte del establo hacia adelante siguiendo la línea punteada (si lo desean pueden pegar cartón o cartulina en la parte posterior del establo para hacerlo más resistente). Luego indíqueles que doblen el resto de la hoja sobre las líneas punteadas, formando pliegues, para hacer una especie de bolsas o canales donde colocarán las figuras. Cuando estén hechos, deben pegar los extremos con cinta adhesiva o pegamento.

Recorten las figuras de la historia bíblica siguiendo el contorno marcado. Cuando hayan finalizado, pueden acomodar las figuras dentro de su nacimiento y comunicar a los demás la historia de la Navidad.

Corona navideña

Para esta actividad necesitará cartulina de color verde u otro papel resistente del mismo color, pegamento, tijeras, lápices y un listón rojo.

Entregue a cada miembro de su clase un trozo de papel de color verde y un lápiz, e indíqueles que dibujen una de sus manos abiertas.

Cuando terminen, ayúdelos a recortar todas las manitos, y si ellos desean pueden que las decoren. Deben poner su nombre en el centro de su mano.

Prepare un aro de papel previamente recortado, lo suficientemente grande como para que quepan todas las manitos de sus alumnos. Cuando tenga listas todas las manos recortadas péguelas en el aro, desde la base de la mano, formando una corona. Es importante que todas las manitos queden bien juntas para que la corona luzca mejor.

Para terminar, decore la corona navideña con un listón rojo en la parte superior, y póngala en un lugar visible dentro de su salón de clase.

¿Qué puedo dar yo?

Hable con su grupo acerca del don de dar. Diga: es muy divertido dar y recibir regalos. ¿Cómo se sienten cuando le hacen un obsequio a alguien? (Deje que sus alumnos comenten). ¿No es cierto que cuando le damos un regalo a alguien es divertido ver su rostro al recibirlo y abrirlo? Hemos hablado acerca de hacer regalos a los demás en las últimas dos lecciones. ¿Cuál ha sido el mejor regalo de todos? (Dios nos dio a su Hijo, Jesús). Ese es el motivo por el cual celebramos la Navidad, porque recibimos el mejor regalo.

MEMORIZACIÓN

Pida a sus alumnos que busquen en sus Biblias el texto para memorizar, que se encuentra en San Juan 3:16: "De tal manera amó Dios al mundo, que ha dado a su Hijo unigénito, para que todo aquel que en él cree no se pierda, mas tenga vida eterna".

Primero léanlo todos juntos y después léalo usted en voz alta. Pregunte a los niños lo siguiente (deben contestar manteniendo la Biblia cerrada):

- ✘ ¿A quién amó Dios? (Al mundo).
- ✘ ¿Según el texto para memorizar, a quién dio? (A su Hijo unigénito).
- ✘ ¿Por qué mandó Dios a su Hijo? (Porque nos ama).
- ✘ ¿Qué sucede con el que cree en el Hijo de Dios? (No se pierde, sino que tiene vida eterna).
- ✘ ¿Cuál es el nombre del Hijo de Dios? (Jesús).

PARA TERMINAR

Cada domingo se aproxima más la celebración de la Navidad, y es el tiempo propicio de preparar los corazones de los principiantes para que les den a los demás el regalo de amor de Dios a través de su Hijo Jesús. Anímelos a invitar a sus amigos a la escuela dominical.

No olvide preguntar si existen pedidos de oración e interceder por ellos durante la clase. Los niños se sienten reconfortados al saber que usted se interesa por sus problemas. Exhórtelos a asistir la próxima clase para seguir descubriendo los regalos de la Navidad.

LECCIÓN 51

EL REGALO DE LOS PASTORES

ASPECTOS GENERALES

Base bíblica: San Lucas 2:8-20
Texto de la unidad: *De tal manera amó Dios al mundo, que ha dado a su Hijo unigénito, para que todo aquel que en él cree, no se pierda, mas tenga vida eterna* (San Juan 3:16).
Objetivo de la lección: Ayudar a los alumnos a anunciar las buenas nuevas del nacimiento de Jesús a los demás.

PREPARACIÓN DEL MAESTRO

El Evangelio de San Lucas es el único que nos habla acerca de la visita que hicieron los ángeles a los pastores. Durante la noche ellos cuidaban sus rebaños cerca de Belén, en una pequeña y desconocida ciudad. Pero Belén era una ciudad rica en historia. A Raquel, la esposa de Jacob, la sepultaron allí cuando esta ciudad se llamaba Éfrata.

Belén era el hogar de Noemí, Rut y Booz. Fue allí donde el profeta Samuel encontró a David, el futuro rey de Israel. Miqueas profetizó que el mismo Mesías nacería en Belén. El anuncio del ángel fue muy claro cuando les dijo quién era Jesús. Lo llamó "Salvador" y "Cristo el Señor" (San Lucas 2:11).

Tal vez los pastores interpretaron esto como si se tratara de un salvador militar o político que conduciría al pueblo de Israel para formar una gran nación. Su nacimiento era una buena noticia para todos (v. 10), no solo para los judíos más poderosos. El nacimiento de Jesús era una buena nueva hasta para la persona más humilde de la tierra.

El anuncio que hicieron los ángeles a los pastores sigue vigente hoy en día. Año tras año celebramos la gloriosa verdad de que Jesús, el Hijo de Dios, vino a este mundo para salvarnos de nuestros pecados.

ADAPTACIÓN

Los principiantes saben que están entre los estudiantes más jóvenes de su escuela primaria. Vinieron del "kinder" (jardín de infantes) o "preescolar" en donde eran los mayores, y ahora se tienen que ajustar a su nueva condición de ser los más pequeños de la escuela. Están pasando por una transición de dejar la seguridad de sus hogares, en donde quizá son el centro de atención, para enfrentarse a un lugar grande y desconocido, donde se sienten sin protección.

Es natural que los alumnos sufran bajo estas condiciones. Muchos no pueden esperar a ser más grandes para poder disfrutar de los privilegios que gozan los "niños mayores". Los niños de esta edad se sentirán identificados con la historia de los pastores.

Los pastores eran gente de clase baja, humildes, y muchas veces pobres. Aun así, Dios los consideró lo suficientemente importantes como para fueran los primeros en saber las buenas nuevas del nacimiento de Jesús.

Anime a los principiantes a que puedan experimentar la esperanza, el gozo y la reverencia que los pastores sintieron al escuchar el anuncio del ángel. Dios se preocupa por todos, incluyendo a aquellos que son muy humildes.

Los pastores no tenían regalos costosos para llevarle a Jesús. Lo único que tenían para ofrecer era su adoración. Al igual que ellos, los principiantes muchas veces tienen poco para dar durante la época navideña. Ayúdelos a ver que Dios valora la adoración que ellos le rinden.

Así como los pastores dieron las buenas noticias, ellos también pueden hablarles a los demás sobre el nacimiento de Jesús. Los niños pequeños no saben lo que significa ser un evangelista o un predicador, sin embargo, ellos saben que pueden contarles a los demás lo que han aprendido. Aun en su temprana edad pueden formar una parte muy importante en la extensión del evangelio.

DESARROLLO DE LA LECCIÓN

Introducción

Pregunte a sus alumnos cómo se sentirían si su mejor amigo o amiga no compartiera sus nuevos juguetes con ellos. Escuchará respuestas como: "triste", "dolido", "sentiría que mi amigo es envidioso", etc. También pregúnteles cómo se sentirían si alguien supiera algo muy importante y no se los dijera a ellos. Diga que en la historia de hoy aprenderán acerca de unas personas que escucharon un mensaje muy importante, y que ahora un invitado muy especial se encargará de darles ese gran mensaje a ellos.

DESARROLLO DE LA HISTORIA BÍBLICA

Invite con anticipación a un joven o adulto de su congregación que represente a un pastor de ovejas; o bien puede utilizar un *muppet* o títere que narre la historia bíblica. De esta forma los niños escucharán la historia con más realismo y se identificarán con el personaje invitado. Cualquiera que sea la opción que elija, debe entregar con tiempo el pasaje bíblico de estudio al invitado especial y explicarle cuál es el énfasis para la historia del día de hoy.

Siente a los niños formando un semicírculo y presente al invitado (si usa un títere tome las precauciones necesarias para montar un escenario sencillo). Dígales que hoy los visita alguien que tiene una historia muy importante para contarles.

Conceda el tiempo al invitado, y cuando haya finalizado permita que sus alumnos le hagan preguntas e interactúen con él.

APLICACIÓN A LA VIDA DIARIA

Después de que el invitado se haya despedido, pregunte a los niños qué fue lo que más les gustó de la visita.

Cuando haya escuchado todas las respuestas, reflexione junto con su grupo en el entusiasmo que tenía el pastor de ovejas mientras relataba la noticia que el ángel le dio. Él estaba muy feliz y deseaba anunciar las buenas nuevas a todas las personas. Al igual que los pastores, nosotros también conocemos las buenas nuevas de salvación y debemos contarlas a otras personas.

Exhorte a sus alumnos a que cuenten a sus familiares y amigos la noticia de que Jesús, el Hijo de Dios, nació en Belén para ser el Salvador de todos los que quieran recibirlo.

ANEXO

El cubo de los pastores

Necesitará la hoja de actividad correspondiente a esta lección, tijeras y pegamento.

Ayude a los niños a recortar la figura por las líneas negras, cuidando de no cortar las pestañas que sirven para unir el cubo. Cuando hayan terminado, doblen la figura siguiendo las líneas punteadas para formar una especie de caja. Use uno de los cubos como ejemplo y señale la sucesión de hechos que conforman la historia bíblica de hoy. Usando los dibujos del cubo, repase con sus alumnos la lección, y pídales que numeren cada cuadrado según el orden de la historia.

Den vuelta la hoja y lean el versículo para memorizar (San Juan 3:16). Luego doblen las pestañas que se encuentran en los extremos del cubo y péguenlas en la parte correspondiente para ensamblar la caja en su totalidad.

Esperen hasta que el pegamento se seque y el cubo quede totalmente pegado. Es probable que, si hay niños muy pequeños en su grupo, necesite la colaboración adicional de una persona adulta para que los ayude a realizar esta actividad. Estos cubos les servirán para contar a los demás la historia de cómo los pastores fueron a Belén en busca del bebé Jesús para adorarlo.

Los ángeles y los pastores

Provea a sus alumnos hojas blancas, lápices de colores y marcadores.

Pídales que, a manera de repaso, dibujen la escena en la cual los ángeles anuncian a los pastores el nacimiento de Jesús. Cuando terminen, puede pegar los dibujos en el salón e invitar a los padres de familia y a los hermanos de la congregación a que visiten su exposición. Los niños serán los encargados de explicar lo que sucedió en esta visita tan especial que recibieron los pastores.

MEMORIZACIÓN

Siente a su grupo formando un círculo y colóquese usted en el centro. Lánceles una pelota liviana. El niño que la reciba deberá ponerse de pie y decir el texto para memorizar (San Juan 3:16). Repita este ejercicio de tal manera que todos sus alumnos participen. Ayude a los más pequeños que tengan dificultades con la memorización.

PARA TERMINAR

Para concluir, haga una oración dando gracias a Dios por la próxima celebración de la Navidad. Alábelo por haber enviado a Jesús como un regalo de amor para nosotros y pídale que ayude a cada uno de sus alumnos a contar a otros la historia de la Navidad.

Motive a sus niños a usar el cubo de la historia de los pastores para que cuenten a los demás que Jesús vino a la tierra como un bebé para salvar al mundo de sus pecados.

LECCIÓN 52

LOS REGALOS DE LOS MAGOS

ASPECTOS GENERALES

Base bíblica: San Mateo 2:1-12
Texto para memorizar: *De tal manera amó Dios al mundo, que ha dado a su Hijo unigénito, para que todo aquel que en él cree, no se pierda, mas tenga vida eterna* (San Juan 3:16).
Objetivo de la lección: Que los principiantes adoren y obedezcan a Jesús.

PREPARACIÓN DEL MAESTRO

La historia de la visita de los magos para ver a Jesús es una de las más emocionantes de la época navideña. Nos cuenta acerca del largo viaje que hicieron ellos para ver al recién nacido. La Biblia no nos dice cuántos magos visitaron a Jesús, ni cuáles eran sus nombres. La tradición dice que eran tres, por la cantidad de presentes que le ofrecieron al Señor. Sin embargo, pudieron haber sido más de tres.

Pero la Biblia nos da otros datos más claros. Los magos venían del oriente hacia Jerusalén y se dirigieron hacia el rey Herodes para preguntarle: "¿Dónde está el rey de los judíos que ha nacido? Porque su estrella hemos visto en el oriente y venimos a adorarle" (San Mateo 2:2).

No hay que confundir al rey Herodes de este pasaje con los otros reyes del mismo nombre mencionados en la Biblia. Este rey no era judío; era un hombre cruel y muy celoso. Y no quería que otro rey ocupara su lugar.

Herodes no conocía a ningún bebé que hubiera nacido siendo "el rey de los judíos". "Y convocando a todos los principales sacerdotes, y los escribas del pueblo, les preguntó dónde había de nacer el Cristo" (v. 4).

Cuando ellos le dieron la respuesta, le dijeron: "En Belén de Judea; porque así está escrito por el profeta" (v. 5). El profeta al que se refiere este pasaje es Miqueas (Miqueas 5:2).

Inmediatamente, "Herodes llamó a los magos en secreto". Quería saber el tiempo exacto en el que la estrella había aparecido, para así calcular la edad del niño. Así que los mandó a Belén para que buscaran al bebé, y les dijo que cuando lo encontraran se lo hicieran saber para así, presuntamente, ir a adorarlo.

Cuando los magos salieron del palacio del rey Herodes siguieron la estrella hasta Belén, donde Jesús estaba con su madre, María. Contrariamente a la creencia popular, él no estaba en el establo. Expertos han establecido que Jesús ya tenía uno o dos años de edad cuando los magos lo encontraron. Esto explica por qué después Herodes mandó matar a todos los niños menores de dos años que vivían en Belén.

Cuando los magos encontraron a Jesús se postraron y lo adoraron, ofreciéndole regalos muy costosos: oro, incienso y mirra. Estos presentes simbolizaban lo que Jesús había venido a hacer a esta tierra. El oro era un regalo para los reyes. Jesús era un rey. El incienso era el regalo para los sacerdotes. Cristo vino a ser nuestro Sumo Sacerdote para que así pudiéramos llegar a la presencia de Dios sin la ayuda de un sacerdote terrenal. La mirra era un regalo para aquel que iba a morir. Jesús vino a morir por nuestros pecados.

A los magos se les avisó por revelación en sueños que no regresaran a Herodes, porque este quería destruir al niño. Tenía miedo de que Jesús le quitara su lugar en el trono. Así que por ese motivo los magos regresaron a su tierra en el oriente por otro camino.

Así como estos regalos materiales eran importantes por su valor y simbolismo, los presentes de adoración y obediencia de estos magos mostraron que el nuevo Mesías había venido para todos, no solo para los judíos. Desde los humildes pastores hasta los ricos magos, todos venían a adorarle. Aún en nuestro tiempo, Cristo alcanza a las personas de todos los niveles sociales. ¡Él puede alcanzar a todo el mundo!

ADAPTACIÓN

A todos los niños les fascinan los regalos, por eso para ellos la Navidad es una fecha muy importante. Los principiantes estarán muy emocionados esperando recibir al menos un presente. Converse con ellos sobre sus tradiciones navideñas.

Es triste ver que en nuestra época materialista los regalos pueden empañar la celebración del nacimiento de Jesús. Los principiantes se pueden preocupar mucho pensando en lo que van a recibir, olvidando cómo empezó la tradición de hacer regalos.

Los intereses de los niños en cuanto a qué recibir de Navidad contrasta con lo que los magos decidieron regalarle a Jesús. Ellos hicieron un viaje muy largo para ofrecerle al Rey sus regalos de adoración y obediencia, junto con los presentes de oro, incienso y mirra. Ayude a sus alumnos a seguir el ejemplo de los magos y darle a Jesús su total adoración y obediencia.

DESARROLLO DE LA LECCIÓN

Introducción

Pregunte a los niños cómo pueden demostrarles a los demás que son especiales para ellos. Escuchará respuestas como: "dándoles un pequeño regalo", "prestándoles mis juguetes", "ayudándolos con su tarea escolar", "siendo amigables", etc. Dígales: Unos magos del oriente vinieron para ver a Jesús. Querían demostrarle que era un bebé muy especial. Pongan atención para escuchar lo que estos magos hicieron.

DESARROLLO DE LA HISTORIA BÍBLICA

Prepare con anterioridad tres cajas de regalo que representen los obsequios de los magos y colóquelas en el frente del salón. Escriba las palabras: "oro", "incienso" y "mirra" en tres tarjetas diferentes y póngalas dentro de cada caja.

Pida a sus alumnos que traten de adivinar el contenido de los regalos que los magos le trajeron a Jesús. A manera de respuesta, relate la historia bíblica teniendo cuidado de no omitir ningún detalle. Cuando mencione los obsequios que cada mago le llevó a Jesús, abra cada una de las cajas y que sean los niños quienes lean el contenido de la tarjeta.

Dígales que estos presentes se ofrecían a las personas muy importantes y simbolizaban la misión que Jesús había venido a cumplir a esta tierra. Pero no fueron los regalos materiales lo más importante que estos hombres sabios le ofrecieron, sino su humildad, obediencia y alabanza lo que realmente pusieron a los pies del Mesías.

Los magos fueron sensibles a la voz de Dios y regresaron a su tierra por otro camino, dando gracias por haber conocido al Salvador del mundo.

APLICACIÓN A LA VIDA DIARIA

Los niños aprendieron hoy sobre los regalos de los magos, no solo los materiales sino también los que provenían del fondo de su corazón. Explíqueles que la obediencia y la adoración no se pueden comprar, sino que nacen de lo profundo de nuestros sentimientos, y Dios desea que se los demos únicamente a él. Anímelos a poner a los pies de Jesús lo mejor que ellos tienen, sus pequeños corazones dispuestos a alabarlo y a obedecer su voluntad.

ANEXO

Los regalos de los sabios de oriente

Entregue a sus alumnos la hoja de actividades, pegamento y tijeras. Indíqueles que busquen en la sección recortable los regalos de los magos que corresponden a esa lección. Deben recortarlos por los bordes y pegarlos en las manos de los magos que ofrecen los presentes al niño Jesús.

Lean el texto bíblico que se encuentra en la hoja de actividad y hagan un pequeño repaso de lo que aprendieron hoy en la clase.

¿Qué regalos podemos hacerle a Jesús?

Recuerde a sus alumnos que todos podemos hacerle regalos de alabanza y obediencia al Rey Jesús. Dígales que den vuelta sus hojas de trabajo y hágales la siguiente pregunta: ¿Qué regalos podemos hacerle nosotros a Jesús?

Ayude a los principiantes a identificar las diferentes maneras en las que podemos alabar y obedecer a Dios durante esta próxima semana. Déles colores o crayones y concédales tiempo suficiente para que dibujen dentro de las cajas de regalo alguna forma en la que ellos puedan ofrecer un presente de obediencia y alabanza a Jesús.

Si algunos desean pueden mencionar al resto de la clase lo que decidieron regalarle a Jesús. Lean todos juntos el versículo que se encuentra en la parte inferior de la hoja de trabajo (Hechos 20:35).

La estrella dentro de una manzana

Haga un corte en medio de una manzana y muestre a sus alumnos la estrella que se forma en el centro de esta cuando la parten por la mitad. Dígales que algunas personas piensan que la estrella en medio de la manzana es un recordatorio de la estrella que guió a los magos hasta donde se encontraba Jesús. Nos alegramos de que Dios haya enviado esa estrella especial. Es una muestra de que Jesús no solo es el Rey de los judíos sino también de nosotros. Los magos que vinieron del oriente fueron las primeras personas no judías en adorar a Jesús.

Si tiene suficientes manzanas, repártalas a los niños como un pequeño refrigerio.

MEMORIZACIÓN

Puede invitar a sus alumnos a que digan ante toda la congregación el versículo que han memorizado, a manera de repaso.

Felicítelos por su entusiasmo al aprender la palabra de Dios.

PARA TERMINAR

Den gracias a Dios por el regalo de su Hijo, Jesús. Mientras ora, agradezca por María, José, los pastores y los magos que fueron a visitar al Mesías. Anime a sus alumnos a poner en práctica las enseñanzas aprendidas durante esta unidad y a honrar a Jesús en todas las etapas de su vida.

www.ingramcontent.com/pod-product-compliance
Lightning Source LLC
LaVergne TN
LVHW061948220826
846091LV00013B/4089

9781563443879